Estrategia Bonsái

Diseño de tapa:
JUAN PABLO OLIVIERI

CARLOS CLERI

Estrategia Bonsái

Y otras estrategias
para el desarrollo de las PyMEs

GRANICA

ARGENTINA - ESPAÑA - MÉXICO - CHILE - URUGUAY

© 2016 *by* Ediciones Granica S.A.

ARGENTINA
Ediciones Granica S.A.
Lavalle 1634 3° G / C1048AAN Buenos Aires, Argentina
granica.ar@granicaeditor.com
atencionaempresas@granicaeditor.com
Tel.: +54 (11) 4374-1456 Fax: +54 (11) 4373-0669

MÉXICO
Ediciones Granica México S.A. de C.V.
Valle de Bravo N° 21 El Mirador Naucalpan Edo. de Méx.
(53050) Estado de México - México
granica.mx@granicaeditor.com
Tel.: +52 (55) 5360-1010 Fax: +52 (55) 5360-1100

URUGUAY
granica.uy@granicaeditor.com
Tel: +59 (82) 413-6195 FAX: +59 (82) 413-3042

CHILE
granica.cl@granicaeditor.com
Tel.: +56 2 8107455

ESPAÑA
granica.es@granicaeditor.com
Tel.: +34 (93) 635 4120

www.granicaeditor.com

ISBN 978-950-641-893-9

Hecho el depósito que marca la ley 11.723

Impreso en Argentina. *Printed in Argentina*

Cleri, Carlos A.R.
  Estrategia Bonsái : y otras estrategias para el desarrollo
de las PyMEs / Carlos A. R. Cleri. 1a ed. - Ciudad Autónoma
de Buenos Aires : Granica, 2016.
    334 p. ; 22 x 15 cm.

  ISBN 978-950-641-893-9

  1. Administración de Empresas. I. Título.
  CDD 658

En memoria de mi socio y amigo
Shiu Lung Wong (José).

ÍNDICE

Segunda fase
TOMA DE DECISIONES

Tercera fase
EJECUCIÓN, CONTROL Y CONCLUSIONES

RECONOCIMIENTOS

A mi querida familia: a mi pareja, Marisa, que me alienta a no bajar los brazos y seguir luchando a pesar de los molinos de viento; a mis tres hijos de sangre: Paola, Lisandro y Luciana, y a los dos que me prestó Marisa: Diego y Gonzalo; a mis hijos políticos: Claude, Luciana, Nacho y Julieta; a mis nietas Zoe y Catalina; a mi hermana y a su hermosa progenie; al tío Chiquito; a mi sobrina Jimena; a los que ya no están y quisiera tener cerca, y especialmente a mis viejos que me forjaron una intransigente vocación de servicio.

Al querido maestro Enrique Herrscher, con quien comparto una visión sistémica y humanista de las organizaciones y que me hizo el honor de prologar este libro.

A Augusto Fernández Díaz, quien puso su rigor literario para corregir el estilo y la presentación de esta obra.

Al grupo de profesores que me acompañan en el Curso-Taller para Directivos Propietarios de PyMEs.

Y a mis amigos, de quienes tanto aprendo.

PRÓLOGO

Esta nueva obra de Carlos Cleri, continuación de su exitoso *El libro de las PyMEs*, consta, a juicio de este prologuista (el autor lo ha organizado de manera diferente), de cinco grandes temas, que podrían ser presentados en sendos magníficos cinco libros.

- Un tratado sobre **el sentido profundo de la empresa y del empresario** (como constructor de una sociedad con fuertes valores éticos y sociales, muy diferente del mero "hombre de negocios"), concepto que lleva al autor a un muy lúcido análisis histórico del capitalismo con una alta visión crítica, incluyendo sus actuales manifestaciones negativas, monopólicas y/o contaminantes, así como ciertos efectos contradictorios –algunos para bien y otros para mal– del tándem tecnología-globalización.
- Un muy completo manual sobre **estructura y funcionamiento de la empresa** (mayormente, pero no solamente PyME), abarcando sus principales funciones, así como los valores y creencias que le sirven de base y la resultante cultura organizacional. Destaca las características de ciertas funciones y responsabilidades clave, como –entre otras–, *logística* (siguiendo a nuestro admirado Goldratt); *personal* (coincidimos en evitar eso de "recursos" humanos: se trata de mucho más que un recurso, es la clave de todo emprendimiento);

finanzas (casi siempre la pata renga de las PyMEs); y la actual centralidad de la trilogía *tecnología > productividad > competitividad* (en ese orden).

- Un exhaustivo análisis del **contexto** en que –lo sepa el estratega o no– ocurre y ocurrirá la estrategia que se plantee. El tema incluye el "método de escenarios"[1], así como los alcances y límites de nuestra percepción, con énfasis en la incertidumbre, y una introducción al pensamiento sistémico, muy valorada por quien escribe este prólogo. El análisis histórico primero considera el ámbito mundial y luego enfoca el contexto argentino, describiendo con sentido crítico el modelo agroexportador y los intentos, mayormente incompletos, de industrialización, que dan origen a la famosa "estructura productiva desequilibrada"[2].

- A mi juicio, el verdadero corazón de la obra trata sobre las **estrategias**. Sobre el desarrollo de los valores, de la visión y de la misión de la empresa, la determinación de las metas, la elección de las alternativas y los primeros pasos de la implementación. De particular interés son las diversas estrategias para bajar costos y, en especial, lo que el autor llama "estrategias bonsái" y que da título al libro: el "arte de mantener una empresa pequeña y que sea motivo de orgullo". La obra detalla diversos tipos de estrategia para entidades pequeñas, basadas en que ya no es tanto el peligro de "el grande se come al pequeño" sino "el rápido se come al lento".

- Finalmente (es un decir), la obra presenta un fuerte y convincente alegato a favor de la **asociatividad**: el ha-

---

1. De particular interés para este prologuista por estar escribiendo un libro sobre "el secreto de la técnica de escenarios".
2. En este punto me alegra la referencia a mi amigo y maestro (prematuramente fallecido) Marcelo Diamand, quien estudió como nadie estos desequilibrios.

cer cosas juntos, el perder el miedo a las acciones colectivas, el encarar la unión operativa como principal agente de cambio para unidades pequeñas, llámense UTE, *joint ventures, franchising,* consorcios de exportación, sociedades de garantías recíprocas, *networking,* estrategias de combinación de producciones, acuerdos de patentes o de transferencia tecnológica… y todo otro tipo de alianzas, siempre y cuando ello no vaya en desmedro de la mística de la organización, principal motor de la acción. El autor aporta aquí un sinnúmero de casos, producto de su intensa actividad pública y privada, muy enfocada en estas estrategias.

En conclusión, quiero felicitar calurosamente al autor por justificar brillantemente su autodefinición como "facilitador de la construcción de sueños", con todo lo que eso significa para las personas y para la sociedad.

Dr. Enrique G. Herrscher
Presidente (2004-2005) de la International Society
for the Systems Sciences

A MODO DE INTRODUCCIÓN

¡No!
Permanecer y transcurrir
no es perdurar, no es existir
¡ni honrar la vida!
Hay tantas maneras de no ser,
tanta conciencia sin saber
adormecida...
Merecer la vida no es callar y consentir,
tantas injusticias repetidas...
¡Es una virtud, es dignidad!
Y es la actitud de identidad ¡más definida!
Eso de durar y transcurrir
no nos da derecho a presumir.
Porque no es lo mismo que vivir...
¡honrar la vida!
¡No!
Permanecer y transcurrir
no siempre quiere sugerir
¡honrar la vida!
Hay tanta pequeña vanidad,
en nuestra tonta humanidad
enceguecida.
Merecer la vida es erguirse vertical,
más allá del mal, de las caídas...
Es igual que darle a la verdad,
y a nuestra propia libertad
¡la bienvenida!...
Eso de durar y transcurrir
no nos da derecho a presumir.
Porque no es lo mismo que vivir...
¡honrar la vida!

Eladia Blázquez, "Honrar la vida"

PREFACIO

La dirección de las organizaciones incluye tres partes esenciales: el planeamiento, la gestión y el control. Hace tiempo presenté *El libro de las PyMEs*[3], con una clara orientación a la gestión, y decidí dejar para una segunda etapa la presentación de la visión estratégica. Esta línea de trabajo es la que sostiene al texto actual. Su edición se demoró más de lo que hubiera querido, pero no fue tiempo perdido sino una sensata inversión en la exploración práctica del tema, cuyas experiencias más significativas y aprovechables por terceros se encuentran insertas en el trabajo. Además, previamente debí cumplir con la honrosa demanda del CONICET y la Universidad de Córdoba, al redactar un capítulo de un libro colectivo[4].

Si bien las ideas que presento pueden ser aplicadas a grandes organizaciones, he enfocado el tema desde la práctica de las medianas y pequeñas organizaciones empresarias porque constituye un espacio casi vacío e imprescindible de cubrir. Propongo a las PyMEs tres alternativas estratégicas. La mayoría de las firmas menudas tienen un horizonte de desarrollo y no de crecimiento porque su razón de ser es ocupar los espacios que no pueden ser cubiertos por firmas de gran dimensión. A esta práctica la denomino *Bonsái* y, en honor a su masivo potencial, he decidido bautizar el texto. Por otra parte hay algunas sociedades que están llamadas

---

3. Cleri, Carlos, *El libro de las PyMEs*. Ediciones Granica, Buenos Aires, 2007.
4. Rescato especialmente el trabajo, Carlos Cleri, "Desarrollo humano, productividad y competitividad", publicado por CIECS - CONICET - UNC.

a explotar como sucede con el *Bambú Dorado*. Y, tal como se hace en el campo para potenciar el producido a través de *Cultivos Complementarios*, la tercera opción es la colaboración con otras empresas.

La obra tiene dos fuentes a partir de las cuales se fue nutriendo: por un lado mi práctica, y por el otro la lectura y compilación de las acciones de terceros referidas por otros autores. Sin embargo, existen entre ambas sensibles discrepancias a las que quiero referirme.

El primer punto, y para mí el más importante, es el abordaje. La mayoría de los textos que circulan sobre la temática que nos ocupa están plagados de ansias competitivas, para ganar espacios de poder en los mercados, desplazar a la competencia, alcanzar el mayor lucro posible e inmediato; en otras palabras, están dominados por el individualismo, la codicia y el poder. Mi propuesta mira a la empresa como una construcción social que tiene por objetivo satisfacer las necesidades de la comunidad, *ergo*, está dominada por la cooperación, la solidaridad y la vocación de servicio. El trabajo en las organizaciones empresariales debe ser creativo y cuidar que sus actos no afecten la sostenibilidad a largo plazo de la especie humana. No hay nada que justifique que las empresas hagan que sus trabajadores odien su trabajo y los conviertan en autómatas alienados y explotados, ni que dañen el hábitat y pongan así en riesgo la sobrevivencia de las futuras generaciones. Las empresas deben ser pensadas para construir y no para destruir.

El segundo aspecto diferencial es que escribo desde la periferia del mundo, una realidad diferente a la que debe enfrentar la mayoría de los autores difundidos, provenientes de los países centrales. Y lo hago con una formación (formal, no formal e informal) que excede lo económico para incorporar lo filosófico, lo social, lo político, la psicología, la antropología y la historia. Las civilizaciones ubicadas en el hemisferio Sur hemos sufrido fuertes procesos de culturización que coartaron nuestra capacidad de decisión. Los españoles, ingleses, norteamericanos, franceses… nos impusieron modelos sociales, económicos y políticos desajustados a nuestra manera de ser y de relacionarnos. Sabemos que toda actuación realizada en el marco de modelos impropios es ineficiente. Y la menor efectividad tiene la virtud para los dominantes –y el dolor para los dominados– de realimentar la explotación y la dependencia.

La toma de conciencia acerca de la carencia de soberanía (teoría del desarrollo) convirtió a muchos de nosotros en rebeldes y reactivos a los sistemas rígidos y opresivos. Además somos expresivos, alegres, de exteriorizaciones emocionales vertiginosas y fulminantes, y hacemos culto de la amistad y el compañerismo. Esto nos opone a los esquemas autoritarios, burocráticos e impersonales que son característicos de las organizaciones empresariales impuestas, de neto corte sajón o germano. Para acercarnos a nuestra realidad, mi propuesta está centrada en la camaradería, en los equipos de trabajo, en la confianza, la participación y el compromiso. En el centro del escenario deben estar las personas, verdaderos destinatarios de lo que hacen las empresas, pero a la vez los auténticos actores. Los resultados económicos son solo un punto de consideración; por encima están la contribución a la comunidad, la alegría con que se hace el trabajo y cómo ésta se traslada a la familia y a la sociedad.

El tercer diferencial es que la mayoría de los textos describen los éxitos de las corporaciones o están escritos para grandes empresas. En mi caso, tomo como centro el universo compuesto por las medianas y pequeñas compañías, imprescindibles en toda conformación social y las que aportan, a la postre, la mayor parte del producto y el empleo.

Cada uno de nosotros es solo un pequeño grano de arena en un universo cuya extensión y profundidad ni siquiera podemos imaginar. Pero debemos tener conciencia de que la suma de nuestros actos pesa, por lo que es necesario componer las acciones de manera que los que nos sucedan sean mejores que nosotros. Por eso este trabajo es fiel al objetivo de que mis hijos, mis alumnos y las personas que trabajan conmigo sean mejores que yo; y, por qué no, incluyo en esto a mis lectores. De esa manera intento, humildemente, transmitir todo lo que sé sobre el tema con el propósito de que no tengan que tropezar con las piedras que yo no pude evitar. Los saberes individuales tienen demasiado costo como para guardarlos solo para uno. Estamos obligados a transferir a terceros todo lo que sabemos y creemos que pueda ser de utilidad para construir un mundo sustentable. Por eso, este libro, como todos los que he escrito, contempla el desafío de llegar a quienes están más allá de mis círculos cotidianos para presentar una condensación teórica que pueda alimentar sus prácticas.

Voy a presentar el tema de la manera más simple y entendible posible, especialmente porque quienes viven la cotidianidad de los aspectos que aquí se tratan saben que no es una cuestión de nombres difíciles sino de prácticas relacionadas con la vida misma. Pero mi empeño solo tendrá valor si el lector realiza el esfuerzo de leer esta obra con sentido crítico y reflexivo, contrastando lo que presento con sus propias experiencias y creencias. Toda coincidencia o rechazo debe surgir *a posteriori* de un análisis consciente y cuidadoso.

El camino comienza con una introducción donde se definen las características que asumen en el libro las "3E": Empresas, Empresarios y Estrategias (Cap. 2). Allí se revisan los pasos recomendados para seguir un proceso estratégico en las organizaciones, los que constituirán la estructura del texto y se corporizan en tres fases.

La Primera Fase es de *Reflexión*, donde luego de algunas consideraciones previas se define el valor y la forma en que propongo que se encare el *Análisis introspectivo* (Cap. 3) y el *Estudio del contexto* (Cap. 4). Dentro de este último punto brindo herramientas para el *Análisis sectorial* (Cap. 5). Luego se plantea un *Ensamble* que relaciona a la organización con su contexto (análisis FODA).

La Segunda Fase encara las *Decisiones*. Esto incluye el análisis de *Alternativas* (Cap. 7) que definen los objetivos, políticas y acciones a abordar. El Capítulo 8 aborda las *Estrategias Bonsái*, aplicables a las empresas que deben mantener su tamaño apuntando su práctica al desarrollo cualitativo. En cambio el Capítulo 9, *Estrategias Bambú*, está relacionado con las firmas que tienen un horizonte de crecimiento. El Capítulo 10 introduce las prácticas de cooperación (*Cultivos asociados*) como forma de sobrevivencia y desarrollo. Sigue luego una bajada a las *Áreas funcionales* (*Producción, Comercialización, Administración y Finanzas, y Desarrollo Humano*) para considerar su participación y alineamiento a la *Estrategia general*.

La Tercera Fase deja abiertas las páginas para que el lector las complete con el pasaje de la teoría a la acción (*Ejecución de la estrategia*) y los aspectos de *Control*, para finalizar con una serie de conclusiones.

Cuando pensé en los destinatarios del libro me fijé el objetivo de que abarque diferentes segmentos. Lo he enfocado como un diálogo con el empresario, sujeto de mis mayores esfuerzos en la etapa actual de mi ejercicio profesional; pero sirve a todos los que trabajan en las empresas de los arrabales del mundo, ya sean gerentes, profesionales o mandos medios. Además tiene un destinatario escondido: los jóvenes emprendedores –estén o no incluidos en el sistema formal de educación–, porque son el futuro, y el porvenir será mejor que lo actual si lo construyen dirigentes de empresas esencialmente humanistas. Según mi parecer, aquí radica nuestra mayor carencia, y el causante de nuestro atraso como país.

La dependencia conformó un país plagado de sumisos gerentes, socios menores del capital internacional, hombres de negocios abrumados por la codicia, rentistas y muchos confundidos; todos contribuyentes de estrategias optimizadoras de incumbencias ajenas al interés nacional e incapaces de dirigir un proyecto de desarrollo nacional. En consecuencia, el país anduvo a los tumbos, saltando de democracias incompletas a golpes de Estado, de proteccionismo a liberalismo económico extremo. La consecuencia directa es una situación continua de incertidumbre y desconfianza, disparadora de una mentalidad cortoplacista que minó la confianza en nuestra moneda como factor de acumulación y provocó una enorme sangría de recursos, a la que se sumó la explotación neocolonial de las corporaciones multinacionales y el sistema financiero.

Las excolonias necesitan (necesitamos) cobijar grupos de empresarios y emprendedores con intereses amigables con los de sus comunidades. Este libro constituye un modesto aporte a su generación. La clásica resistencia de los empresarios al aprendizaje, a asistir a programas de formación y a la lectura de libros de no ficción dedicados justamente a mejorar sus prácticas, solo logra fortalecer mi motivación.

◇◇◇◇◇◇◇◇◇◇◇◇◇◇◇◇◇◇◇◇◇◇◇◇◇◇◇◇◇◇◇◇◇

Como complemento del libro se encuentra disponible un Anexo en formato digital, en el sitio www.granicaeditor.com, donde desarrollo las problemáticas del *escenario mundial* y el *panorama argentino*.

La descarga pueden realizarla los usuarios registrados en el sitio web, y se efectúa desde la ficha del libro.

CAPÍTULO 1

EMPRESAS, EMPRESARIOS Y ESTRATEGIAS

Empresarios y hombres de negocios. ¿Son lo mismo?

Inicio mis cursos y charlas sobre planeamiento estratégico haciendo una precisa distinción entre *empresarios* y *hombres de negocios*.

Durante los recesos bélicos, los militares de rango del Imperio Romano eran impulsados a *negar el ocio* y realizar despreciables actividades mercantiles que les permitían recoger áureos, denarios, sestercios, dupondios y ases para sufragar sus expensas. Esos actos, al igual que la usurpación de propiedades y vidas de los pueblos conquistados, se cometían sin pudor y estaban exentos de toda condena moral. La carencia de escrúpulos se enlaza con las actividades de los *hombres y mujeres de negocios*, verdaderos psicópatas económicos que no dudan en usar cualquier medio para embolsar dólares, euros, libras esterlinas o yenes.

Esta lacra, con auxilio del marketing mal concebido, provoca como excreción de sus actividades de lucro una condenable cadena de consecuencias en lo social, ambiental y financiero. Sumerge a la sociedad en una vorágine de consumismo absurdo y obsesivo, y provoca la obsolescencia artificial de las mercancías. Coloca la tecnología al servicio de la supremacía comercial. Sin conciencia ambiental, abusa de los recursos naturales; erige basureros contaminantes inmoderados y eternos; degrada el hábitat y pone en peligro el ecosistema. Daña el sistema financiero al implementar el endeudamiento como herramienta; al convertir las finanzas en un gran casino a partir de la especulación en la bolsa, el mercado inmobiliario y el arbitraje de monedas; al cobrar intereses usurarios y conformar paraísos fiscales donde se esconden ganancias mafiosas, se lava dinero de actividades ilegales (venta de armas, tráfico de drogas, personas, órganos y residuos peligrosos). Para ello, manipulan las legislaciones y los jueces, corrompen funcionarios, trafagan influencias. Sus grados de depravación son solo matices dentro de una esfera *ganar-perder*, donde el enriquecimiento se logra a costa de un semejante.

Paralelamente, hay quienes articulan capital, trabajo, tierra y saber tecnoproductivo para crear, circular o intercambiar insumos, manufacturas o servicios, con el objetivo de satisfacer necesidades de la comunidad. Estos personajes son los únicos merecedores del título de *empresarios*[5] y constituyen una expresión actualizada de quienes en la Edad Media organizaban cruzadas para lograr algún propósito loable (en principio) a las que denominaron *"empresas"*[6]. Para calificar a esta estirpe voy a convocar a dos respetables economistas: Joseph A. Schumpeter los proclamaba agentes de cambio social y John M. Keynes decía que son seres que aportan a la sociedad más de lo que sacan de ella. Este espacio está dominado por el principio *ganar-ganar*.

Alejandro Iaccarino ideó un modelo de negocios alejado de los parámetros usuales. A partir del estudio de las reglas que dirigen la producción, la distribución, la circulación y el consumo de bienes, armó un modelo de negocios basado en 17 principios que dieron origen a un conjunto de empresas, que fundó con su familia. El mayor suceso fue una serie de establecimientos que ofrecían diez productos alimenticios indispensables a bajo precio y de óptima

---

5. En el texto, el uso del término empresarios incluye a mujeres y hombres.
6. Del latín *pre-hendere*.

calidad. Su secreto fue seleccionar cuidadosamente a los proveedores, eliminar la intermediación, usar *marca blanca*, no gastar en publicidad, cuidar al detalle los gastos y reinvertir las utilidades. Tuvieron un crecimiento asombroso: llegaron a comprar campos en Santiago del Estero para asegurar el abastecimiento de carne y leche, y la cadena de almacenes se convirtió en líder en el Gran La Plata; pero el emprendimiento era demasiado peligroso para los poderosos y los "hombres de negocios", que pusieron fin al sueño aprovechando el golpe militar de 1976[7].

El cometido tuvo desde el vamos el apoyo incondicional del prestigioso empresario Alejandro Shaw[8], quien encontró en el joven Iaccarino los mismo valores y enjundia que tenía en vida su hijo Enrique[9], quien dedicó su vida a la evangelización de empresarios, a tal punto que la Iglesia de Roma lo está por convertir en el primer santo empresario. Luego de estudiar Dirección de Empresas en la Universidad de Harvard, el joven Shaw recaló como director de Cristalería Rigolleau, donde trabajaban 3.600 personas. Era habitual verlo acompañado de sus hijos, a los que educaba para amar y respetar a los obreros, a quienes conocía por su nombre de pila y problemáticas, que se empecinaba en resolver. Al contraer cáncer, requirió de transfusiones continuas; en la puerta del hospital se formaban largas colas integradas por los trabajadores y sus familias esperando dar sangre a su querido benefactor. Los Shaw y los Iaccarino tuvieron claro que ser empresario es un designio social destinado a crear y no a destruir y explotar; creyeron que había que humanizar las fábricas, establecer un diálogo plural sin importar el rango o

---

7. Como otros cientos de casos, la familia Iaccarino fue encarcelada y obligada a transferir sus propiedades a precio vil.
8. Presidente del Banco Shaw y uno de los empresarios más representativos del país a mediados del siglo pasado.
9. Dentro de sus legados, Enrique Shaw fundó la Asociación Cristiana de Dirigentes de Empresa (ACDE), institución que, en mi humilde opinión, fue olvidando sus valores originales.

lugar ocupado, y que la autoridad no surge de la cuna o de la fortuna sino del honor de liderar[10] a un grupo de personas para crear satisfactores de necesidades humanas.

No estoy pidiendo a los propietarios que conviertan sus empresas en entidades de beneficencia, renuncien a una legítima retribución por su esfuerzo organizador y conductivo, se vuelvan filántropos o abracen la moda de la Responsabilidad Social Empresaria[11]. *Solo es necesario actuar con respeto al semejante y al hábitat.*

Expresa el papa Francisco en su *Encíclica Laudato Si*: "195. El principio de maximización de la ganancia, que tiende a aislarse de toda otra consideración, es una distorsión conceptual de la economía: si aumenta la producción, interesa poco que se produzca a costa de los recursos futuros o de la salud del ambiente; si la tala de un bosque aumenta la producción, nadie mide en ese cálculo la pérdida que implica desertificar un territorio, dañar la biodiversidad o aumentar la contaminación. Es decir, las empresas obtienen ganancias calculando y pagando una parte ínfima de los costos. Solo podría considerarse ético un comportamiento en el cual los costes económicos y sociales que se derivan del uso de los recursos ambientales comunes se reconozcan de manera transparente y sean sufragados totalmente por aquellos que se benefician, y no por otros o por las futuras generaciones. La racionalidad instrumental, que solo aporta un análisis estático de la realidad en función de necesidades actuales, está presente tanto cuando quien asigna los recursos es el mercado como cuando lo hace un Estado planificador".

---

10 Liderar no es mandar sino ser seguido por los colaboradores.

11. Valoro la tarea de algunos impulsores de la RSE y especialmente a mi compatriota Bernardo Kliksberg, pero rechazo la práctica hipócrita de blanquear los pecados con algún rezo o, en este caso, mantener plazas, donar fondos a hospitales o colaborar con comedores populares mientras se hacen estropicios.

Una última aclaración: cobijo bajo el término *empresario* a todos los que gestionan empresas, por lo que mis formulaciones atienden por igual a los que dirigen clásicas *sociedades de corte capitalista* (abrumadora mayoría) como a quienes conducen *empresas públicas, cooperativas, autogestionadas* o toda forma de *propiedad mancomunada o participativa.*

La estrategia como actitud

Siguiendo a Michel Godet, opino que los hombres pueden adoptar cuatro actitudes frente a la vida: aceptar pasivamente lo que puede suceder escondiendo la cabeza como el avestruz, salir a apagar incendios como el bombero, prevenir tomando un seguro o construir un venturoso futuro. Para sobrevivir, una empresa *deberá ser preactiva para anticipar el peligro, reactiva para afrontar las crisis que no aparecían en el radar y proactiva para construir un porvenir deseado. Los sueños solo se alcanzan con imaginación, creatividad, esfuerzo, voluntad y rebeldía.* Al decir de Gary Hamel: los lauros acompañan a las firmas *audaces*[12] que van en busca del futuro y se diferencian de las corporaciones *conservadoras* que apuestan a que nada cambie.

A diario, los empresarios contestan muchas preguntas: ¿qué quiero? ¿Qué debo hacer? ¿Qué pasa en el mercado? ¿Qué hacen los adversarios? ¿Qué posibles negocios puedo explotar? ¿Dónde surgen amenazas? ¿Cómo se financian las operaciones? ¿Cómo me afecta una innovación? La respuesta improvisada a esos interrogantes sueltos y desordenados no es la mejor forma de guiar una empresa en un mundo inestable, incierto, complejo y con transformaciones súbitas y acumulativas. *Para cumplir los deseos hay que usar el "ábrete, sésamo" del Planeamiento Estratégico.*

---

12. La intrepidez abreva, generalmente, en la necesidad extrema o en el deseo convencido.

El vocablo *estrategia* ha cobrado una confusa populariza-ción; se lo utiliza para dar trascendencia tanto a una acción pasada como a un proyecto futuro. El término proviene del griego *strategós*, que significa "el que manda las tropas", y fue utilizado para reconocer el planeamiento astuto que hacían los generales para aniquilar a sus enemigos a partir de plani-ficar sus acciones en base al conocimiento del lugar de ejecu-ción de las operaciones, el despliegue eficaz de soldados y pertrechos y el aprovechamiento de las habilidades propias y las debilidades de los enemigos[13]. Rápidamente el tema re-basó lo bélico para alcanzar a reyes que entretejían curiosas redes, casaban príncipes y urdían complots para defender o expandir sus territorios; después influenció las maniobras políticas para alcanzar y ejercer el poder; y finalmente reca-ló en el campo orégano de las disciplinas económicas don-de dominó lo *numérico* en la *Estrategia Presupuestaria*, la *forma* en el *Planeamiento Estratégico* y el *pensamiento creativo, flexible y disruptivo* en la *Administración Estratégica*.

Las siguientes son algunas definiciones de los referentes de la disciplina. Alfred Chandler la reduce a determinación de metas de largo plazo, toma de decisiones y asignación de recursos. Igor Ansoff la asimila a la incubación de un conjun-to de políticas derivadas del acople entre empresa y entorno. Michael Porter opina que es la búsqueda de una posición competitiva favorable y sostenible. Henry Mintzberg dice que no es un proceso mecánico y pretendidamente cientí-fico, sino puro arte y creatividad para encontrar respuestas, siendo más síntesis que análisis. Peter Drucker se pregunta: "¿Qué es o qué debería ser nuestro negocio?", y define el nexo entre el ser y el deber ser como el *Proceso Estratégico* o

---

13. Trato de obviar las referencias bélicas hasta como ardid literario. La estrate-gia aplicada a las prácticas sociales debe alejarse de esa jerigonza y erradicar aquello de *conquistar el mercado, emboscar a rivales, liquidar la competencia, pro-vocar ataques sorpresivos, utilizar tácticas defensivas y maniobras ofensivas, morder los flancos del enemigo…*

Estrategia de la Organización. Johnson & Scholes enuncian que es la dirección a largo plazo para enfrentar las exigencias del mercado, satisfaciendo las expectativas de los *stakeholders.* Y Strategor[14] señala que es elegir las áreas de negocio y asignar recursos, inversiones y desinversiones, de modo que la empresa se desarrolle a través de decisiones acertadas.

Con estos soportes me permito, entonces, presentar mi "Frankenstein":

> *La estrategia es el arte de planificar acciones para conducir a una firma hacia un objetivo determinado en el tiempo, a la luz de sus cualidades intrínsecas y del contexto que la rodea.*

Es arte porque depende más de intuición y talento que de fórmulas y recetas; no es una abstracción genérica porque se trata de guiar el rumbo de empresas reales y concretas por el camino apropiado (efectividad), que lleva a cumplir anhelos traducidos en objetivos, optimizando esfuerzos humanos y recursos de todo tipo.

En forma concomitante con la variedad de definiciones, aparecen varias *escuelas de pensamiento estratégico* que Mintzberg, Ahlstrand y Lampert clasifican en diez y que presento en apretado resumen, alentando a los interesados a profundizar en el texto original.

- **Escuela de Diseño.** Procura concordar las capacidades internas (idoneidad) con las posibilidades externas (oportunidad). Compone la actuación en función de un proceso deliberado de pensamiento que recae sobre el directivo principal. Opera con estructuras ordenadas, mecánicas, centralizadas y adaptables a un liderazgo dominante. Son sus exponentes Newman, Selznick y Andrews.

---

14. *Strategor* es el equipo de profesores del Departamento de Estrategia y Política de Empresa del grupo HEC de Jouy-en-Josas (Escuela de Altos Estudios Comerciales de París).

- **Escuela de Planificación.** Está vinculada a la teoría de sistemas y la cibernética. Da preponderancia al proceso y considera que debe ser realizado por expertos. Tiene alta formalidad y constituye un programa más que una formulación. A partir de una serie de presupuestos se decide el camino a seguir, dando a las políticas un carácter ordenado y sistemático. Sirve a firmas de gran tamaño, formales y centralizadas. Ansoff es su principal cultor.
- **Escuela de Posicionamiento.** Valora el resultado más que el proceso. Plantea estrategias genéricas y terminantes en función de los *factores clave de éxito* de las diferentes industrias. Se basa en la creación de ventajas competitivas y está próxima al concepto bélico de superar al rival. Separa la formulación de las operaciones, es calculadora, analítica, sistemática y premeditada. Sirve a empresas de productos masivos. Sus mentores son Schendel, Hatten y Michel Porter.
- **Escuela Empresarial.** Centrada en la visión del "entrepreneur", compone intuición e imaginación para inspirar y dar sentido a lo que hay que hacer para aprovechar las oportunidades. Tiene carácter perspectivo, único, personal, ocasional, oportunista, rebelde, maleable y simple. Orientada a nichos, vale para PyMEs y nuevos emprendimientos. Está inspirada en la obra de Schumpeter.
- **Escuela Cognoscitiva.** Tiene mucho de autodidacta y depende de la incorporación de información y conocimiento. Influida por la psicología, considera a la estrategia como un constructo mental que organiza el saber a partir del trazado de mapas que permiten navegar en aguas turbulentas. Son sus defensores Simon y March.
- **Escuela de Aprendizaje.** Emerge de un proceso colectivo basado en la formación y el adiestramiento. Sus

prácticas son incrementales, emergentes, informales y confusas; mezcla formulación y aplicación y proyecta un cambio permanente y gradual. Vinculada a la psicopedagogía, es útil para organizaciones *ad hoc*, eclécticas y flexibles. Se rescata como sus cultores a Lindblom, Cyert y March, Quinn y Hamel, y Prahalad.

- **Escuela de Poder.** Introduce en la empresa los principios que rigen la política, esbozando un juego abierto de influencias que conciertan objetivos. Sus adeptos ven a las organizaciones como coaliciones de individuos y grupos de interés, que poseen diferencias en cuanto a valores, convicciones y motivaciones. Sus propuestas y medidas son emergentes, agresivas, confusas, y moldeadas por la confrontación, la negociación y la cooperación. Considera tanto el juego interno de poderes (micropoder) como el externo (macropoder). Lo utilizan las firmas ambiciosas. Son sus propulsores Allison en la primera vertiente y Pfeffer, Salancik y Astley en la segunda.

- **Escuela Cultural.** Surge como un proceso de interacción social. Con base en la antropología, está arraigada en prácticas colectivas. Para esta corriente, la cultura se construye con adoctrinamiento formal y se expresa a través de valores, convicciones, tradiciones, hábitos, relatos, símbolos, mitos y creencias. Son sus inspiradores los suecos Rheman y Norman.

- **Escuela Ambiental.** Vinculada a la biología y la sociología política, convierte en actor principal al entorno, que se presenta como una fuerza a la que la empresa se debe acomodar. Está vinculada a maniobras de nichos y sostenida por los teóricos de la contingencia, Hannan y Freeman.

- **Escuela de la Configuración.** Las organizaciones poseen características, estructura y conductas originales, por lo que deben tener estrategias particulares. Los ciclos combinan fases de estabilidad y saltos cuánticos que originan nuevas conformaciones, que a su vez obligan a reconfigurar la estrategia. Las decisiones son estables y sirven para gestionar el proceso de cambio. Chandler, Mintzberg, Miller, Miles y Snow son sus principales aportantes.

Lamentablemente, por lucha de egos, las corrientes se encierran en sus paradigmas, suelen utilizar distintos términos para decir lo mismo e idénticas palabras para referir a cosas diferentes; poseen una visión de túnel que menosprecia las disidencias; desguazan los componentes (escenario, empresa, mercado, estilos de conducción), y desechan integrar los valiosos matices que subyacen en cada visión.

Prospectiva Estratégica

Personalmente adopté como método la *Prospectiva Estratégica* (emparentada con la *Escuela de Planificación*), porque tiene la virtud de integrar los mejores aportes de las diferentes corrientes y hace un acople dialéctico de empresa y entorno. Originada en Francia, la *Prospective* determina las acciones que deben realizarse hoy para alcanzar un futuro esperado. Tiene sentido de proyecto, superando de esa forma el concepto estadounidense de *foresight*, alejado de la idea de construcción. La iniciativa, atribuida al filósofo Gastón Berger, propone forjar una práctica transformadora como acto de rebeldía contra la tiranía de la historia y el azar. Desconfía de los estereotipos interesados y rehúsa encerrar al mundo en una cárcel de ecuaciones matemáticas.

La forma más científica de previsión, la extrapolación, no sirve porque solo determina lo que va a suceder si el fenómeno permanece fijo, sin relación con el tiempo. A diferencia de los pronósticos, que determinan un futuro único, el planteo de *escenarios* opera con alternativas, multiplicidad que surge de las potenciales acciones de diversos actores sobre un contexto complejo e incierto[15]. A cada escenario potencial se le asigna una probabilidad de ocurrencia.

De esa forma, *Prospectiva* y *Estrategia* quedan enlazadas y dejan atrás la *observación del futuro desde el presente e instan a intervenir hoy para forjar un porvenir anhelado.* En consecuencia, la *Prospectiva Estratégica* opera definiendo un escenario ansiado como objetivo y trazando un mapa de navegación que permita pasar del estado actual al deseado. Es así como la Estrategia se convierte en instrumento de construcción y cambio[16].

Siento gran aprecio por Luis Gaj. Además de compartir el honor de ser ambos *Past-Presidents* de la Sociedad Latinoamericana de Estrategia (SLADE), coincidimos en que la estrategia es un acto de rebelión contra el orden existente. "En el mundo actual, para lidiar con el cambio existen tres tipos de empresas: las que hacen las reglas y dictan las condiciones del mercado, las que siguen las reglas dictadas por los mayores, y las que rompen las reglas y, por eso, son revolucionarias… En los tiempos actuales el mundo es receptivo a los revolucionarios y hostil con los conformistas... En esta visión, estrategia es revolución, todo lo demás es táctico", afirma Gaj. El estratega es un revolucionario. Muchas empresas dominantes quedan en el camino por dormirse en los laureles y sus lugares son ocupados por noveles innovadores.

En consonancia, Hamel y Prahalad instan a construir el futuro abriendo la senda, creando el propio mapa de carreteras, adoptando un punto de vista independiente sobre las oportunidades y la manera de explotarlas.

Los paradigmas no son gratuitos. Concebidos, perduran en el tiempo y se empeñan en cristalizarse. Los beneficia-

---

15. Sobre el entorno operan tendencias fuertes del presente, factores que se mantendrán invariables, embriones de fuerzas que se proyectan hacia adelante y sucesos que pueden aparecer imprevistamente.

16. Lo que constituye un "giro copernicano" porque en su origen la planificación tenía el objetivo de estabilizar la gestión.

rios del orden existente formatean las mentes y crean estereotipos (zonceras, diría Jauretche) de validez absoluta y atemporal para preservar el sistema. *Si los hombres de a pie y los empresarios PyMEs aspiramos a un futuro mejor, debemos asumir una actitud contestataria frente al orden existente.* Para cambiar el destino primero se debe *realizar una profunda transformación del propio modelo mental, avanzando sobre los viejos paradigmas culturales a partir de innovaciones disruptivas.*

Estrategia, táctica y control

En cierta forma relacionada con la clásica división de *estrategia* y *táctica*, Alfred Chandler clasificó la conducción empresarial en dos partes: la *dirección estratégica* orientada al largo plazo, y la *dirección operativa* unida a las actividades cotidianas. La primera traza el rumbo de manera amplia y flexible, fija políticas y asigna personas y recursos; la segunda establece los detalles y las formas en que se ejecutarán las acciones y se administrarán las asignaciones. Ambos abordajes constituyen una unidad y son imprescindibles para lograr éxito. Hay un tiempo para *reflexionar, presentir, pensar y decidir,* y otro para *actuar.* Kaplan y Norton señalan que es imposible implementar una estrategia visionaria sin excelentes procesos operacionales y de gobernanza, y aunque la excelencia ejecutiva pueda reducir costos, mejorar la calidad, acortar los tiempos de proceso y de gestación, sin la visión y guía de la estrategia no se alcanzará un éxito sustentable para disfrutar. Para completar el panorama hay que integrar un tercer aspecto: el *control,* dado que la oportuna vigilancia es constructiva, retroalimenta y orienta a la mejora continua.

La estrategia es una responsabilidad indelegable del empresario. Nadie puede reemplazarlo a la hora de proyectar el rumbo e imaginar el quehacer y destino de su compañía. En las PyMEs, el espacio entre pensamiento y ejecución es tan corto que asume la índole del patrón. De esa forma, los dirigentes imaginativos favorecen propuestas creativas, los inseguros componen experiencias contradictorias, los conservadores se paralizan, los cobardes huyen y los audaces asumen riesgos.

La amenaza inherente al punto anterior es que el empresario, por lo general, decide en soledad, su mirada está emocionalmente caliente y, al estar atrapado en la vorágine de la cotidianidad, no asigna tiempo a su propia formación. Por otra parte, hay inclinaciones hacia alguna función (producción, ventas, finanzas) que pueden generar costosos desvíos porque la optimización de todo conjunto o sistema (incluyendo especialmente el de personas organizadas con fines económicos) se logra combinando subóptimos de sus partes integrantes. Todos estos bloqueos pueden evitarse creando espacios participativos, donde la mirada plural permita superar los sesgos y las secciones estancas, resquebrajadas, descoordinadas e incapaces de prestarse colaboración. Una orquesta sinfónica puede estar integrada por laureados músicos especializados en instrumentos de cuerda, viento y percusión, pero si no ensamblan y alcanzan armonía, el resultado será decepcionante. *Las buenas estrategias se fundan en una sinérgica combinación de personas, funciones, áreas y componentes.*

La estrategia debe ser elaborada por quien conduce, con ayuda de los mandos que lo rodean y, eventualmente, el toque de visión panorámica y metodología que puede aportar un especialista externo[17].

Es conveniente que alguien aporte la *visión estratégica*. Puede ser el propio empresario, algún ejecutivo o un asesor externo. Para Francisco "Paco" Lamolla, prestigioso profesor de ESADE Business School, el estratega es una persona dotada para interpretar el arte de la estrategia, con la capacidad para transformar las señales del entorno en ideas empresariales, convertir esas imágenes en realidades, y ver con

---

17. Ya que las PyMEs no pueden sostener un estratega *full time* es recomendable su incorporación a tiempo parcial.

claridad el camino en el que la mayoría de las personas se extravían. Las grandes estrategias, al igual que las obras de arte o los mayores descubrimientos científicos, exigen de gran maestría técnica para su elaboración pero se inician con ideas originadas fuera del ámbito del análisis consciente. Kenichi Ohmae define el *pensamiento estratégico* como una percepción, un proceso mental creativo e intuitivo más que racional.

Lejos de la magia y la infalibilidad, los estrategas poseen un *don* natural que alimentan con la metabolización de experiencias propias y de terceros, lo que les facilita la comprensión de las causas y tramas de las interrelaciones que se producen en el interior del sujeto estratégico y en el vínculo con su entorno. Son conscientes de que el no provocar una ruptura del orden instituido solo reproduce viejas soluciones, por lo que su actuación está orientada a contrarrestar el formateo mental propuesto por los que controlan el poder para que todo siga igual. Las disrupciones se logran pensando lo impensable, desestructurando lo dispuesto, rompiendo esquemas, integrando imaginativamente categorías desconectadas, mirando el problema desde diferentes ángulos, replanteando preguntas y apostando a que lo distinto, absurdo, incoherente o ambiguo sea verosímil. De esa forma se elude quedar atrapado en una suerte de improvisación invariada.

Frente a un desafío, los estrategas cavilan en las complejidades de cada situación, incuban los problemas, hacen pruebas, analizan resultados, experimentan, perciben revelaciones, elaboran teorías, sacan conclusiones y las comparten, escuchan a sus pares y proponen soluciones alternativas. Siempre están dispuestos a aceptar una responsabilidad ampliada, superadora de la inmediatez del tiempo y la entidad en que trabajan; me animo a decir que son a la economía lo que los estadistas a la política. Utilizan para sus propósitos el *sentido común* y su *sexto sentido*.

Poseen atributos tales como:

- *Orientación* antropocéntrica[18].
- *Visión* holística, transdisciplinaria[19] y crítica.
- *Espíritu* curioso, honesto, sensible, innovador, audaz y criterioso.
- *Mente* intuitiva, disciplinada, metódica, severa, cuidadosa, precisa y analítica[20], competente para captar información relevante, advertir los giros de los acontecimientos, establecer relaciones que se traducen en conceptos e ideas lúcidas.
- *Destreza técnica* para planificar, organizar, liderar, comunicar, convencer y motivar; sentido de orientación y oportunidad; agudeza para descubrir obstáculos y sortearlos, y ductilidad para trabajar en equipo. Los dotados deben transmitir su saber a novicios y profanos, documentar sus experiencias y construir un andamiaje teórico que facilite la práctica de los no dotados, que pueden mejorar su actuación con la incorporación de método.

El *cerebro* de la organización, o sea, el Consejo de Administración, debe convertirse en un verdadero *círculo estratégico,* cuya tarea sea oficializar una agenda formal y periódica de reuniones para reflexionar, fijar el itinerario, tomar decisiones políticas, gestionar el cambio e instruir y controlar la ejecución de los actos. Siendo el *management* el arte de poner la empresa al servicio de la *estrategia,* cabe agregar un *círculo ejecutivo* para que se apropie de los lineamientos emanados del cerebro organizacional y establezca sincronía entre los responsables de las diversas funciones. *Los círculos deben estar virtuosamente conectados.*

En las firmas medianas es conveniente abrir otros espacios: *círculos internos de las unidades funcionales,* donde se

---

18. Las personas no son medios sino fines.
19. Integridad transversal de los saberes.
20. Capaz de pasar de lo concreto a lo abstracto y viceversa.

proyecten las políticas particulares de las áreas y coordinen las responsabilidades y el uso de los recursos; *reuniones de colaboración de mandos medios* para ajustar y distribuir las acciones, desarrollar espíritu de grupo y crear un clima de confianza; *equipos de trabajo* para atender labores especiales; y *círculos de aseguramiento de la calidad*. Finalmente, algunas empresas han logrado incrementar sensiblemente su desempeño patrocinando reuniones periódicas de tropa que no queden limitadas al marco laboral[21].

Los encuentros propuestos no son un malgasto, sino una inversión que se recupera por vía del aumento de la productividad que emerge de la armonía, la homogeneización del pensamiento, la mejora de las comunicaciones interpersonales, la reducción de la incertidumbre, la menor improvisación y el evitar los daños que causan el personalismo, el autoritarismo y la anarquía. Lejos de ralentizar las operaciones, los círculos participativos las aceleran.

Hace tiempo dejé la consultoría clásica para dedicarme al *metiere* de convertir Consejos de Administración en *círculos estratégicos*[22]. Mi participación incluye la introducción de la

---

21. Es recomendable realizar al menos dos eventos anuales de camaradería que incluyan a las familias. El orgullo, la simpatía y pertenencia que se desarrolla en el seno familiar reforzará el compromiso de los trabajadores. Las fechas más adecuadas son las de la fundación (o refundación) de la compañía y la clausura del año laboral.

22. Debido a que las empresas crecen caóticamente, en algún momento la estructura y forma de conducir sabotean la trayectoria empresarial al chocar con la complejidad y el volumen de negocios alcanzado. La consultora Proyecciones Estratégicas SA concibió el *Método Proyes* a través del cual, siguiendo un guión preelaborado de *plan de empresa*, el consejo de administración de las compañías contratantes del servicio –constituido como *círculo estratégico*– va tomando decisiones trascendentes. Abrevando en el estudio de comportamientos de firmas japonesas, posee la particularidad de ir generando una metamorfosis natural y endógena, derivada del entendimiento organizacional de los factores que impulsan el desarrollo y los que traban u obstaculizan la trayectoria empresarial. Es *efectivo*, porque, derivado de la cosmovisión colectiva, se eligen objetivos precisos que el planeamiento y la práctica concretan; *eficiente*, porque se logran resultados con el menor

práctica de la *Prospectiva Estratégica* y la identificación de los talentos sobre los cuales descargar mi experiencia, conocimiento y método. Normalmente, las mejores curvas de aprendizaje corresponden a jóvenes herederos ávidos de saber.

He compartido sueños con propietarios que me compensaron con su amistad sincera, y he tenido fracasos. Tuve que interactuar con propietarios que, aturdidos por el éxito, se obstinan en no cambiar aunque muden los tiempos. Y con otros afectados por el *síndrome de nuevo rico*, impregnados de actitudes adolescentes, narcisistas, egocéntricas y autoritarias. Muchos procesos fueron abortados por haber denunciado la presencia improductiva de vividores familiares, por confabulaciones de gerentes celosos que se asustan al quedar al descubierto sus insuficiencias o por salir a la superficie peligrosas contradicciones de visiones, compromisos y valores entre los socios. No me creo dueño de la verdad, pero con el paso del tiempo he agudizado mi capacidad de detectar yerros estratégicos y de conducción. He seleccionado éxitos y fracasos para transferirlos a otros, y serán presentados y examinados a lo largo de este libro, con el objeto de que el lector los metabolice.

Clasificación de las estrategias

A. Clásicas:
- **Estrategia corporativa.** Determina el portafolio de negocios.
- **Estrategia empresarial.** Establece propósitos a alcanzar.

---

esfuerzo posible; *evolucionista*, porque en el trayecto de incorporación de conocimiento se internaliza la precariedad, relatividad y volatilidad del saber que lleva a introducir un sistema de mejora continua, flexibilidad y adaptación a los cambios del escenario para que el proyecto empresarial tenga sostenibilidad en el tiempo; y principalmente es *humanista*, porque su instrumentación es realizada por la gente y para la gente.

- **Estrategias funcionales.** Estructuran las políticas de las áreas operativas (Producción, Ventas, Personal, Finanzas, Tecnología, Abastecimiento y Logística).

B. Por su *formulación*:
- **Formales o deliberadas.** Manifiestan intenciones precisas, ajustadas a un análisis profundizado del mercado y de los atributos de la firma.
- **Informales o emergentes.** Derivan de pálpitos y se construyen a medida que se avanza.
- **Anárquicas.** Se improvisa y se deja que el personal tome las decisiones correspondientes a sus actos.
- **Combinadas u oscilantes.** Se fijan algunos aspectos pero se otorga margen de maniobra a los mandos medios.

C. Por la *instrumentación*:
- **Impuestas.** Sujetas a instrucción jerárquica y control formal.
- **Consensuadas.** Se formalizan por la vía de la participación y apropiación del personal.

D. Por su *dirección*:
- **Endodirigidas o basadas en la explotación.** Operan en función de las fortalezas de la organización. Pivotean sobre la eficiencia productiva, el control de costos, la aptitud y actitud de los trabajadores, la tecnología, la calidad, el diseño, los canales de comercialización y la atención al cliente. Optimizan los negocios presentes. Tienen el riesgo de hacer las cosas bien pero que ello sea inútil si están desenfocadas de los requerimientos del mercado.
- **Exodirigidas o basadas en la exploración.** Centran la acción en la anticipación de las necesidades de los potenciales clientes, en la diferenciación de su ofer-

ta y la conexión con segmentos de mercados; experimentan con ideas innovadoras y están siempre a la búsqueda. Corren el riesgo de que alguien llegue al mismo producto o servicio y posea la capacidad interna de hacerlo mejor, más barato, más rápido o con mayores prestaciones.

• **Equilibradas.** Explotan lo que tienen sin dejar de explorar las necesidades de la comunidad para atenderlas prestamente.

E. Estrategias genéricas identificadas por Porter:
• **Liderazgo en costes.** Aventajar a la competencia a través de menores costos.
• **Diferenciación.** Separarse de la manada dotando a la oferta de inéditas cualidades, reales o imaginarias.
• **Focalización.** Destinadas a segmentos de mercado.

Propongo asumir la implementación de estrategias formales, participativas, consensuadas, equilibradas, focalizadas, diferenciadas y orientadas a segmentos específicos.

El proceso estratégico

Aunque el suceder es abierto e indeterminado, nuestra facultad de razonar y elegir nos invita a construir un destino favorable, lo que no será fácil porque habrá que enfrentar el desafío con nuestro juicio subjetivo e incomprensión plena de un escenario plagado de incertidumbre, ambigüedad, cambios vertiginosos y sucesos inimaginables. Algunos empresarios me preguntan si en ese contexto tiene sentido planificar. Claro que lo tiene, porque siendo el porvenir un constructo humano, una inteligente intervención permitirá mejorar los resultados. Cuanto más compleja y desconocida sea la ruta, más altos deberemos poner los faros del vehículo.

El trazado de un *escenario probable o tendencial* permite anticipar condicionantes y problemas, mientras que la elaboración del *porvenir deseado y posible* será una guía para la práctica. Dice Bachrach: "Pensá que tu desafío creativo es como la imagen del rompecabezas terminado en la tapa del juego: sin ella sería muy difícil que pudieras resolverlo". *La planificación es la habilidad de crear virtualmente un futuro posible componiendo de forma novedosa viejos elementos conocidos.*

Solo con un destino en la cabeza es posible decidir qué camino seguir, conjeturar las políticas y acciones a ejecutar, y adaptar la estructura organizacional. La carencia de planeamiento hace que la organización sea propensa a perderse, transitar situaciones indeseadas y malgastar energía y recursos, yerros que aumentan cuando actuamos en soledad. Las mentes cerradas son peligrosas en el ámbito empresarial. La experiencia me hizo afecto a consultar terceras opiniones –aunque también sean sesgadas– y a valorar los espacios donde se manifiestan y componen las diferentes subjetividades.

Presento entonces una coreografía orientativa, cuya secuencia tiene importancia cuando se inicia el proceso, pero luego, echados a andar, las fases se superpondrán y la organización estará, simultáneamente, reflexionando, fijando objetivos, tomando decisiones, ejecutando, monitoreando y mejorando.

1. Etapa de análisis y reflexión

Para sobrevivir en un ambiente hostil e inestable, los seres vivos tuvieron la opción de hacerse más fuertes o más inteligentes. La fauna actual sobrevivió haciéndose más resistente físicamente y la raza humana desarrollando su cerebro. En su *Teoría de la Variabilidad por Selección*, el reconocido estudioso de la evolución humana Richard Potes, del Museo Nacional de Historia Natural del Instituto Smithsoniano, asegura que, para evolucionar, el ser humano se apoya en una base de datos dinámica y acumulativa de conocimientos acomodados en el cerebro y en la capacidad de improvisar a partir de dicha información. Ambas cuestiones no valen por separado; el éxito raras veces corona a ilustres inoperantes o a improvisados.

Propongo comenzar el proceso estratégico con una *reflexión inteligente para identificar los retos del futuro y encontrar formas de actuación que nos favorezcan.* Como a la hora de producir resultados los equipos superan ampliamente los intentos solitarios, introduzco *el proceso de reflexión plural para enriquecer con debate las visiones individuales.* En los *círculos estratégicos* debe fluir libremente la intuición que emana del saber inconsciente de los participantes para responder a las preguntas: *¿quién soy?*, *¿qué sucede?* y *¿qué puede ocurrir?*

La estrategia no puede ser ajena a las características, capacidades y recursos de la firma, ni elaborarse a espaldas del marco general y el de la industria en la que opera. Surgen de aquí dos campos de estudio: el *análisis de la empresa* y el *del contexto* en que opera. El *análisis interno*[23] sirve para esclarecer los aspectos referenciales que incluyen: *misión* o razón de ser, *visión* o propósitos inspiradores, *valores* y *principios rectores, historia, mapa de interés-importancia/poder-dominio de los actores relevantes* (*stakeholders*), *identidad* y *cultura, estrategia subyacente, modelo de gestión, estructura, reglas de funcionamiento* y *relaciones de proximidad* (clientes, proveedores, competidores y comunidad)[24]. Finalmente hay que profundizar en los *puntos fuertes y débiles.* Es imperioso asumir a la compañía como es; el autoengaño resulta mortífero, solo basta mentirnos para fracasar. Para evitar yerros involuntarios, se debe comparar la imagen del propietario con lo que piensa

---

23. A pesar de mi resistencia a separar el sujeto estratégico de su entorno tendré que hacerlo con fines pedagógicos.
24. Las relaciones cercanas quedan entre el adentro y el afuera, pero yo incluyo el tema en el análisis introspectivo.

el personal, los clientes, los proveedores, los competidores y la comunidad. Daniel Goleman propone poner el yo en el espejo, porque "soy lo que tú piensas que soy"[25].

Por vía del *análisis contextual,* el cerebro de la organización tiene la responsabilidad de recolectar, percibir y dar sentido a la información relevante proveniente del exterior. A partir de una cosmovisión que actúa como punto de arranque, el radar deberá considerar la evolución del escenario mundial, nacional, sectorial y de otras esferas relevantes[26].

A partir de allí hay que compaginar la información. Para ello uso como marco de referencia el primer modelo de observación *LCAG,* que fue producido en los años sesenta por los profesores Learned, Christensen, Andrews y Guth, de la Harvard Business School. Su aporte consistió en cotejar a la empresa con su entorno competitivo, evaluando los puntos fuertes (*strenghts*) y débiles (*weaknesses*), e identificar las oportunidades (*opportunities*) y amenazas (*threats*) derivadas del contexto. El modelo es también conocido por su acrónimo inglés *SWOT* (*FODA* o *DAFO* en español). El resultado del proceso de reflexión será un *diagnóstico de partida* que sirva para poner luz sobre *los aspectos potenciadores (facilitadores) y restrictivos (bloqueadores), y el escenario prospectivo del que surgen oportunidades y acechanzas reales y potenciales.*

2. Formulación - Toma de decisiones

En este momento aparece el segundo grupo de preguntas nucleares: *¿qué puede hacer la empresa?, ¿qué va a hacer?* y *¿cómo va a hacerlo?* Tomando el *punto de partida* elaborado en el

---

25. La evaluación 360° consiste en que la persona a valorar se otorgue a sí misma una puntuación por sus conductas y rasgos que es comparada con la evaluación, realizada en secreto, de una docena de personas que conozcan al evaluado.

26. Una entidad vinculada al servicio de transporte de cereales tendrá que preocuparse más por lo que sucede en las cosechas que por las innovaciones en los sistemas de locomoción.

paso anterior, se deben formular los objetivos, acciones y políticas, un *proyecto,* que lleven a la firma a aprovechar a pleno las posibilidades que brinda el escenario proyectado. *No tener en mente un proyecto es condenarse a ser esclavos de los propósitos ajenos.* A partir del escenario *deseable y posible* brotarán una variedad de *propósitos cuantitativos, cualitativos y de desarrollo,* que para su consecución requerirán acciones y políticas que deben ser planificadas. Hablamos de un escenario tendencial y de oportunidades potenciales, que sería posible aprovechar haciendo las movidas adecuadas. Eso es lo que dibuja el *escenario deseado y posible* que actuará como *Cruz del Sur*[27].

Al elaborar el recorrido, resultará provechoso establecer puntos de referencia por los que conviene pasar. Este desdoblamiento generalmente conduce a delimitar las tareas que deberán asumir las áreas funcionales[28]. Cada tema relevante deberá tener un responsable y un equipo de trabajo que asegure su ejecución, por eso la elección de a quién se empodera tiene mucho peso en los resultados.

Objetivos, caminos, puntos intermedios, planes, políticas, acciones, áreas funcionales, personas, recursos y sistemas de control conforman el *mapa estratégico* que actuará como guía.

3. Implementación

La *estrategia* solo será virtuosa si los planes se ejecutan. El primer paso es dilucidar si la organización es apropiada para afrontar el reto y las unidades funcionales son idó-

---

27. En el hemisferio sur los paisanos se orientan a partir de encontrar cuatro estrellas que forman una cruz cuyo segmento mayor está orientado al sur.
28. Si se quiere aumentar la calidad o la productividad seguramente habrá que mejorar la actitud y la aptitud de los trabajadores; para aumentar el nivel de ventas, se deberá vigorizar la comunicación y la potencia de los canales comerciales, y si se desea aumentar el volumen operativo habrá que conseguir fuentes de recursos financieros que permitan afrontar las inversiones y el mayor flujo.

49

neas para ejecutar las acciones asignadas. Se ha debatido acerca de si en las decisiones debe predominar la *estrategia* o la *estructura*. En un emprendimiento nuevo es válido que prevalezca la estrategia, porque es posible conformar la disposición en función del objetivo, pero si la empresa está en funcionamiento, las políticas deben contemplar la real capacidad operativa y establecer metas ambiciosas o incluso cambiar el rumbo, lo que obliga a discurrir acerca de si habrá que introducir mejoras estructurales (moderadas o profundas) para enfrentar el desafío. *Entre estructura y estrategia debe existir una relación dialéctica.*

El carácter colectivo del proyecto hace inevitable que el destino anhelado sea asumido por todos, constituyendo el inicio del compromiso que permite los logros. Cada área deberá establecer la forma de gobernanza, conformar los equipos, determinar los movimientos a realizar, armonizar las acciones con sus pares, establecer los presupuestos operativos[29] y asignar recursos y costos.

4. Monitoreo, control y ajustes

Ya remarqué que el *control* completa la tríada de responsabilidades directivas; por eso, el encargado de verificar el rumbo es el *Consejo Estratégico*. Las acciones de los actores y el azar provocan una dinámica vertiginosa, haciendo que las *definiciones estratégicas* gocen de corta validación temporal. Encontré mucha gente obstinada en pensar que un acierto lo será por siempre y que hay una sola manera de hacer las cosas, la propia. Pero las genialidades dejan de serlo con el paso del tiempo; aunque haya casos de exitosa tozudez, son más los que terminan a la deriva aferrados al tablón de su terquedad. Esa es la razón por la que el contexto debe estar sometido a una estrecha vigilancia. El *Consejo* debe estable-

---

29. *Forecast* de ventas, programa de compras, presupuestos de gastos operativos…

cer la forma de monitorear el entorno, la empresa y sus interrelaciones. Ayuda mucho la conversión de propósitos en metas que puedan ser expresadas por indicadores que midan el desempeño. Las áreas operativas deben alimentar con datos fidedignos al Consejo, siendo útil componerlos como *Cuadro o Tablero de Mando Integral*. Los logros derivan de una potente intención que surge cuando los actores están fuertemente comprometidos. *Estar atentos permite advertir al instante los bloqueos para removerlos, encontrar aspectos favorables para aprovecharlos, y detectar tempranamente las necesidades latentes del mercado.* De esta práctica surge el concepto de *mejora continua*.

Primera fase
REFLEXIÓN

Miremos este espejo bruñido y reluciente,
sin el engrupe falso de una mentira más.
Y vamos a encontrarnos, con toda nuestra gente,
mirándonos por dentro, sin ropa y sin disfraz,
Con toda nuestra carga pesada de problemas
hagamos un teorema de nuestra realidad...
Juguemos todo el vento, la torre y el alfil,
en este escrachamiento, de frente y de perfil.

Como somos...
Sensibleros, bonachones,
compradores de buzones
por creer en el amor...
Como somos...
Con tendencia al melodrama
y a enredarnos en la trama
por vivir en la ficción.
Tal... como somos,
Como un niño acobardado
con el andador gastado,
por temor a echarse a andar...
Chantas y en el fondo solidarios,
más al fondo muy otarios
y muy piolas más acá.
Vamos... Aprendamos pronto el tomo
de asumirnos como somos
o no somos nunca más.

Nos gusta hacer las leyes
después crear la trampa,

tirando por la rampa, las tangas a rendir.
Cargar a voz en cuello y protestar bajito
prefabricando mitos, para poder vivir.
Nos gusta sobre todo
comer a dos carrillos…
rociando con tintillo, la gris preocupación
y así mancomunados hacemos con unción,
el culto más sagrado, a la manducación.

Como somos…

Eladia Blázquez,
"Somos como somos"

CAPÍTULO 2

CONSIDERACIONES PREVIAS

Al plantear la práctica de la *estrategia* estoy proponiendo poner la mente al servicio de la acción. Por esa razón desde hace tiempo me introduje en los avances de las neurociencias. Al igual que me pasó al adentrarme en la *cultura zen*, muchas cuestiones ya las tenía intuitivamente incorporadas a mi quehacer, por lo que la confluencia fue placentera. Creo que no es ocioso incorporar, en este capítulo, algunos conceptos que ayuden al lector a aprovechar mejor la mente y evitar sus trampas, instándolo a usar este conocimiento para aportar al bienestar general y no para lucrar con las debilidades del prójimo. Puede el lector quedarse tranquilo: no presentaré aquí mórbidos cortes del cerebro humano ni obligaré a recordar embrollados nombres de sus partes componentes, ya que los textos vinculados a la disciplina económica no requieren de tales licencias.

Del análisis mecanicista y lineal al pensamiento sistémico

La visión mecanicista y lineal del determinismo científico de Newton y Laplace y el positivismo de Comte y Stuart Mill hicieron pensar que el universo funcionaba bajo leyes universales, inmutables y conocidas. El tiempo y los avances científicos mostraron la invalidez del supuesto[30]. Abandonar el pensa-

---

30. Hago referencia a la física cuántica, la mecánica ondulatoria, el principio de incertidumbre de Heisemberg y la negación de la reversibilidad de

miento lineal y la mirada rígida, reduccionista, analítica y mecanicista (dominante por siglos) es una tarea ineludible para lograr una aproximación a nuestra realidad compleja y dinámica. Ludwig von Bertalanffy[31] nos acercó a una cosmovisión holística, orgánica, totalizadora e integradora. Sus estudios, originalmente basados en la biología, rebasaron ese campo para abarcar las ciencias sociales, habiendo sido Norbert Wiener[32] quien identificó una serie de elementos comunes entre las diversas disciplinas y sus objetos de estudio. Por su parte, Luhmann provocó un avance revelador al corregir la antigua consideración biunívoca que se establecía entre un ente y su entorno para considerar la integración real del sujeto al ambiente que lo rodea, por lo que toda información producida en el afuera es metabolizada en su interior en función de sus objetivos y necesidades (retroacción o *feed back*), mientras que las energías de sus múltiples acciones (y de otros actores) influyen sobre el contexto.

En consecuencia, la *Teoría de Sistemas* terminó anclando en el análisis de las conformaciones humanas con propósitos específicos. En este campo hubo un vital aporte de los chilenos Maturana y Varela, que permitieron entender cómo los sistemas biológicos (y sociales) son capaces de crear su propia conformación, evacuando inquietudes que no tenían respuestas en las leyes matemáticas y las físicas experimentales.

Un sistema es una conformación invisible construida con datos reales por el observador en función de un interés analítico, que adopta la dinámica de sus acciones internas (autorreferencialidad y autopoiesis), externas (vivacidad propia del sistema) y las interrelaciones producidas entre el núcleo y su ambiente. Desde ahora

---

Darwin, entre otras cuestiones. Hay material a leer para avanzar en el entendimiento.

31. Originalmente su estudio estuvo orientado a la biología, pero luego identificó su validez en otras disciplinas.

32. Wiener se introdujo en el tema por indicación del Pentágono, a fin de utilizar el método para contrarrestar las bombas alemanas que caían sobre Londres.

consideraremos a *la empresa* como nuestro s*istema nuclear* o *sujeto estratégico* para nuestros análisis.

La entidad que nos ocupa posee una agigantada complejidad, originada en la presencia de multiplicidad de propósitos e intereses individuales y colectivos que pueden ser contradictorios por los enredos que provoca su vinculación con el entorno y con los otros actores. En esta línea aparece como valioso el aporte de Jay Forrester, de la Sloan School of Management del MIT, quien desarrolló un esquema causal formulado a partir del estudio de la estructura, las políticas y los motivos que determinan el comportamiento de las personas en las organizaciones y la forma en que se toman las decisiones cotidianas. Para captar la maraña de conexiones, Forrester las expresó por medio de ecuaciones matemáticas con el auxilio de la informática. En principio, la *Dinámica de Sistemas* fue pensada para reducir el error humano y apurar los tiempos; pero aunque cumple técnicamente el segundo propósito no resuelve el primero, porque la carga de datos sigue siendo subjetiva y normalmente influida por los comportamientos pasados, lo que tiende a repetir la historia más que a convalidar el porvenir. Sirve una reflexión de su propia entraña que Goleman reproduce: en una conferencia del MIT sobre procesamiento de grandes volúmenes de datos, un orador señaló que el colapso mundial de los fondos de inversión (2008) demostró el fracaso del método. A pesar de ofrecer cifras actualizadas, su simplificación engaña a quienes confían excesivamente en sus resultados, por lo que hay que utilizar la herramienta como complemento y con reservas.

Pero… veamos un puñado de *enseñanzas sistémicas*:

- El todo es más que la suma de sus partes.
- El conjunto influye sobre sus componentes y éstos sobre aquél. Los sistemas son enérgicos, abiertos e inestables por naturaleza. Los actores, motivados por deseos e intereses, cooperan, confrontan o se ignoran;

y de acuerdo a la correlación de fuerzas, mantienen, reforman o transforman drásticamente el cuadro de situación, por lo que la conformación del sistema depende tanto de su propia acción (o inacción) como del resto de los animadores.

- Pasado, presente y futuro están relacionados enérgicamente.
- Hay que seguir los impactos de los actos. No nos debemos limitar a lo que sucede de manera directa o coyuntural sino prever realimentaciones dinámicas, secuelas colaterales, efectos concatenados, estructurales, interdependientes y retardados.
- Para lograr resultados hay que operar sobre las causas. Calmar los síntomas (fiebre) no controla el problema (enfermedad). A veces causas y efectos se mezclan y están muy cercanos.
- Es importante manejar un *timing* preciso. Jamás se debe forzar el sistema ni llevarlo al límite, porque se pueden provocar rupturas indeseadas.
- Es importante encontrar los puntos de apalancamiento. Acá se comprueba la ley de Pareto (80-20)[33]. Hay pequeñas acciones que logran resultados trascendentes y esfuerzos cuyas consecuencias tienen bajo impacto. Teniendo en cuenta que se posee personal, habilidades y recursos escasos, saber diferenciar entre lo nimio y lo potente resulta productivo.
- Oponerse a las fuerzas naturales no es inteligente. Es más útil comprender las tendencias y aprovecharlas. Para modificar un *statu quo* indeseado hay que emplear astucia y acumular fuerzas para vencer las energías que lo sostienen. A veces actuamos con tanta selectividad en las alianzas que fracasamos por no haber reunido suficiente potencia.

---

33. Conocida particularmente por el nombre de su descubridor, Wilfredo Pareto, esta ley advierte que el 20% del esfuerzo genera el 80% de los resultados.

La mirada del observador

Como son personas (interesadas) quienes intentan entender los sistemas y procesan la información, es conveniente considerar las facultades y prevenciones que tiene la *maravillosa mente humana*. Para ampliar, recomiendo a los lectores recurrir directamente a las fuentes citadas.

A partir de la *Teoría de la Mente* tratamos de ver el mundo en términos de motivaciones. John Medina dice que el razonamiento simbólico es una capacidad humana, que incluye la empatía que nos permitió, a lo largo del tiempo, coordinar el trabajo en grupos. El cerebro aventaja a la computadora más potente porque posee neuroplasticidad, y puede automodificarse a partir de nuevas experiencias y estimulación social e intelectual. Para ello cuenta con eventuales combinaciones de sus cerca de cien mil millones de neuronas (aunque no se pueda activar más del dos por ciento a la vez). Dice Facundo Manes que las instrucciones biológicas que el hombre recibe (ADN[34]) precargan nuestro *disco rígido*; a lo que debe sumarse lo que se aprende después de nacer (*nemes*) y lo que perciben los receptores sensoriales (sentidos) que el cerebro organiza y jerarquiza. Parangonando *el cerebro colectivo de una empresa deberá acumular información, vivencias, experiencias y datos que habrán de integrarse para ayudar a la gestión.*

Ya advertí al lector acerca de la complejidad de los sistemas conformados por personas, a raíz de que éstas tienen –además de una diversidad de posiciones ideológicas, políticas y religiosas– intereses, sentimientos, deseos, amores y odios encontrados. En consecuencia, las observaciones estarán desprovistas de objetividad. Según el sociólogo crítico norteamericano Charles Wright Mills, la actividad

---

34. El ADN que recibimos tiene una importancia enorme para conformar nuestras actuaciones, porque contiene una masa de revelaciones agrupadas en los cerebros nonatos.

humana está orientada por una intencionalidad, un *para qué* y *por qué* se hace. Por eso, si algún comunicador social (por ejemplo, un periodista "independiente") hace gala de neutralidad, miente. Además el planeta está lleno de "eruditos" que observan sin pensar y piensan sin observar. Son pocos los que asumen que la realidad es del color del cristal con que se mira, y menos los que intentan compensar sus inclinaciones usando empatía para comprender las razones que promueven los terceros comportamientos y constatar sus opiniones con expertos.

La socialización, como ninguna otra cuestión, permitió el avance de la humanidad. Una inteligencia colectiva produce más que la suma de sus partes, y los mejores logros son alcanzados por equipos. Los colectivos sociales, familias, tribus, clubes o empresas tienen conformaciones orientadas a una actuación sagaz. La calidad de las relaciones interpersonales marca la vitalidad de las comunidades, mientras que el aislamiento afecta negativamente el ánimo y la conducta. Cruzando diferentes disciplinas se logran los mejores resultados.

Inicié el artículo que escribí para un libro del CONICET sobre *competitividad sustentable* con un párrafo que transcribo, que recibí por Internet sin que se mencionara su autor. Agradezco a quien haya resguardado y difundido una enseñanza de tanto valor emocional relacionada con las culturas originarias del Tercer Mundo arrasadas por la *"civilización" occidental y cristiana* (las comillas no son casuales).

> *Un antropólogo propuso un juego a los niños de una tribu africana. Puso una canasta llena de frutas cerca de un árbol y les dijo que aquel que llegara primero ganaría todas las frutas. Cuando dio la señal para que corrieran, todos se tomaron de las manos y corrieron juntos, y después se sentaron juntos a disfrutar del premio. Cuando el antropólogo les preguntó por qué habían corrido así, si uno solo podía ganar, le respondieron: "Ubuntu. ¿Cómo uno de nosotros podría estar feliz si todos los demás están tristes?". Ubuntu, en la cultura Xhosa significa: "Yo soy porque nosotros somos".*

> *Dice el sacerdote argentino misionero franciscano padre Jorge Bender en su libro* África no me necesita: ¡Yo necesito de África! *(pág. 64):* "*Ubuntu es un concepto que proviene de la lengua zulú y xhosa. Ubuntu es visto como un concepto africano tradicional. Si lo queremos traducir a nuestra lengua podríamos decir: 'Humanidad hacia otros'; 'Soy porque ustedes son'; 'Una persona se hace humana a través de las otras personas'; 'Una persona es persona en razón de las otras personas'.*
> *El arzobispo africano Desmond Tutu lo define así: "Una persona con Ubuntu es abierta y está disponible para los demás, respalda a los demás, no se siente amenazada cuando otros son capaces y son buenos en algo, porque está segura de sí misma ya que sabe que pertenece a una 'gran totalidad', que se decrece cuando otras personas son humilladas o menospreciadas, cuando otros son torturados u oprimidos".*
> *Hay un dicho popular: "Ubuntu, nigumuntu, nagamuntu", que en zulú significa: "Una persona es una persona a causa de los demás". En síntesis, el Ubuntu es un ser social, y es en relación a los demás.*

Ojalá que nos contagiemos de esta ética africana para superar el individualismo y *asumamos que, en el mundo de la empresa, pensar juntos ayuda a mejorar la actuación.*

El proceso evolutivo de la humanidad nos llevó al *milagro de la conciencia* y al *prodigio de la memoria.* Desde que nacemos, vamos registrando lo que nos sucede, lo que experimentamos, escuchamos, vemos, leemos... y solo resguardamos los datos y eventos a los que damos valor.

El hemisferio izquierdo del cerebro actúa como intérprete de lo percibido. Va creando historias para dar a la persona sentido de unidad. Pero no podemos tener abierta y presente toda la información recibida, por lo que (se supone) alrededor del 80% del *archivo* queda disponible en el inconsciente. El proceso incluye codificación, almacenamiento y recuperación de lo indagado. De acuerdo al tipo de material involucrado, del marco temporal sobre el que opera y las estructuras neurológicas que la soportan, vamos preservando los datos en diferentes espacios del cerebro. La retentiva es *emocional, autobiográfica* y no necesariamente *fiel* (olvidar, a veces, es más saludable que acordarse). Hay una memoria explícita relacionada con los actos conscientes y una memoria implícita que atiende a los reflejos condicionados o habilidades motoras que no dependen del pensamiento. La evocación abierta se divide en: *episódica,* relacionada con los hechos sucedidos, y *semántica,* que almacena conceptos, significados y conocimientos de los hechos, de manera ordenada para que pueda ser rescatada rápidamente ante un estímulo.

Existen tres tipos de memorias en relación con el tiempo: a) *inmediata,* de corto plazo o de trabajo, que se encuentra disponible, b) *de largo plazo,* que recuerda los eventos que pasaron hace minutos, los hechos e información recogida días atrás y los que pasaron hace años, y c) *prospectiva,* que guarda *lo que pensamos hacer en el futuro.*

Cuando recurrimos a la memoria reconstruimos lo archivado y lo volvemos a guardar, por lo que los recuerdos se van modificando a través del tiempo, posibilitando la renovación de las ideas. La evocación periódica consolida la información.

A partir del cerebro, las personas tienen la capacidad de formar ideas y representaciones. El *pensamiento* es la gran cualidad de los humanos. Al respecto resulta apropiado reseñar el aporte realizado por el psicólogo Daniel Kahneman[35], premio Nobel de Economía 2002, quien repasó los vericuetos mentales que conlleva la toma de decisiones. En su trabajo demuestra la existencia de una fragilidad por omitir la estadística intuitiva, y las malas pasadas que juega la contradicción entre el *yo que recuerda* y el *yo que experimenta.* Confieso que su trabajo me volvió cauteloso.

Kahneman define dos tipos de pensamiento: el *sistema 1* o "mente ascendente" para Daniel Goleman o "pensamien-

---

35. Asumiendo lo atrevido que es resumir obras de otros autores, especialmente prestigiosos, porque lo que transmito está influido por lo que entendí y mezclé con mi visión, presento puntos de interés, alentando al lector a recurrir a los textos originales, mencionados en la bibliografía de esta obra. De hecho, gran parte de mi alimento intelectual proviene de mis lecturas.

to reflejo" según Guy Claxton[36], que opera de manera vertiginosa, automática, involuntaria e intuitiva, con poco o ningún esfuerzo, y funciona a través de redes de asociación e impulsos guiados por emociones. Este sistema sirve para ejecutar las rutinas habituales, es rector de los modelos mentales y jamás se desconecta, pero su superficialidad y velocidad provocan yerros sistemáticos que son muy notorios. Y el *sistema* 2 o "mente descendente" (Goleman) o "modalidad-d o pensamiento deliberado o intelecto" (Claxton), que atiende las prestezas mentales esforzadas y complejas, es lento, laborioso, encargado del autocontrol pero capaz de aprender nuevos modelos, hacer planes innovadores y cuestionar los impulsos emocionales.

El *pensamiento reflejo* fue fundamental para superar acechanzas en tiempos remotos, pero no puede detectar riesgos de reciente aparición (por ejemplo, el cambio climático). Muchas veces nos lleva por atajos simplificadores, dejándonos a merced de la *emoción,* dominada por impresiones, excitación e impulsos. Como todos los esfuerzos (cognitivos, emocionales o físicos), el pensamiento recurre a una única fuente de energía mental, por lo que someten al cerebro a fuerte estrés. A un elevado nivel de presión, el sistema de control pierde rigor y rehúsa modificar o autorizar los pensamientos. En esas circunstancias, los reflejos primarios toman el mando, las impresiones se convierten en creencias y las conclusiones surgen precipitadamente, de manera egoísta y rústica. Decía Albert Einstein: "La mente creativa es un don sagrado, y la mente racional su sirviente fiel. Hemos creado una sociedad que rinde tributo al sirviente y ha olvidado el don". El encendido del piloto automático nos hace bajar la guardia y cometer errores. Por eso (y los pu-

---

36. Leí el libro de Claxton antes que el de Kahneman y confieso que me impactó mucho, al punto de que fue mi entrada al estudio de los vericuetos de la mente. Su visión tiene incluso cosas que me han servido mucho para su aplicación en el mundo de la empresa.

63

blicistas lo saben) somos fácilmente influenciables, vivimos ciegos ante lo evidente y, encima, no reconocemos nuestra ceguera.

La mente realiza un proceso de *activación asociativa de ideas y recuerdos* que se precipitan sobre el cerebro como cascadas. Respondemos a las indagaciones con una escopeta mental que provee una o más devoluciones en el acto. La velocidad de respuesta nos lleva, inconscientemente, a sustituir pesquisas por asimilaciones cómodas, y preguntas complicadas por otras de fácil respuesta (*heurística de la disponibilidad*).

En otros momentos hay un *fluir*, que hace placentera la concentración. Atendemos con fruición y dedicación actividades que nos gustan o nos resultan cómodas[37]. También existe una *facilidad cognitiva*, señal imperceptible que se produce cuando encontramos coherencia o ingresamos en zona de confort y seguridad. Eso implica el peligro de hacer cosas sin pensar, porque nos sentimos satisfechos repitiendo experiencias y cristalizando creencias.

Cuando no tenemos idea de algo, tratamos de avanzar por la senda del mínimo esfuerzo utilizando alguna referencia que actúa como *anclaje* y aceptando sin titubear lo que nos viene a la mente más rápido o con mayor frecuencia. En cambio, un pensamiento activado evoca ideas que se encuentran ocultas, moviliza imágenes y genera una catarata de sensaciones.

Evaluamos nuestros pensamientos con una fuerte *carga emocional*. El estado de ánimo nos influye: si estamos de buen humor todo nos resulta fácil, cuando nos gusta algo vemos sus ventajas e ignoramos sus defectos, y si, por el contrario, nos sentimos mal, todo nos desagrada.

La primera impresión contamina las visiones posteriores (*efecto halo*). El convencimiento de Descartes y los carte-

---

37. Por eso el lector se topará más adelante con exhortos orientados a encontrar el lugar adecuado de cada persona en su grupo de trabajo.

sianos acerca de que todos los problemas pueden ser con-
ceptualizados llevó a la humanidad a dar más valor a una
idea incorrecta expresada con lógica que a un pensamiento
borroso aunque posea potencial. Si escuchamos una expo-
sición clara nos parecerá auténtica. Los buenos adornos
hacen que parezca válido y nos convierte en indiferentes a
las estadísticas. Si nos gusta la primera parte de un libro leemos con entusiasmo lo que queda; si alguien nos cae bien
seremos menos exigentes a la hora de considerar lo que nos
ofrecerá luego.

Somos *influenciables* por la forma con que se presentan
personas, ideas o acontecimientos (*efecto marco*). Concedemos más valor a una imagen, estereotipo o presentación
que a las posibilidades reales de ocurrencia. Una ficción coherente es más fuerte que una verdad mal expresada, y una
confianza excesiva supera la cantidad y calidad de las evidencias. Por eso a veces esperamos eventos sin medir su grado
de contingencia y confundimos lo coherente con lo viable.
Podemos ver como probable y factible un escenario errado
pero detallado, con adornos y expuesto profesionalmente.

Las asociaciones no son libres, hay *efectos de primacía*
("priming"). Una palabra, una situación reciente, las últi-
mas incorporaciones de información, gestos simples y comunes, la educación familiar o formal, la cultura del medio,
los acuerdos flamantes, las manipulaciones de los medios
de comunicación y del marketing influyen nuestros pensamientos y sentimientos, instaurando una huella por la que
transitan las ideas.

Las observaciones vivenciales tienen más impacto en nosotros que las estadísticas. Damos igual validez a las muestras chicas que a las grandes, concedemos más importancia
a la cantidad de datos que a lo relevantes que sean, la probabilidad sustentada sólidamente no alcanza para modificar
las creencias enraizadas en la experiencia personal, somos
proclives a hacer generalizaciones mentirosas a partir de

casos sorprendentes y aislados. Dice Kahneman: "Pensamos asociativamente, pensamos metafóricamente y pensamos casualmente con facilidad, pero hacerlo estadísticamente requiere pensar en muchas cosas a la vez, algo para lo que el *sistema 1* no está diseñado". Normalmente generalizamos nuestra primera intención. Además, si algo se sale de la media o alguna situación muestra cambios significativos, lo asumimos como definitivo sin tener en cuenta que lo más probable es que retorne rápidamente a la normalidad.

Como buscamos coherencia, suprimimos inconscientemente toda duda o ambigüedad, y si poseemos datos incompletos tratamos de encajar lo que nos plazca en los espacios vacíos. La información sin valor es aún más dañina que la falta de datos, porque la *mente refleja* la procesará como si fuera verdadera. Nuestra mente es afecta a las ilusiones y las alucinaciones generadas por falacias narrativas simples que se conforman a partir de relatos.

Los sucesos negativos adquieren mayor repercusión y generan más preocupación que las cosas buenas, y aunque tengamos más momentos felices que tristes, nos parece que es al revés. En el mismo sentido, el peligro se exagera y los riesgos nos abaten y paralizan. En caso de duda, y para acortar la posibilidad de error, nos respaldamos en las estadísticas; sin embargo, también nos llama a estar atentos a la casualidad, señalando que en la vida juega el azar, variable no cuantificable que no debemos ignorar. Debemos mediar entre la audacia y la creatividad del *pensamiento reflejo* y los lentos avances del estado meditativo que nos vuelve suspicaces y escépticos; y entre el principio de *entropía* que trata de ahorrar energía operando con la *ley del menor esfuerzo* y la laboriosa *creatividad*.

El mundo consumista, individualista y competitivo conforma un sistema fuertemente reforzado que nos influye. Solo logramos desenmascarar sus falacias al hacer una profunda meditación. En consecuencia, sin darnos cuenta, vivimos gobernados por una liviana coherencia construida sobre la base de la emoción, que el perezoso pensamiento racional pocas veces cuestiona. Estos juicios alcanzan dimensión social y se convierten en *estereotipos,* muchos perniciosamente falsos y causantes de graves consecuencias.

Claxton referencia un tipo de abstracción que no tiene propósito definido y que está asociado a lo lúdico, a la ensoñación, a lo contemplativo, a lo filosófico o metafísico. Lo denomina *meditación trascendental.* Y también se explaya en una forma de pensamiento que combina lucubración cerebral y espontaneidad, remarcando que ante situaciones trascendentes la mente –por debajo de nuestra conciencia– procesa una enorme cantidad de datos, detecta lo importante, marca los tiempos y, de pronto, surge una corazonada que conduce al camino atinado; a estos *flashes* inexplicados los reconocemos como *intuición* o *sabiduría.*

El razonamiento no alcanza cuando se deben tomar decisiones con información insuficiente; en esos casos, solo queda utilizar el buen juicio, la sabiduría, la intuición. *Personalmente empecé a prestar atención al tema cuando pude reconocer que los aciertos ajenos y propios dependieron más de las percepciones intuitivas que del análisis lógico.* Gary Klein, psicólogo macrocognitivo, analizó las decisiones naturales e intuiciones rápidas y correctas de las mentes de especialistas (ajedrecistas, bomberos, médicos clínicos...), deduciendo que se surten de pericias desarrolladas por la práctica y almacenadas como información calificada. El *expertise* permite reconocer elementos familiares en las situaciones nuevas y relacionarlos con la *base de datos* para dar respuestas atinadas y veloces. Como ya señalé, el cerebro, al no poder retener todo, archiva la información relevante en depósitos fuera del alcance cognitivo y del razonamiento lógico, pero el archivo existe y lo utilizamos permanentemente. La psicología, cuando dejó la obsesión freudiana por el subconsciente atiborrado de deseos, recuerdos y fantasías para incursionar en el campo del inconsciente adaptativo, encontró que nuestra mente es una "computadora gigantesca", capaz de procesar rápida y silenciosamente los datos que necesitamos para ser efectivos. Podemos aprovechar el espacio inconsciente o supraconsciente para elaborar juicios con poca información.

Los *eurekas* son respuestas certeras aportadas por mentes sabias. Los hallazgos científicos más importantes fueron corazonadas: el quehacer de Jonas Salk, fanático de la precognición, fue una sucesión de impulsos con base en la perspicacia combinada con razonamiento lógico; Einstein decía que a los grandes descubrimientos se llega por la intuición y la definía como una correcta comprensión de la experiencia; y Edison, el más prolífico inventor de la historia, utilizaba la analogía. Las respuestas "intuitivas" son, normalmente, más sensibles, rápidas y certeras que las "razonadas". Los individuos, en el "estado receptivo" que crea la hipnosis, pueden recordar sucesos, impresiones y sensaciones olvidadas que estaban retenidas en algún lugar de la mente aunque no pudieran ser verbalizadas. *La intuición constituye una apertura natural a los conocimientos guardados en el inconsciente sin intervención del hipnotizador.*

Los intuitivos mantienen una antena abierta de manera permanente para absorber todo lo que pueda estimular la creatividad. Viven la vida buscando pistas, percibiendo lo recóndito, comprendiendo cada vivencia. A partir de una simple fractura, un extravío, la detección de un germen de cambio, la mente se pone en movimiento para bosquejar acciones ante una ocasión o un peligro. Las pistas, a veces, no están cerca del tema que se enfrenta sino que corresponden a situaciones que poco tienen que ver con el caso. Kahneman recurrió a la *moraleja de la observación* de Hebert Simon para explicar que el misterio de saber sin saber es la forma en que un experto accede a información almacenada en la memoria para responder atinadamente a la circunstancia.

La mente puede ser educada para interpretar rápidamente el entorno, usando plenamente la sabiduría, la experiencia y el sentido común alojado en la parte derecha del cerebro; manteniendo en sordina la parte izquierda para evitar que el intento de *verbalización* anule la sagacidad del consciente adaptativo. Una educada *perspicacia intuitiva* puede alcanzar visión de gran angular (*ampliada, profunda y periférica*). De esa forma se pueden seleccionar datos significativos, tirar lo irrelevante, limpiar la hojarasca y archivar lo importante.

La experiencia es la influencia del pasado sobre el presente que facilitará las prácticas futuras. El pretérito acumulado es la materia prima elemental que nutre todo trabajo intelectual original, incluyendo la prospectiva estratégica. Si se aprovecha el paso de los años y se tuvo tiempo para escuchar, reflexionar, cambiar pareceres, pasar por situaciones enriquecedoras, vivir en mundos cambiantes y diferentes…[38] será posible decodificar mejor lo que hay atrás del consciente y sorprender con juicios instantáneos superadores de pesadas elucubraciones. Por eso los orientales y nuestros pueblos originarios respetan la sabiduría de los ancianos, a los que alejan de las tempestades pero no se atreven a introducirse en ellas sin su consejo. Claro que la adquisición de esta maestría es lenta y, a veces, como dijo con sabia ironía el pintoresco Oscar "Ringo" Bonavena[39], "la experiencia termina siendo un peine que la vida te regala cuando te quedaste pelado".

Para sacar del abombamiento a la mente es conveniente acallar o atemperar el rumor permanente que existe en la cabeza. Sin llegar al *samandhi* de los budistas, hay que buscar tranquilidad para que la mente fluya libremente en

---

38. Una vez escuché que no es lo mismo tener veinte años de experiencia que veinte veces la experiencia de un año.

39. Oscar Bonavena fue un boxeador argentino de peso completo, el primero que tuvo al borde del *knock out* al mayor campeón de todos los tiempos, Muhamad Ali. Tenía *mucha calle* y se caracterizaba por frases y comentarios muy precisos.

búsqueda de respuestas. Apagar el ruido mental abre las puertas a la percepción; a la mente, más que hacerla funcionar, hay que dejarla funcionar. Los *yoguis* persiguen su estado de mayor conciencia bloqueando las entradas sensoriales. Cualquier momento puede ser bueno para alcanzar un alto nivel de receptividad reveladora. A pesar de que la biología todavía no nos puede ayudar a aumentar la visión intuitiva, los estudios indican que los *estados hipnagógicos* (antes de quedarse dormido) e *hipnapómpicos* (al despertarse) son los más apropiados porque es el momento en que el inconsciente y el consciente se encuentran más cercanos.

El poder de saber en los primeros dos segundos no es un don otorgado mágicamente a unos pocos afortunados; es una capacidad que todos podemos cultivar en nuestro favor (Gladwell). Los resultados alcanzados no pueden ser adjudicados al azar. La intuición es un proceso de interconexión de circuitos electroquímicos (engramas) que se produce cuando el cerebro desencadena una secreción de hormonas que influyen sobre el pensamiento. Es una acción energética de los cerebros que juegan con datos cargados porque utilizan circuitos diferentes para encontrar información no disponible a nivel racional. Las neuronas poseen un núcleo (axón) y antenas receptoras (dendritas) que se conectan (sinapsis); habitualmente el razonamiento lógico opera sobre el lado izquierdo (analéxico) y sigue conexiones familiares, pero cuando no se encuentra lo buscado el hemisferio derecho intenta caminos alternativos hasta encontrar la respuesta que es subida a estado lúcido y aparece como recurso inconsciente. Es típico que el proceso esté acompañado con alguna advertencia física o incomodidad que se estaciona entre el estómago y el pecho. *Podemos concluir que la intuición es información y experiencia acumulada en la profundidad del cerebro.*

Hagamos una secuencia del proceso intuitivo aplicado al ámbito empresarial, con base en una cosmovisión preexistente. La mente estratégica concibe el contexto y descifra los indicios que proyectan el futuro; en sintonía, escarba en la base de datos de la organización para desenterrar pedazos de conocimientos y experiencias relevantes relacionados con la circunstancia (lo vivido, sentido, practicado o percibido); luego compone ambos planos en un maravilloso proceso creativo que llamamos *noético* (del griego, "conocimiento intuitivo") para decidir cómo avanzar hacia el futuro. Del mismo modo que cuando alguien aprende algo nuevo altera conductas que, al repetirse (*resonancia mórfica*), producen cambios en la realidad, las empresas deben ser esponjas de información y experiencias para promover el cambio, cumpliendo con la premisa de Schumpeter. En el mundo empresarial sería un desperdicio desaprovechar la precognición, la visión remota y la diversidad de percepciones, práctica reconocida como *visión estratégica*.

Los estrategas son ejecutivos intuitivos que están en permanente sintonía con el presentimiento, observan y redefinen de manera integral y continua el fenómeno que los inquieta, tienen presentes de manera simultánea todas las alternativas, confían en las imágenes no verbales, perciben que el camino es difícil y resbaladizo, presumen los riesgos, distinguen los obstáculos reales de los imaginarios, no se sienten obligados a seguir un camino recto, no esperan un resultado inmediato e incluso están dispuestos a equivocarse. En mi actividad, utilizo lo que Klein llamó "modelo de decisión con primacía del conocimiento", que es una apuesta al *inconsciente adaptativo* para hacer una composición del contexto y advertir los peligros y las oportunidades, que luego son sometidos a una reflexión racional profundizada, utilizando el método *brain storming* o tormenta de ideas[40]. *La intuición es un proceso interior, mientras que la reflexión constituye su exteriorización plural a través de cruces libres de opiniones.*

---

40. Rindo tributo al desarrollador del *brain storming*, Alex Osborn, director de la agencia de publicidad BBDO.

Mintzberg separa claramente el proceso mental y la actuación, en tanto lamenta que los planes se basen solo en consideraciones que pueden expresarse matemática y claramente, porque se pierde información marginal relevante (impresiones, detalles, corazonadas, incidentes, revelaciones, etc.). Las reflexiones a medio elaborar, aunque apunten al corazón de una oportunidad, son rechazadas *ipso facto* por los incompetentes y los escépticos con labia. Los enemigos de la percepción arman la vida en función de *bits* y *bytes*, y solo utilizan la mitad izquierda del cerebro; de esta forma extreman el orden y las estructuras rígidas, niegan lo inexplicable y sostienen comportamientos estáticos que convierten las experiencias en clichés que se repiten en congresos y escuelas de negocios. La mente libre del corsé desarrollará sistematizaciones trascendentes.

Pero, cuidado, porque si nos apresuramos el cerebro terminará utilizando solo la información consciente e irá por los caminos habituales, perdiendo de esa forma la posibilidad de hacer ensambles virtuosos y atinados. Hay enorme riqueza intelectual en ciernes en la apertura a las analogías, imágenes, ideas a medio elaborar y presentaciones poco convencionales. Si esperamos que se defina una tendencia de mercado o que una nueva moda se haga clara y materialice, perderemos trenes capaces de llevarnos a pródigas estaciones.

La sabiduría expresada por la intuición debe ser cultivada, estimulada, alimentada y celosamente guardada. El don no reside en la capacidad de oír cuando la oportunidad llama a la puerta, sino en anticipar los pequeños susurros procedentes de las profundidades del cerebro. El inconsciente debe fluir libremente para originar creaciones que habitualmente no llegan por la vía de la racionalidad. El funcionamiento de la imaginación se basa en esgrimir sencillas reglas empíricas (heurística) para habituarse a trabajar con información incompleta y hallar relaciones entre diferentes problemas.

Propongo al lector utilizar los reflejos para responder rápidamente a las situaciones críticas, no desoír a la intuición y a los saberes guardados en nuestra mente cuando encontramos situaciones enmarañadas o tenemos que basarnos en información incompleta, y usar la razón para pulir las políticas. Seguramente esta es la forma más inteligente para llegar a lo que los hindúes llaman *siddhis*[41].

La *percepción* es el alimento de la intuición. Recibimos una catarata de datos a través de la vista, el oído, el olfato, el gusto y el tacto, que el cerebro debe someter a cautelosa consideración, viendo los detalles. Percibir no es escuchar a los sentidos, sino procesarlos con sentido inteligente y práctico. El cerebro ve más que los ojos, constituyendo un sexto sentido que mira con *gran angular* y desde *diferentes ángulos,* enriqueciendo lo avistado con la sabiduría que da la experiencia. Así se podrá alcanzar una *visión: amplia* sobre los factores relevantes (actores, valores, necesidades e intereses), *ancha* para atender a todo lo que acontece, *profunda* para sacar conclusiones inaccesibles a simple vista y *prospectiva* para proyectar lo que se piensa hacer. No se trabaja con certezas sino con posibilidades, pero así se abrirán las puertas a las oportunidades y aumentarán los aciertos. Gran parte de los yerros se deben a fallas de percepción. Los más clásicos son: que el árbol tape al bosque, observar de manera sesgada e interesada, ver solo parte del escenario, malinterpretar la información, encerrarse en una burbuja, descontextualizar la situación, dejarse llevar por las emociones, perder empatía, sacar conclusiones atropelladas…

La *inspiración* es la aparición espontánea de una idea genial, de algo novedoso. Para el biólogo divulgador Diego Golombeck, más que un proceso repentino es el resultado de haber trabajado en un problema, consciente o inconscientemente, durante mucho tiempo (100% sudor).

---

41. Los *siddhis* son encadenamientos fantásticos de sucesos que lleva al logro.

73

Aunque haya cosas dejadas al azar, las ideas brillantes están construidas con una precisión de cirujano y son parte de un camino bien trazado. Este pensamiento está vinculado a la regla del psicólogo de la Universidad de Florida Anders Ericsson, que considera necesaria una inversión mínima de 10.000 horas de práctica para dominar un arte y automatizar los movimientos, concepto relativizado porque esas horas de práctica no valen sin la constancia para reconocer errores y enmendarlos. Sabemos que se aprende de los fracasos, que seguramente fallaremos más de una vez antes de encontrar una buena solución y que los aciertos son resultado de la convicción, la tenacidad y la perseverancia.

Aumenta la efectividad estar *atentos, concentrados, alertas, atender selectiva y oportunamente lo que estamos ejecutando, vivir el momento, hacer foco.* La atención voluntaria, la disciplina y la decisión selectiva son originadas por el *pensamiento racional*, mientras que la atención expresa, el impulso y los hábitos rutinarios son procesados por la *mente refleja.*

Atención es poner la mente de manera manifiesta y positiva sobre un pensamiento y es lo que decreta la calidad de los resultados de las acciones. Para Goleman, la posibilidad de que una idea correcta se conecte con la información correcta guardada en la base de datos del cerebro (intuición) se reduce cuando estamos distraídos o hiperconcentrados. Las distracciones sensoriales y emocionales, la preocupación y los estados de turbulencia emocional aumentan los fallos y torpezas. Para percibir mejor, almacenar lo aprendido, convertir información en saber y mejorar la actuación, es necesario deshabilitar el yo, acallar las voces interiores, desactivar los circuitos que funcionan por defecto, mantenernos serenos ante las crisis, evitar la ansiedad y las acechanzas de sentimientos recurrentes de desesperanza, indefensión, autocompasión, situaciones depresivas y trastornos obsesivo-compulsivos.

La *atención abierta* no tiene secuestros emocionales, solo la riqueza del momento. Permite incorporar información del contexto y también del mundo interior para captar señales que pasan inadvertidas. La conciencia del contexto facilita la inteligencia social, permitiendo mapear las redes de relaciones humanas y decodificar los mensajes no verbales que las personas envían continuamente y que, muchas veces, dicen cosas diferentes a las que expresan verbalmente. La *atención selectiva,* en cambio, permite enfocarse en un objetivo e ignorar todo lo demás. Pero hay momentos en que debemos dejar que la mente adopte un estado errático que vuele hacia las preocupaciones trascendentales y asuntos no resueltos. La *atención pasiva* nos lleva al mundo de las reflexiones, hace fluir la intuición y nos da sorpresas creativas. Ese estado nos permite imaginar escenarios futuros, encontrar riquezas interiores, incubar ideas novedosas y útiles, organizar los recuerdos y usarlos bien.

Finalmente, la *atención a la atención* es vital para la función ejecutiva. Es importante reconocer cuál es el estado mental que debemos aplicar y cuál es el que opera en cada momento. Esto nos ayudará a controlar la atención, desarrollar habilidades para resistir tentaciones que nos sacan del camino, y guiarnos en lo que debemos hacer y lo que no. Es la *Cruz del Sur* que orienta siguiendo los dictados de valores y objetivos, que muchas veces se expresan por la vía de marcadores somáticos y sensaciones viscerales.

Walter Isaccson, luego de escribir la biografía de Steve Jobs, realizó un corto pero riguroso trabajo para extraer de la vida del célebre emprendedor una serie de lecciones. La primera es la *concentración,* cuyo máximo estímulo es la motivación. "¿Cuáles son los cinco productos en que quieres centrarte? Deshazte del resto porque te están lastrando", le dijo Jobs a Larry Page, cofundador de Google. Tanto las organizaciones como los individuos tienen una capacidad limitada, por lo que hay que enfocarse en algo e ignorar el resto. La *simplificación* es la segunda recomendación. "La sencillez es la máxima sofisticación… hay que deshacerse de lo superfluo".

La estrategia consiste en, reconociendo lo complejo, *simplificar* para registrar el sentido correcto y *fijar la atención en lo importante.* La sencillez es la conquista de lo complejo. La selectividad es vital en sistemas de recursos limitados como el económico. Se trata de filtrar lo significativo de lo nimio, orientar la atención de lo acostumbrado a lo diferente, saber dónde invertir los recursos, qué hacer y qué no hacer.

Las organizaciones deben ser propensas a la utilización de una atención orientadora sumergida en la multiplicidad de estímulos, una atención selectiva dedicada al desafío específico que se está llevando adelante y una atención pasiva que actúa libremente para ofrecernos soluciones que escapan a nuestro dominio consciente.

La *sabiduría,* al igual que la intuición, está vinculada con la experiencia; "el diablo sabe por diablo pero más sabe por viejo"[42]. Ser sabios es estar conscientes del ambiente y trabajar para mejorarlo; es simplificar lo complejo, hacer comprensible lo diverso, saber enfrentar las dificultades, elegir y diseñar una buena ruta para ir hacia adelante. En nuestro lenguaje, es reconocer las cualidades del sujeto estratégico y las particularidades del contexto, observar el fluir de los hechos, superar la obviedad, reflexionar equilibradamente para encontrar patrones y alternativas que marquen acertadamente el rumbo, intuir las consecuencias de las acciones y elegir lo aconsejable. La inteligencia supone la aplicación de un conocimiento específico a un campo determinado de la ciencia, y la sabiduría encaja respetuosa y constructivamente la información en un espacio real para reconocer cuál será el siguiente paso[43].

---

42. Aunque esta regla tenga demasiadas excepciones, porque conozco a muchos ancianos alejados de la humildad del saber.
43. No creo que exista otra palabra que haya impulsado tantas sentencias ingeniosas. Aristóteles señaló que el ignorante afirma, y que el sabio duda y reflexiona. Confucio puntualizó que el verdadero saber consiste en conocer lo que se sabe y lo que no se sabe. Sócrates indicó que la verdadera sapiencia está en reconocer la propia ignorancia. Einstein señaló que cada día conocemos más y entendemos menos. Newton juzgó que lo que do-

También ayuda reconocer cuáles son los saberes productivos. Federico Mayor, director general de la UNESCO, encomendó al filósofo Edgar Morin escribir un documento sobre "Los siete saberes necesarios para la educación del futuro". La *educación*, en sentido amplio, es clave en un mundo de cambios tan bruscos de comportamientos y estilos de vida, convirtiéndose en "la fuerza del futuro". El trabajo busca adaptar el pensamiento para enfrentar la complejidad creciente, la rapidez de los cambios y la imprevisibilidad. Además de recomendar al lector que busque la versión completa del trabajo de Morin disponible en Internet, presento un resumen que ayuda a entender la complejidad del contexto en que opera el sistema-empresa:

1. La ceguera del conocimiento: error e ilusión

Lo correcto es que las ideas que elabora la mente sean una traducción fiel de la realidad; pero como los saberes son construcciones que se organizan a partir de estímulos o signos captados y decodificados por el cerebro generalmente resultan proclives a errores: a) **Mentales:** solo el 2% de nuestra memoria está fundada en lo que se recibe de afuera, lo demás es un armado interior donde se fermentan realidades, sueños, deseos, ideas, imágenes, alucinaciones, con el condimento de que somos proclives a mentirnos seleccionando recuerdos, creando fantasías y ocultando hechos por ego, justificación o vergüenza. b) **Intelectuales:** surgen de *teorías, doctrinas e ideologías* que se encierran en sí mismas por temor a ser refutadas. c) **Racionales:** la *racionalidad* corrige la introducción de datos, pero para que sirva debe ser abierta, crítica y autocrítica, evitando convertirse en *racionalización justificadora*. El pensamiento inductivo o deductivo no sirve cuando se asienta sobre una base fal-

---

minamos es una gota de agua y lo que ignoramos es un océano. Descartes hubiera dado todo lo que sabía por la mitad de lo que ignoraba.

sa, mutilada, interesada y egoísta. d) **Paradigmáticos:** los paradigmas deterministas rechazan y subordinan todo lo que es antinómico. Hay un *imprinting* cultural basado en convicciones y creencias. e) **Noológicos:** es la esfera del espíritu y del idealismo, donde la idea toma posesión de lo real y, en función de una creencia sobrenatural o un fanatismo, termina provocando un delirio autoritario, salvaje y cruel.

2. El conocimiento pertinente

Saber es reconocer, articular y organizar los problemas e informaciones claves del entorno. Resulta conveniente contextualizar: a) **Lo global:** la relación del todo y las partes, porque no se puede conocer el conjunto sin interpretar las partes o tratar de entenderlas sin observar el todo. b) **Lo multidimensional:** el ser humano es biológico, psíquico, social, afectivo, racional; y sus constructos sociales comportan dimensiones históricas, económicas, sociológicas, religiosas. De esto surge el desafío de la complejidad provocada entre el sujeto y su contexto, entre las partes y el todo, entre los propios fragmentos, entre lo interactivo y lo retroactivo. Los saberes valen si están integrados a sus conjuntos naturales y las especializaciones son útiles mientras no obstruyan la visión global. La *hiperespecialización* impide ver lo esencial, limita la facultad de tratar correctamente los problemas, diluye la responsabilidad y debilita la solidaridad. La economía es la ciencia social matemáticamente más avanzada pero humanamente más atrasada, al punto que ignora los problemas de la gente al abstraerse de las condiciones sociales de carácter histórico, político, psicológico y ecológico, reduce lo complejo a lo simple, el todo a alguna de sus partes, elimina lo que no es cuantificable, activa la lógica mecánica y termina provocando una atrofia mental que descontextualiza y crea una falsa racionalidad.

3. Condición humana

Los humanos poseemos cuatro condiciones: cósmica, física, terrestre y humana. Somos *uniduales*: biológicos y culturales, dado que la animalidad y la humanidad son partes constituyentes de nuestra humana condición; estamos adentro y afuera de la naturaleza. En esta realidad debemos considerar tres bucles: a) **Cerebro-mente-cultura:** que reúne las condiciones física, espiritual y social. b) **Razón-afecto-impulso:** derivado de un cerebro triúnico: humano, mamífero y reptil. c) **Individuo-sociedad-especie:** confluencia de autonomía, comunidad y humanidad.

4. Identidad terrenal

El tesoro de la humanidad está en su diversidad creadora. El siglo xx fue la alianza de dos barbaries: la primera trajo guerra, masacre, deportación y fanatismo, y la segunda acarreó hielo por vía de la racionalización inhumana que instauró una esclavitud tecnoindustrial. En contraposición a estos salvajismos surgieron contracorrientes amigables: ecológica, defensora de la calidad de vida, emancipadora de la tiranía omnipresente del dinero, anti vida prosaica y consumista, y pacifismo espiritual y mental. En el desafío de la humanidad de civilizar y socializar el planeta debemos aprender a: a) **Estar en la Tierra:** ser, vivir, compartir, comunicar y comulgar como humanos. b) **Ganar conciencia:** terrenal, antropológica, ecológica, cívica y de humana condición. c) **Saber vivir unidos:** ser policéntricos y acéntricos, a la vez.

5. Enfrentar la incertidumbre

Vivimos en una incertidumbre a la espera de lo inesperado. La historia no es lineal, es creadora y destructiva. No avanza frontalmente, sino por desviaciones que proceden de innovaciones o acontecimientos no controlados. Al irrumpir, pueden provocar crisis que se superan, proliferan, se desarrollan y propagan, convertidas en potente tendencia que produce una nueva normalidad. La incerteza nos lleva a enfrentar diversos dilemas: a) **Cerebro/mental:** la entidad real de lo que reconstruye el conocimiento. b) **Lógica:** verdad o falsedad. c) **Racional**: disyuntiva entre racionalidad o racionalización justificadora. d) **Psicológica:** Hay una parte inconsciente. e) **De lo real:** las ideas y teorías solo traducen la situación, nuestra realidad es la idea que tenemos de ella, por lo que puede estar sujeta a error. f) **Del conocimiento:** las certidumbres doctrinales, dogmáticas e intolerantes provocan peligrosas ilusiones. En cambio, la conciencia del carácter incierto del acto cognitivo es la oportunidad de alcanzar un saber pertinente y sujeto a exámenes, verificaciones y convergencia de indicios.

Hay dos formas de enfrentar la incertidumbre: *la apuesta* y *la estrategia*. Los planes rígidos definen acciones que deben ejecutarse en un entorno determinado, pero fallan cuando el escenario se modifica; por el contrario, la estrategia analiza certezas e incertidumbres, probabilidades e improbabilidades, complejidades inherentes para trazar un camino que debe contemplar: el *riesgo*, la *precaución* o la *prudencia*, los *fines* y los *medios*, y la *acción* y el *contexto*. El escenario puede y debe ser modificado según la información recogida, entendiendo que en un océano de incertidumbres se pueden encontrar peñones de certezas. Hay que estar atentos porque toda acción puede terminar en secuelas indeseadas: a) **Efecto perverso**, cuando el daño supera al beneficio esperado. b) **Inanidad de la innovación**, cuanto más cambia una cosa es más lo mismo. c) **Puesta en peligro de valores originarios**, querer mejorar a costa de suprimir libertades o seguridades con consecuencias dañinas en el largo plazo.

6. Comprensión

Hay discernimiento, pero siempre es más lo que no sabemos. La armonía entre personas es condición y garantía de solidaridad intelectual y moral, existiendo: 1) **un polo planetario** que establece la comprensión entre humanos y 2) **un polo individual** que rige las relaciones familiares, cercanas y particulares.

Comunicarse no implica entendimiento intelectual (objetivo) ni humano (intersubjetivo), en cambio comprender es aprender en conjunto (del latín "tejiendo juntos"). La *ética de la comprensión* es el arte que permite tener una agudeza desinteresada que no espera reciprocidad y hasta acepta la incomprensión. Debemos someternos a un autoexamen permanente. La conciencia de la complejidad humana nos hace descubrir nuestra fragilidad y debilidades, lo que interioriza la tolerancia y potencia el entendimiento ético y cultural-planetario que reconoce que todas las culturas tienen un núcleo duro pero también gente abierta, curiosa, no ortodoxa, mestiza. El entendimiento es la plataforma para crear sociedades abiertas (democráticas, libres y respetuosas de los derechos humanos). La comprensión siempre estará amenazada por: a) **Ruidos en la transmisión de la Información**, que provocan malos entendidos. b) **Polisemia**, se enuncia en un sentido y se entiende en otro. c) **Ignorancia de ritos y costumbres de otros**. d) **Incomprensión de los valores imperativos de otras culturas**, éticos, principalmente. e) **Imposibilidad**, producida por estar encerrados en el propio modelo mental, lo que limita la comprensión. f) **Egocentrismo**, autojustificación, autoglorificación y tendencia a adjudicar a otros la causa de los males. g) **Etnocentrismo y sociocentrismo**, degeneración que produce xenofobias y racismos. h) **Espíritu reductor**, que traduce lo complejo a lo simple.

7. Ética de la condición humana

Los individuos son más que un simple proceso de reproducción. Sus relaciones conforman una unidad que retroactúa sobre sus integrantes, donde la cultura emerge de las interacciones y brinda sostenimiento. Debemos comprender el doble carácter: *democracia y complejidad* para proteger la variedad de ideas, opiniones y fuentes de información. La *complejidad* es inherente al necesario consenso, a la existencia de diversidad y al conflicto; por lo que aparece una *dialógica democrática,* que es la unión complementaria de antagonismos tales como: *consenso-conflicto, libertad-igualdad-fraternidad, comunidad nacional-antagonismos sociales e ideológicos.* Las grandes batallas son confrontaciones de ideas. El gran salto está en apelar a la iniciativa y responsabilidad de los individuos o grupos.

Pensando en el futuro, debemos entender que la ciencia, la técnica y la burocracia brindan saber e ignorancia. La súper especialización parcela el conocimiento, lo vuelve esotérico y no contextualizado. El bucle *individuo-sociedad* origina la democracia, mientras que el *individuo-especie* es el que facilita la realización de la sociedad. *Las empresas clásicas son sistemas autoritarios y jerárquicos, que deben ser transformados en instituciones participativas.*

Los cisnes negros

Doy entrada al financista libanés Nassim Taleb y sus *cisnes negros,* a pesar de su petulante enfoque generalista y sus juicios útiles individualmente pero peligrosos socialmente. Su mensaje nos convoca a *estar atentos a la posibilidad de sucesos impredecibles que pueden causar alto impacto.* Lo que desconocemos es más que lo que sabemos y es común toparse imprevistamente con hechos de gravedad. Por eso hay que estar atentos ante la eventual presencia de lo extraordinario e incorporar la incertidumbre como dato omnipresente. Taleb nos alerta acerca de lo fácil que resulta acertar con "el diario del lunes"[44], que la mente tiene una capacidad para

---

44. Término que se utiliza cuando se habla a partir de conocer el resultado.

"ensartar explicaciones para todos los fenómenos", y marca los peligros de una exagerada valoración de la *platonificación*. La memoria filtra la información con puntos ciegos (ceguera psicológica), y los llena con lagunas informativas, ajusta lo real a lo que se desea, manipula información (modelos, anécdotas, etc.), valora lo sensacional sobre lo relevante, sobreestima la erudición e infravalora los estados inciertos y rarezas. El autor dice que "nos encanta lo tangible, la confirmación, lo palmario, lo real, lo visible, lo concreto, lo conocido, lo visto, lo vivido, lo visual, lo social, lo arraigado, lo que está cargado de sentimientos, lo destacado, lo estereotipado, lo enternecedor, lo teatral, lo romántico, lo superficial, lo oficial, la verborrea que suena a erudición, el pomposo economista gaussiano, las estupideces matematizadas, la pompa, la Academie Francaise, la Harvard Business School, el Premio Nobel, los trajes oscuros del hombre de negocios con camisa blanca y corbata de Ferragamo, el discurso emotivo, lo escabroso. Y sobre todo, somos partidarios de lo narrado… somos superficiales por naturaleza". Por tanto, la idea de lo impredecible debe estar siempre presente. Los *cisnes negros* nos pueden caer del cielo en cualquier momento y la *serendipidad* (hallazgos fortuitos) puede superar a las búsquedas específicas, *pero es dañino sentarnos a la espera de sucesos que iluminen o arruinen nuestras vidas.*

CAPÍTULO 3

ANÁLISIS INTROSPECTIVO

El *núcleo estratégico*, la *empresa*, constituye un ente real y autorreferenciado, conformado por subsistemas y conectado a otros conjuntos de orden superior (espacio nacional, sector económico, mercado internacional). Es condicionante fundamental del proceso estratégico conocer de manera profundizada a la entidad cuyas acciones se intenta planificar, asumiendo la complejidad derivada de las incertezas y contradicciones que tienen todos los sistemas integrados por personas. Como entidad, la empresa es más que productos, servicios, maquinarias o edificios.

Las empresas expresan una particular cultura y tienen historia, mitos y leyendas. Por eso es importante tomar conciencia de esa realidad. El "nadie nos conoce como nosotros mismos" es una aseveración relativa y equívoca porque pocas veces nos detenemos a pensar *cómo somos,* y si lo hacemos mezclamos la realidad con lo que *querríamos ser* o *cómo queremos que nos vean.* Las empresas son un cúmulo de destrezas y debilidades, muchas de ellas desconocidas porque nunca estuvieron a prueba o no fueron usadas; es normal que coexista una sobrevaloración, que lleva a intentar imposibles, y un menosprecio, que hace operar por debajo de la capacidad.

En consecuencia, es pertinente analizar:

- Sus partes componentes: actores, objetos y procesos…
- La trama y las repercusiones de las interrelaciones (unidireccionales, biunívocas, múltiples).

- El conjunto de vínculos que definen el estado del colectivo: estructura, sistema organizativo y comunicacional.
- Las correspondencias que mantiene con el exterior (tipo y modelo de negocio, situación de mercado, cómo son los clientes, proveedores y la competencia).

Una mirada múltiple permitirá enriquecer el análisis y lograr una imperiosa puesta en común que facilitará la comunicación.

Las diferencias, aunque se mantengan en sordina, limitan el desarrollo poniendo en peligro la sostenibilidad a largo plazo. *Es sugestivo cómo una vez que se unifica la valoración institucional se produce un robustecimiento de la calidad directiva.*

Diferentes formas de abordaje

Para mirar a las organizaciones, los expertos ofrecen métodos con variaciones que, en el fondo, no son significativas. También presentaré lo que personalmente analizo para comprender a las sociedades con las que trabajo. Elija el lector lo que más se acomode a su parecer.

Cadena de Valor de Michael Porter. Probablemente la más popular por su difusión académica. Apunta al análisis de las *competencias claves* (CC).

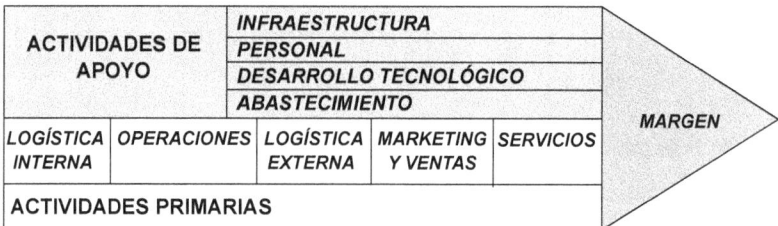

ACTIVIDADES DE APOYO	INFRAESTRUCTURA				
	PERSONAL				
	DESARROLLO TECNOLÓGICO				
	ABASTECIMIENTO				
LOGÍSTICA INTERNA	OPERACIONES	LOGÍSTICA EXTERNA	MARKETING Y VENTAS	SERVICIOS	MARGEN
ACTIVIDADES PRIMARIAS					

"Business System" ofrece una visión más simplificada del encadenamiento de las actividades internas, considerándolas por separado y en sus interrelaciones.

| Concepción | Compras | Producción | Logística | Ventas | Servicios posventa |

Estructura de las 7 "S" de Mc Kinsey. Fue desarrollada a principios de los años '80 por Tom Peters y Robert Waterman. Enfoca su análisis sobre siete aspectos básicos de la organización, que tienen la particularidad de empezar con la letra "S" en inglés. Es un análisis cualitativo que gira alrededor de los *valores,* desde donde se enlazan naturalezas fuertes (*hard*): *Estrategia, Estructura, Sistemas*; y blandas (*soft*): *Habilidades, Estilo, Personal*

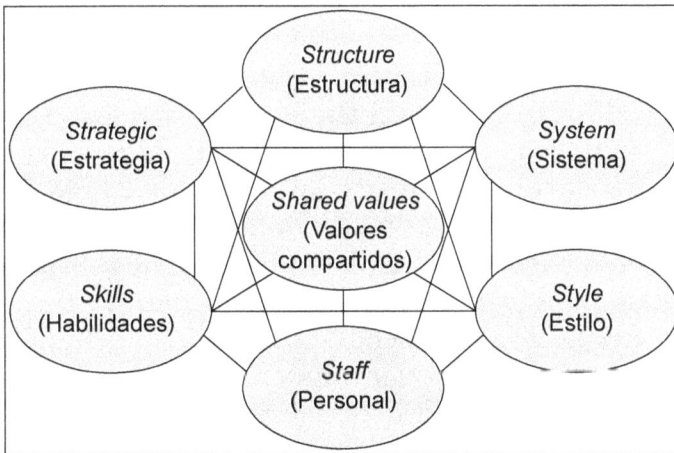

Giget. Ve la empresa como un *árbol de competencia,* donde las ramas son los productos y el mercado, el tronco, la estructura productiva y las raíces el *savoir faire* o *know how.*

Strategor. Contempla las *competencias claves* con relación a tres aspectos: a) *Económicos*: tecnología, concepción del producto, proceso de fabricación, capacidad, costes, calidad, *marketing mix*, grado de fidelidad de los clientes, estado de pertinencia del sistema de distribución y servicio de postventa. b) *De gestión*: visión estratégica, liderazgo, desarrollo humano, manejo de la tesorería, relación con los clientes y proveedores, organización, toma de decisiones, sistema de comunicación y mecanismos de control. c) *Psicológicos*: fuerza mental y emocional, carácter, personalidad.

Auditorías de recursos. Sus seguidores proponen entender a la entidad siguiendo el método clásico de auditoría, focalizando sobre el acervo físico, tecnológico, financiero y humano.

Kaplan y Norton. Estos autores han armado un *tablero conformado* donde combinan diferentes perspectivas:

a) **Perspectiva financiera**. *Objetivos*: relacionado con la visión de los accionistas; el punto de mira está en el éxito económico, la sobrevivencia, la prosperidad y habilidad para crear valor. *Indicadores:* flujo de fondos, utilidades por línea de producto, Valor Económico Agregado (EVA - utilidades netas operativas después de impuestos y antes de intereses).
b) **Perspectiva del cliente**. *Objetivos:* los clientes valoran a la empresa en función de sus precios, productos y servicios, velocidad de entrega, calidad y actualización tecnológica. *Indicadores:* evolución de las ventas, participación del mercado, precios comparados, quejas, tiempo de respuesta, cooperación con el cliente y participación de nuevos productos en el facturado.
c) **Perspectiva del proceso interno**: *Objetivos:* verificación de la flexibilidad y velocidad con que la empresa enfrenta el entorno, nivel de productividad, innovación y mejora continua. Estos aspectos requieren de

un elevado conocimiento técnico y experiencia de los colaboradores, que deben estar, en consecuencia, motivados. *Indicadores:* tiempo de abastecimiento y producción, índices de calidad, evolución de los principales costos, actualización frente a la competencia, encuestas, propuestas y sugerencias de los trabajadores, *input-output*, nuevos proyectos y nuevos productos, programas de formación, instrumentación de cambios, cumplimiento de los presupuestos.

d) **Perspectiva de aprendizaje y crecimiento**. *Objetivos:* la innovación y la mejora continua dependen de la capacidad de aprender, desarrollar, invertir. *Indicadores:* índice de disconformidades, inversión en desarrollo humano, gestión, funcionamiento de los equipos de trabajo, innovación tecnológica en productos, procesos, informática y comunicaciones.

Examen de los factores clave del éxito. Al igual que la propuesta de *Strategor* y de Porter, considera los puntos fuertes que permiten la inserción en el mercado.

Análisis Comparativos. Contrastan a la firma con los estándares de la industria o con los líderes usando técnicas de *Benchmarking* o *mejores prácticas ("best practices")*. Soy adverso a las copias pero utilizo la comparación para establecer el *gap* con los mejores y sacar a luz los aspectos a mejorar.

Matriz BCG (Boston Consulting Group). Enfoca la relación entre oferta y mercado. Mira el crecimiento, el *market share*, dividiendo el tablero en cuatro cuadrantes: vacas lecheras, puntos muertos, dilemas y estrellas.

Matriz ADL (Arthur D. Little). Compara el *ciclo de vida* del sector: inicio-crecimiento-madurez-envejecimiento, con la posición competitiva de la empresa: marginal, desfavorable, favorable, fuerte y dominante.

Lo que miro en las organizaciones

Abordo la comprensión desde una estrella de seis puntas: por un lado la perspectiva del propietario, los trabajadores y los clientes, y por otro los valores económicos, éticos y emocionales.

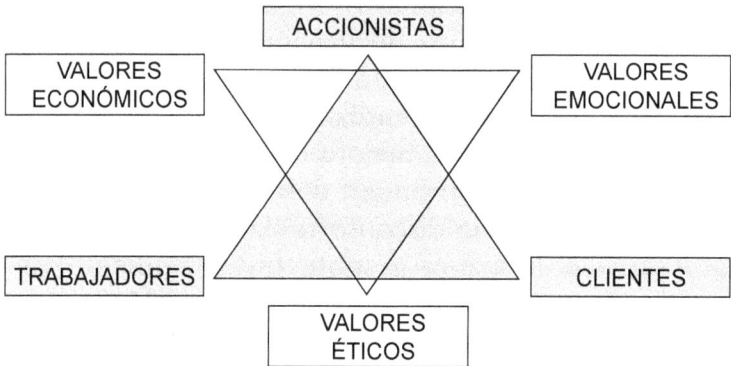

```
          ACCIONISTAS

VALORES                    VALORES
ECONÓMICOS                 EMOCIONALES



TRABAJADORES               CLIENTES

          VALORES
          ÉTICOS
```

Historia

Es muy importante recapturar la historia de la sociedad, repasar los momentos críticos y sucesos que llevaron a la entidad a ser como es. Resulta útil elaborar un testimonio de vida institucional (sucesos, símbolos, rituales, héroes y factores místicos), manifiesto, porque reafirmará la cultura y facilitará su divulgación hacia adentro y afuera. Si aceptamos que los resultados de las empresas dependen del involucramiento y empeño de quienes trabajan en ella, reconocer la historia de la compañía es un primer paso porque no se puede querer lo que no se conoce. Si no hay pasión, no habrá compromiso ni productividad.

La distribución de la crónica entre el personal para su lectura impacta positivamente, potenciando la propensión a involucrarse laboralmente. La apropiación colectiva se consigue con conversaciones, encuentros, charlas y la natural familiaridad que debe florecer entre antiguos y nuevos trabajadores. Cuando empecé a colaborar con Macrodent SA, la firma sufría una obsolescencia terminal de su oferta pero sorprendentemente sobrevivía gracias al compromiso de sus integrantes. El vigor tenía base en las reuniones habituales de directivos, trabajadores y colaboradores externos alrededor del ícono argentino, que es el *asador*. Las reuniones estaban plagadas de anécdotas, historias, proyectos, anhelos, deseos y música. Eso no resolvía el dilema pero daba tiempo para encontrar una salida.

Lo que más refuerza el compromiso de los trabajadores es el trato respetuoso, el agrado con el trabajo que ejecutan y el orgullo de pertenecer al colectivo armonioso.

Misión

La *misión* es la razón de ser de la organización. Su clarificación ayuda la *comunicación interna*, con el fin de que el personal pueda entender el cometido de su trabajo y el destino de su aporte, y *externa*, que los clientes y proveedores reconozcan lo que pueden esperar de su vinculación con la compañía. No me acuerdo de dónde tomé la descomposición de la *misión* en tres preguntas, y hasta es probable que lo que uso no sea lo que recibí, pero puedo asegurar que es una aproximación fructuosa: a) *¿Qué necesidades satisface la empresa?* b) *¿Quiénes son los clientes destinatarios de sus acciones?* y c) *¿Cuáles son los argumentos que permiten establecer una relación especial con los demandantes?* En consecuencia, *la misión puede definirse como el valor que se ofrece al mercado, el segmento de compradores a los que se dedica y su modelo de negocios.*

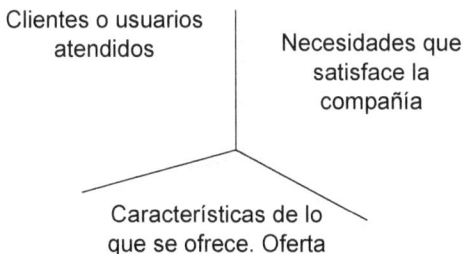

Clientes o usuarios
atendidos

Necesidades que
satisface la
compañía

Características de lo
que se ofrece. Oferta

Esta definición rescata que lo esencial de una compañía no es producir un bien o servicio para obtener una renta sino satisfacer de manera original alguna necesidad específica de la comunidad, y no pone el foco en lo que hace la empresa sino en lo que requiere el mercado. Con esta óptica la perspectiva cambia, abriendo espacio a la creatividad estratégica y permitiendo una concepción dinámica que se modificará, enriquecerá y desarrollará en el tiempo.

Visión

Es el sueño del fundador, que los sucesores mantienen en actualizada vigencia. Constituye una imagen, una *Cruz del Sur*, un faro que se transforma en fuerza interior que busca trascendencia. Sirve para magnetizar a los integrantes, dándoles fuerza y aliento para hacer lo que deben hacer.

Hay que desterrar de las empresas los deseos ostentosos, absurdos y grandilocuentes, tales como ser *el número uno, líder, referente, dueño del mercado…* Ese tipo de ambiciones son generalmente irrealizables y expresan una egolatría vacía que hace desconfiar de todo lo demás que se exterioriza. Sobre mediados de 2014, comencé a trabajar con dos jóvenes entusiastas que, a partir de una marca tradicional de calzados (Maggio Rosetto), decidieron crear un estilo *premium* de indumentaria, zapatos y carteras para damas, con delicado diseño y extrema calidad, que se comercializan en locales que funcionan bajo el nombre de fantasía Bendito Pie. Posicionados fuertemente en Argentina, a fines de 2014 comenzaron su proceso de internacionalización. Para Brenda Shedden y Cristian Calandria no existen imposibles, el *no* está prohibido y solo lidian con sus propias limitaciones financieras. Al definir la *visión*, reiteraron algo que les brotaba continuamente: convertir a la empresa en una marca *top* mundial. Su legítimo y espontáneo entusiasmo, la creatividad, la obsesión por la alta calidad sin medir costos, la minuciosidad y dedicación extrema (ambos pueden pasar días sin dormir para alcanzar una meta por pequeña que sea) me terminaron por convencer de que cumplirán su objetivo, aunque tendrán que superar el corsé patrimonial.

Valores

Son las concepciones filosóficas, éticas, políticas, económicas y sociales que se convierten en principios rectores que cohesionan el grupo humano, dan sentido a los propósitos y motivan las actuaciones. Es el espíritu que mueve a la materia. Ruperti y Nadal destacan que los valores son la columna vertebral de las organizaciones, y es cierto, porque las empresas como sistemas sociales están cohesionadas por sus creencias colectivas y se miden por la coherencia de sus actos. La presencia de discrepancias de valores, ya sean expuestas u ocultas, hace perder congruencia y operatividad. En *El libro de las PyMEs*[45] hice mucho énfasis en la incorporación del modelo de *Dirección por Valores* divulgado por mi colega catalán Salvador García; justamente fue *Salva* quien prologó el texto.

Los empresarios contagian sus valores a las organizaciones, incidencia que es más fuerte cuando más pequeña es la entidad. Algunos principios están impresos en el ADN de la humanidad, otros son constructos vinculados con la raza, religión, localización geográfica, cultura, clima…

También hay contravalores, que se presentan con mayor frecuencia en las dos puntas de la pirámide de ingresos; en la cima, por la codicia desmedida de los *hombres de negocios*, y en la base, como respuesta a la cotidianidad sumergida y miserable. La lectura del libro *El hombre en busca de sentido*, basado en la terrible experiencia de su autor, Viktor Frankl, en el campo de concentración de Auschwitz, presenta las degradaciones a las que se puede llegar en situaciones extremas. Claro que, como una vez me apuntó Carles Men-

---

45. Ediciones Granica, 2007; reimpreso en 2012.

dieta (más que colega y amigo, un hermano catalán), nadie desnuda que no tiene escrúpulos, es deshonesto o no le importan sus clientes, el personal o los proveedores; para conocer sus verdaderos valores hay que observar sus prácticas. La discrepancia entre expresión y conducta en las personas y las organizaciones es una evidente demostración de deshonestidad que nos aconseja tomar distancia.

Los *valores organizacionales* deben ser coherentes, factibles de comunicar y cumplir con cierta facilidad, convincentes, concretos, presentes en la conducta de quienes conducen, aceptados por el personal e integrados al funcionamiento usual de la empresa.

Las personas de bien van por la vida con una mochila repleta de buenas creencias, y también las empresas operan respetando una diversidad de principios. En este último caso es importante justipreciarlos, seleccionando los más trascendentes para transmitirlos con palabras escogidas cuidadosamente. La elección dice mucho sobre la previsibilidad de las conductas. Todo equívoco, duda o confusión complota contra la efectividad operativa. Es preocupante encontrar que las creencias no fluyan naturalmente, que haya desacuerdos y contradicciones entre socios y con su personal.

 La coherencia es vital y nace en la elección de los socios y en la misma práctica de incorporación laboral. Más que por aprobar tests de inteligencia, psicológicos y de escritura, o por presentar certificados de estudios, hay que contratar al personal *por sus valores*. De esa forma se logrará armonía y se consolidará un clima laboral capaz de potenciar el compromiso y la mística y, en consecuencia, la efectividad y la productividad. Hay que respetar los valores y –conduciendo a la empresa por valores– asumir el riesgo de generar *valor* para otros.

Veamos un prospecto genérico e incompleto de creencias. *Sociales: justicia social, bienestar económico, respeto a los derechos humanos, mantenimiento ambiental, bien común… Per-*

sonales: bienestar familiar, felicidad, salud, éxito, prestigio, amistad, sabiduría, respeto, amor... Ético-morales: honestidad, lealtad, sinceridad, responsabilidad, solidaridad, confianza, respeto a los derechos humanos, formación... (derivan de la condición humana y están relacionados con la integridad en la gestión, que incluye dar a los empleados trato justo, identificar y respetar las necesidades de los consumidores, cuidar el hábitat y contribuir a la prosperidad de la comunidad). *Instrumentales: coraje, lógica, imaginación, creatividad, iniciativa, flexibilidad, velocidad, pensamiento positivo, calidad, constancia, satisfacción del cliente, capacidad de ahorro, vitalidad, simpatía, trabajo en equipo, participación...* (conforman la cultura operativa o manera de hacer las cosas).

Una situación interesante se produjo cuando me relacioné con una firma líder de suministros textiles médicos, Igaltex SRL. Su propietario es una persona extremadamente seria, cortés y cautelosa; cuando tratamos el tema, recurrimos a una enunciación hecha por una consultora y nos movimos a su alrededor, pero una y otra vez aparecía una palabra: *respeto*. Al hacerlo notar, la cara de los participantes se iluminó: había dado en la tecla, todos estaban orgullosos de tener un profundo respeto por el personal, los clientes, los proveedores, la comunidad, el ambiente. Además, registraron como principios complementarios el trabajo en equipo, la responsabilidad compartida y el compromiso con los clientes.

Crear Contextos SRL es una consultora a la que ayudé en su proceso de cambio de orientación estratégica; fue un caso especial porque había compartido muchos trabajos y dictado programas de formación empresarial con su propietario, Marcelo Krynski, un *coach* de fuste formado al lado de los fundadores chilenos del *Coaching Ontológico* (Maturana, Olalla, Echeverría). El círculo de debate estratégico incluyó a sus dos principales colaboradoras y permitió definir como valores esenciales el humanismo, la disposición de servicio y el disfrute del trabajo.

Gen SA, es una compañía que ayudé a fundar y está orientada a la venta de plantas alimenticias llave en mano. La firma estableció como principios operativos el resguardo del comprador y los proveedores, la difusión de tecnología, el cuidado ambiental, la productividad y la mejora continua.

Medequip SA, dedicada a producir suministros odontológicos, fue fundada por un ciudadano belga y expandida por su yerno suizo. Definieron como valores la ética en los negocios, la responsabilidad social, la calidad asegurada y la identidad nacional. A la par decidieron adoptar como credos una serie de cuestiones operativas: eficiencia, rentabilidad y mejora continua.

Mi firma, Proyecciones Estratégicas SA, pone en el centro de su concepción el *desarrollo integral del ser humano*. Creemos en el poder de la imaginación, la colaboración sinérgica y la emocionalidad positiva que se expresa a través de la felicidad en el trabajo.

Identidad y cultura organizacional

La cultura es la forma en que se expresan las tradiciones, creencias, costumbres, folklore, religión, mitos, rituales, leyendas, patrones, procedimientos, vestimenta, estilos, códigos, estereotipos, normas, usos, punto de vista y memoria que distinguen antropológica o sociológicamente a una sociedad, cualquiera sea. Es el aspecto intangible que regula las conductas y los comportamientos de las personas y colectivos sociales. "...la cultura da al hombre la capacidad de reflexionar sobre sí mismo. Es ella la que hace de nosotros seres específicamente humanos, racionales, críticos y éticamente comprometidos. A través de ella discernimos los valores y efectuamos opciones" (UNESCO, Declaración de México, 1982).

Consecuentemente, la cultura empresarial es la forma en que se expresan los valores, la historia y las creencias particulares del fundador y sus continuadores. Entreteje lo geográfico, lo étnico y lo temporal. Hacer explícita la idiosincrasia colectiva permite unificar los propósitos, los criterios y los modos de acción que devienen en misión compartida y armonía interna.

Las creencias predominantes en las PyMEs se alinean alrededor del pensamiento de los fundadores derramado sobre quienes sostienen la gestión. El alineamiento del personal se logra naturalmente, salvo casos patológicos de patrones o empleados, porque las personas, como seres sociales, gustan moverse en grupo y evitan quedar aislados o incomunicados. La conveniencia, la pertenencia al grupo y la resiliencia hacen florecer la identidad común. Es muy difícil que los contraversores puedan dominar el estrés de comportarse a contrapelo de la mayoría, superar la convivencia incómoda y soportar las maquinaciones contra los inadaptados que ejercen los alineados.

Hago énfasis en evitar copiar culturas impropias. Esta es una de las explicaciones del atraso relativo de la periferia que se preocupó más en parecerse a Europa o Estados Unidos que en cultivar sus propios mandamientos. Estamos más cerca de culturas que nos hicieron creer que eran exóticas, que de los principios que rigen las relaciones autoritarias y clasistas dominantes en los países de origen sajón. Cuando se copia sin estar en sintonía, cuando se imponen en las sociedades mercantiles prácticas alejadas de las relaciones reinantes en la comunidad, el resultado es magro. Nunca las reproducciones podrán superar a los originales. Justamente, con el psicólogo especializado en organizaciones empresariales Carles Mendieta nos habíamos propuesto escribir un libro para ayudar a incorporar prácticas de la cultura latina a las empresas localizadas en países latinos, a fin de alcanzar una coherencia de lo natural que haga fluir el potencial reprimido por modelos ajenos (que son exitosos cuando son aplicados en sus culturas originales), aunque a esta altura creo que los latinoamericanos tenemos poco que ver con los europeos aunque sean latinos.

Stakeholders

Una tarea trascendente es identificar a los grupos de actores más relevantes relacionados con la empresa. Una vez seleccionados, la siguiente tarea es acomodarlos en un cuadrante de plano cartesiano, como aconsejan Johnson y Scholes. El eje de las abscisas (x) evaluará el poder o dominio que tienen los actores sobre las decisiones de la organización, mientras que el eje de las ordenadas (y) medirá la importancia o el interés que la compañía asigna a los actores en sus providencias colocadas.

La singularidad de combinaciones plantea la existencia de múltiples mapas. Veamos algunas combinaciones demostrativas de la diversidad:

Eje *interés/importancia*. *Toyota,* que tiene como oficio ensamblar automóviles, reconoce que su potencial competitivo depende de la calidad, precio y precisión con que reciben los componentes, por lo que asignan una importancia superlativa a sus proveedores. Esto diferencia a la automotriz japonesa del resto de sus competidores, que para mantener su rentabilidad –y sobre la base de su superior poder de negociación– castigan a los autopartistas (por ejemplo, para sostener el *just in time* obligan a sus proveedores a mantener a su costo inventarios en sus terminales).

A priori, podríamos decir que los hipermercados y distribuidores mayoristas, simples intermediarios, también deberían seguir un criterio parecido, pero no es así; aprovechan descaradamente su posición dominante para imponer condiciones. Curiosamente, con anterioridad y demostrando la carencia de uso de esta herramienta y la falta de sentido estratégico, las industrias alimenticias dejaron de lado a los almacenes barriales para atender con descuentos a las grandes superficies de ventas. Al desaparecer los comercios menores, los industriales, sin importar el tamaño, quedaron en las garras de los supermercados. Sobrevuela en las decisiones la certeza de que será fácil reemplazar a los abastecedores. En una experiencia con los ejecutivos de la Cooperativa Obrera Ltda. de Bahía Blanca (una de las cadenas de autoservicios más importante de Argentina) se evidenció claramente su dependencia de los suministradores. Tiempo después, un participante me señaló que fue un punto de quiebre, porque cambió radicalmente la valoración del papel de los proveedores y también la apreciación interna de la importancia que tienen los ejecutivos que tratan con ellos.

Hace tiempo, en plena euforia del marketing, se instaló que había que rendir culto al cliente. Algunas empresas lo hacen, pero otras ejecutan acciones que contradicen las declaraciones[46]. Llegará el día en que todos estarán obligados a respetar al consumidor y lo pondrán alto en el mapa. Las sociedades que brindan servicios tienen su talón de Aquiles en las cualidades técnicas y emocionales de quienes atienden a los usuarios, por lo que ese colectivo debe poseer un rango de interés elevado para la empresa, y se debe cuidar a quienes son convocados para esas tareas. Los trabajadores aparecen en espacios de importancia en las empresas orientadas al desarrollo humano. También usé el ejercicio en cooperativas, organizaciones no gubernamentales y alguna que otra empresa estatal, casos donde aparece elevada la importancia de la comunidad, el hábitat y los derechos de las personas. Pero no puedo esconder que lo más común es que queden en el rincón superior derecho los accionistas, porque la mayoría de las empresas tienen como objetivo excluyente el lucro.

Con respecto al eje *poder/dominio*, en las PyMEs es común que los dueños estén en la posición predominante

46. Gran parte de las firmas que más gastan en publicitar su devoción por los clientes se encuentran en la cima de los reclamos en los sistemas de defensa del consumidor; para confirmar esto alcanzan los ejemplos de las compañías de telefonía móvil, las prepagas médicas o los supermercados. Todos ellos han asumido a tal punto que "el cliente es el rey" que le cobran como monarca aunque lo traten como siervo.

porque son los que toman las decisiones y las ejecutan. En las organizaciones medianas y grandes, aparece el poder de los niveles gerenciales superiores. Cuanto más compleja y grande sea la empresa, más necesario será separar en grupos diferenciados a los accionistas, alta gerencia, gerencias operativas, administrativos, capataces... Incluso, cuando hay accionistas de categorías diferentes –por ejemplo, inversores institucionales y capitales de riesgo–, habrá que separarlos. También será importante destacar a grupos de trabajadores especiales (camioneros, petroleros, torneros, matriceros...) o a profesionales que tienen alguna especialidad trascendente para la empresa (informáticos, ingenieros, programadores, diseñadores...).

Hay casos en que hay poder concentrado en proveedores estratégicos, monopolios, monopsonios o capacidad de negociación dispar como para influir en las decisiones. A veces resulta conveniente diferenciar entre clientes locales e internacionales. Otro punto a considerar es la presencia de acreedores financieros, sindicatos poderosos, juntas internas de delegados, gobierno nacional, provincial o municipal y hasta algún organismo público relevante para la actividad.

Para que la herramienta sea útil, hay que tratar de simplificar sin afectar la validez del mapeo. Cada *stakeholder* debe ser definido, nítido y claramente diferenciado de los otros. Para su montaje aconsejo empezar por lo más fácil y claro, por ejemplo, ubicar primero al actor de mayor dominio y, a partir de ahí, colocar al resto de los partícipes en función de su posición comparativa con aquel. Y como todo es dinámico, es conveniente vigilar si se producen cambios. También es útil unir a los actores con líneas de colores diferenciados para denotar armonía y sinergia (azul) o contradicción o conflicto de intereses (rojo), lo que nos permitirá cuidar qué conexiones habrá que fortalecer y qué conflictos reales o potenciales habrá que atemperar.

El siguiente cuadro es un simple ejemplo arbitrario de mapeo:

```
            │
            │            Accionistas
            │
            │                              Consejo de
            │        Clientes             Administración
     +      │
 Importancia/│                  Gerentes
   interés  │
     −      │    Proveedores
            │                              Sindicatos
            │              Personal
            │
            │    Comunidad        Estado
            │
            └──────────────────────────────────────
                     −  Poder/dominio  +
```

Estrategia intuitiva o formal

La estrategia identifica a la empresa, por lo que deberemos preguntarnos si se posee o no una estrategia formal, si esta es clara o confusa, si el personal la conoce y comparte. Pocas de las PyMEs con las que me involucro pueden expresar claramente su estrategia. Algunas marchan a oscuras y otras siguen pautas intuitivas que vegetan confusas en la mente del propietario. Cuando existe un rumbo fijado, ya sea intuitivo o formal, es importante observar su pertinencia (absoluta o relativa), lo que puede llevar a pensar en su modificación, mejora o fortalecimiento. En el caso de estrategias intuitivas habrá que formalizarlas y –en las situaciones extremas– introducir la práctica.

Relaciones cercanas

Otro punto de conocimiento importante es determinar con quiénes está vinculada la empresa. Hay en esto una cierta correspondencia con el análisis de los *stakeholders*; lo que cambia es el punto de mira, porque lo que interesa ahora es analizar el tipo de lazos y las características intrínsecas de las relaciones.

Clientes. Es importante reconocer la morfología de quienes le compran a la empresa, clasificarlos de acuerdo a su importancia, ver el nivel de concentración, los aspectos diferenciales, el grado de segmentación, la localización geográfica, la forma en que toman sus decisiones (precio, calidad, servicios de posventa, imagen de marca, diseño, reputación del fabricante, financiamiento, etc.), la capacidad de negociación, la compatibilidad de valores y el grado de satisfacción-insatisfacción.

Proveedores. Se debe analizar la localización, origen (nacional o internacional), concentración, estilo de relación (dependiente, dominante, neutra, amistosa, competitiva, etc.), poder de negociación.

Competidores. Hay que considerar los porcentajes de participación relativa ("*market share*"), el poder en la plaza y los posicionamientos (líderes, seguidores, atomizados, regionales, etc.), grado de fidelización de sus clientes, presencia de grupos (estratégicos) que sostienen políticas similares, sistemas de alianzas y juegos tácticos.

Complementadores. A veces se opera integrando, por conveniencia, lo que se ofrece a productos o servicios de terceras firmas. Hay que estudiar la forma de relación y si las acciones conjuntas impactan positivamente.

Comunidad. Al estar integrada a un ámbito social es importante conocer la cultura y las características de la localización (o localizaciones). Por una parte porque la actividad puede afectar el confort, la seguridad y la calidad de vida ambiental de los vecinos, y por otra parte porque las particularidades de la colectividad pueden facilitar o complicar la acción de la firma.

Cadena de valor

Todas las sociedades mercantiles son parte de un proceso que termina en la mercancía que llega al consumidor. El eslabonamiento se produce dentro y –especialmente– fuera de la firma, porque ni siquiera las compañías que adoptan como estrategia restringir la dependencia de terceros (caso Arcor) son autosuficientes.

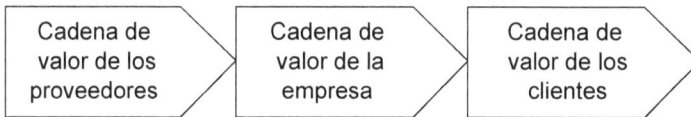

Cadena de valor de los proveedores	Cadena de valor de la empresa	Cadena de valor de los clientes

Hay que tener por conocido que el producto o bien final no depende de tal o cual empresa, sino de un desarrollo integral que va desde el primer insumo hasta la mercancía o servicio final. En consecuencia, podemos afirmar que *en el mercado no compiten empresas sino cadenas.* Y tomar conciencia de que la idoneidad de un entramado depende de uno y de lo que hagan el resto de los participantes. Eso obliga a elegir esmeradamente la calificación de las vinculaciones hacia adelante y hacia atrás, y cuidar la calidad de los ensambles. Las interrelaciones interiores de una cadena pueden potenciar o debilitar la capacidad de llegada al mercado. Me produce sana envidia la forma en que los japoneses han logrado establecer sus enlaces, que superan a aquellos que, como los occidentales, hacen primar en las relaciones el egoísmo y el abuso de poder. Los orientales han entendido que el juego es *ganar-ganar*, y que ganar a costa de que otros pierdan tiene patas cortas. Por eso, las empresas inteligentes eligen cuidadosamente a sus proveedores y los considera socios, al punto que los eslabones fuertes son solidarios y cuidan a los débiles. Descubrir los puntos flojos y fortalecerlos es un hábito saludable: para ello se requiere mirar todo el proceso y no olvidar que la fuerza de una cadena se mide por la dureza del eslabón más frágil.

Presento como caso genérico un entramado específico: la *cadena foresto-industrial.*

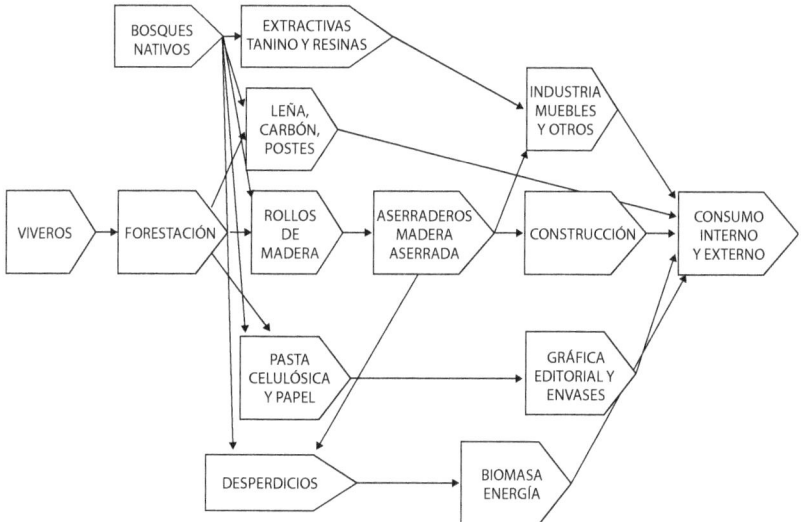

Algunas alineaciones surgen espontánea y naturalmente, mientras que otras son estimuladas a través de prácticas de desarrollo de proveedores o por incitación de gobiernos o entidades de fomento.

Los encadenamientos pueden ser:

- **Jerárquicos**, cuando hay un eslabón que se destaca por su poder.
- **Equilibrados**, cuando los componentes son parejos.
- **Anárquicos**, cuando en su interior se desata una absurda lucha por la torta.
- **Suicidas**, cuando el acomodado se aprovecha de la flojedad de las otras.

• **Inteligentes**, es lo deseable y tienen la particularidad de lograr que las partes cooperen, desaten fuerzas sinérgicas y respeten el principio de ganar-ganar.

Participación en un *cluster* o conglomerado económico-productivo

El término *cluster* hace referencia a una concentración geográfica de firmas que realizan actividades relacionadas. Los participantes pueden tener vinculaciones comerciales o no, pero todas las empresas integradas en el conglomerado logran economías externas y ventajas de cercanía. Los *clusters* producen importantes beneficios por el acceso facilitado a insumos, maquinarias, servicios y personal calificado. Las interacciones que se generan a partir de la proximidad son diversas y superan la mira estrecha de los resultados crematísticos. Los aglutinamientos producen eficiencias colectivas y beneficios procompetitivos, entre los que se cuentan la difusión acelerada del conocimiento y la innovación, las transferencias horizontales gratuitas de tecnologías, el ascenso rápido en la curva de aprendizaje y la generación de sistemas de confianza que reducen costos de transacción y de coordinación. Normalmente, los entramados incluyen a instituciones públicas, educativas, de investigación y organismos no gubernamentales. Y los buenos conglomerados atraen a nuevos actores reforzando su carácter potenciador.

Otro aspecto a resaltar es que una comunidad integrada, donde todos se conocen y frecuentan, frena los comportamientos oportunistas y delictivos. No hay mayor castigo que perder la confianza de los colegas y terminar estigmatizados por la comunidad.

El impacto de participar de un *cluster* o un parque industrial o tecnológico es tan grande que alguna vez he aconsejado mudar una unidad productiva a un aglomerado.

Trabajar en soledad es una desventaja; en un colectivo, la fuerza de una empresa es potenciada por la de sus vecinos. Para entender el concepto basta mirar la década infame de los '90, cuando la mortandad de PyMEs pertenecientes a los *clusters* existentes fue muy inferior a la destrucción de unidades solitarias.

Análisis de las fortalezas y debilidades organizacionales

El tema, en términos genéricos, fue desglosado en *El libro de las PyMEs* (ya citado), pero insisto en presentar la compañía *a contraluz* para aprovechar sus fortalezas y neutralizar sus flaquezas. Mucha información la extraje de la encuesta realizada por la Consultora Mora y Araujo en el año 2002, que es la fuente más precisa que conozco, pero, lamentablemente, está desactualizada, lo que me obliga a actualizarla con los datos recogidos en mi práctica profesional.

Debilidades

Muchas fragilidades están interrelacionadas y se potencian mutuamente. Las falencias se convierten en restricciones cuando impiden alcanzar objetivos estratégicos y se tornan en peligrosas cuando amenazan la sobrevivencia de la compañía.

- **Conducción inapropiada.** Quizá la debilidad más común en las PyMEs sea la inconsciencia de los dirigentes sobre sus propias limitaciones. El empresario se cree omnipotente y omnipresente, nadie puede reemplazarlo y piensa que su día tiene cuarenta horas. Es común que haya asumido el rol sin estar preparado y, para peor, sin estar abierto a absorber aprendizajes.
- **Tamaño.** La pequeñez deriva de una limitación de re-

cursos que aleja a las PyMEs de la economía de escala y de alcance, cosa que se supera siguiendo dos caminos: dejando de ser PyMEs o mediante la asociación.

- **Sensibilidad a entornos negativos.** Las PyMEs son sensibles a los ambientes adversos. Los cambios súbitos de política económica, la competencia salvaje, las mudanzas imprevisibles de escenario, la aceleración de la carrera tecnológica, la internacionalización, la discrecionalidad del Estado, la imprevisibilidad jurídica y económica… repercuten más fuertemente en los débiles, máxime si están localizados en países subdesarrollados.

- **Volatilidad.** Las organizaciones pequeñas tienen alta tasa de mortalidad, porque muchas nacen pequeñas y no superan el *momento de la verdad* o no pueden sobreponerse a los contextos nocivos.

- **Falta de información y comunicación.** La información es fuente de negocios. Internet ha contribuido a la socialización, pero hay que tener cuidado, porque las referencias disponibles no siempre son útiles y pueden producir "infoxicación" (término que hace referencia a la *enfermedad* producida por el exceso de información). Muchas fuentes son valiosas pero su aprovechamiento requiere de manejo. Las naciones industrializadas ponen a disposición de sus empresas bases de datos que facilitan la gestión, pero las PyMEs del Tercer Mundo están libradas a su suerte, reproduciendo así el círculo del subdesarrollo, y para agravar el panorama, sus dirigentes muchas veces no socializan la información con sus dirigidos. Los compartimientos estancos frenan la comunicación horizontal y anulan la bidireccionalidad (sube y baja), provocando importantes costos ocultos.

- **Retraso tecnológico.** Es costoso desarrollar un producto o una forma novedosa de fabricarlo. Para lograr apropiarse de la plus-renta tecnológica, se requieren

ESTRATEGIA BONSÁI

condiciones escasas en las PyMEs (capital, personal innovador, mecanismos de facilitación, instrumental, equipamiento). Esta flagrante debilidad solo se supera con una participación activa del Estado para tender un puente entre las PyMEs y el sistema académico-científico-tecnológico. Las políticas públicas deben facilitar fondos para I+D, ayudar a crear estructuras de soporte a la investigación, fundar laboratorios, parques tecnológicos, incubadoras y viveros comunitarios, y fomentar la existencia de fondos de capital de riesgo. Este aspecto ha sido una práctica destacada de la era Kirchner-Fernández; aplaudo sin reserva la creación del Ministerio de Ciencia y Tecnología y la disposición a promover la repatriación de tecnólogos. Las PyMEs del interior pierden estos apoyos por miopía o por lejanía de los centros donde se manejan los incentivos. Por medio de mi exalumna Verónica Schlenker conocí el proyecto *Tecnópolis del Sur,* que en Bahía Blanca y bajo el liderazgo de Pedro Julián ejecutó una coinversión público-privada que dejará como legado para las PyMEs de la región un laboratorio de microelectrónica equiparable a los de las grandes corporaciones. Allí se producirán circuitos y microcomponentes. El punto flojo del intento es la débil interfaz con el mundo productivo. Hay en esto una falla muy común del mundo científico, que no entiende que su función no es publicar *papers* sino aportar a la actividad productiva; y también de aquellos empresarios que no tienen conciencia del valor de vincularse con el sector científico.

- **Baja productividad.** Ya insinuado anteriormente, las PyMEs tienen menguada su eficiencia por el escaso volumen y el atraso tecnológico que enfrentan.
- **Dificultades de acceso al financiamiento.** En la mayoría de los casos, las PyMEs tienen grandes ideas y

poca plata. La actitud reacia del sistema financiero para financiar montos reducidos a firmas desconocidas (fallas de mercado) y el rechazo a la apertura del capital generan importantes flaquezas.

- **Carencia de estrategia.** Las PyMEs funcionan improvisadamente. Son imitadores seriales de casos exitosos que se deterioran por saturación, y esclavos de los planes de otros.
- **Organizaciones jerárquicas y autoritarias.** Por los egos inflados, mezclados con una profunda desconfianza hacia terceros, las PyMEs terminan construyendo estructuras piramidales, jerárquicas, despóticas, rígidas y burocráticas.
- **Aislamiento.** Los propietarios PyMEs son reacios a abrir el capital de sus empresas, no son permeables al ingreso de ideas, aportes y contribuciones, y recurren poco al conocimiento externo, con lo que pierden sinergia y no se benefician de la fertilización cruzada. Solos es difícil soportar el viento en contra.

Virtudes

- **Tamaño pequeño.** Es llamativo que la principal debilidad constituya la mayor virtud. Ser pequeño puede ser bueno o malo de acuerdo a las circunstancias o actividad. Lo importante es saber cuándo sirve ser menudo, y actuar en consecuencia.
- **Agilidad.** Las organizaciones nimias tienen mayor facilidad para reaccionar ante los cambios del contexto. Esto debe ser aprovechado en sectores que mudan con rapidez.
- **Flexibilidad.** En este mundo de ambiente errático, incierto y de transformaciones aceleradas, amoldarse rápido es una gran virtud. Los países con entramados PyMEs aprovecharon los cambios veloces del si-

glo pasado y crecieron por encima de las economías pesadas y voluminosas. En el entorno presente, solo lo maleable puede sostenerse, pero que esto brinde condiciones no significa que se las aproveche.

• **Carácter pionero, innovador y creativo.** Son las PyMEs las que dan vitalidad a la sociedad, gracias a su espíritu emprendedor. La creación de un nuevo producto o una novedosa forma de hacer las cosas surge en la cabeza de un audaz industrioso.

• **Cercanía al mercado.** Las estructuras pequeñas están más próximas a los consumidores, lo que permite conocerlos, predecir y, mejor aún, adelantarse a sus necesidades.

Empresas familiares

La mayor parte de las PyMEs tienen propiedad y conducción familiar. El 72% de estas empresas son familiares y el 47% son dirigidas por parientes (Mora y Araujo).

En las empresas familiares (EF) prima lo emocional y lo afectivo. La mezcla de jerarquías e interrelaciones en la empresa y en la familia conduce a intrincados embrollos. Son habituales las controversias entre miembros de la estirpe y terceros; entre parejas que comparten propiedad; entre dueños e hijos; entre hermanos copartícipes; con la familia política; con otros descendientes y sus respectivas parentelas. Neil Koening señaló que hay quienes ponen como prioridad el trabajo y dejan de lado la familia, otros descuidan la sociedad, y a los peores no les importa ni una ni otra. Los exitosos equilibran las querencias y tratan de hacer florecer a su familia y a su empresa. Las rispideces son discordias que se dan entre familiares que llevan los conflictos del trabajo a la casa y/o viceversa, haciendo compleja la solución de controversias y la conducción de la compañía. Algunos miembros del clan aprovechan la firma para satisfacer necesidades personales y, de esa forma, le provocan perjuicios. Y si los propietarios solo viven el presente, malgastan las posibilidades que brinda el futuro. Pithod y Dodero dicen que hay que cuidarse de caer en la trampa de creer que ser propietario significa tener capacidad para dirigir la empresa.

Las EF, por lo general, son cerradas, temerosas de dar información y reticentes a compartir la propiedad o la conducción con personas ajenas a la familia. Eso lleva a un dañino nepotismo por privilegiar a los familiares por encima de las destrezas de terceros y, con ello, encumbrar a incompetentes y desalentar talentos, disminuyendo la efectividad. El deseo de tener a los descendientes trabajando en la organización hace que se pase por alto su idoneidad y si tienen voluntad o interés en integrarse a la firma familiar. Los padres deben comprobar fehacientemente que los hijos desean trabajar en la empresa y tienen talento para el puesto que asumen.

Además, este tipo de empresas son rígidas y conservadoras, repelen el cambio, son reacias a incorporar nuevas formas de gestión y cuando adoptan una orientación cuesta mucho modificarla. Son lentas para acomodarse a las mudanzas del ambiente, y resistentes a incorporar tecnologías e innovaciones, por lo cual muy seguido llegan tarde a ellas. Están muy vinculadas al ámbito local, y poseen poca predisposición para pensar más allá de su comarca o dedicarse a negocios internacionales. Sus contabilidades intensifican las falencias informativas y sus sistemas de control son informales. El estilo de conducción es personalista, poco profesional y con escasa renovación generacional, porque el liderazgo está confundido con la dinastía, a tal punto que los predecesores se niegan a tratar su sucesión en vida.

Dentro de las *ventajas,* contabilizo el profundo sentido de pertenencia y orgullo que emana de la conjunción entre empresa y familia. La elasticidad en la dedicación, el volumen de trabajo y hasta los ingresos. Son más propicios a poner el hombro en los momentos críticos. Recuerdo, de chico, los ajustes de cinturón familiar para que la fábrica pudiera pagar los sueldos. Los conocimientos, el *know how* productivo, el carácter de la organización, su cultura y sus valores son mejor transmitidos y propagados familiarmente, lo que otorga estabilidad. *Por eso se dice que si se controlan los conflictos hogareños, no hay ninguna compañía que pueda superar a una empresa familiar.*

Análisis de la estructura organizacional

Aunque los empresarios PyME lo soslayen, este tema es trascendente. Su no consideración genera sensibles mermas de eficiencia.

El organigrama funcional

La disposición de la estructura constituye la plataforma que sustenta la implementación de la estrategia, y se presenta gráficamente a través del *organigrama organizacional*. Como planteé en *El libro de las PyMES*, además de la estructura formal hay, en paralelo, otras conformaciones *ad hoc* que expresan la existencia de relaciones interpersonales y vínculos informales que superan los órdenes establecidos formalmente. En consecuencia, el dibujo que se presenta no siempre refleja la realidad.

La conformación más común es la distribución de *rastrillo*, heredada de instituciones autoritarias (eclesiásticas y militares). Pero las exigencias competitivas llevaron a las firmas a tratar de aumentar su efectividad e instaurar esquemas más ágiles, flexibles y comunicados. Me atrae especialmente el modelo de *cúpula* que tomé de Robert Tomakso. En ese tipo de alineación se integran vinculaciones verticales y horizontales, acortando de esa forma los recorridos, para así mejorar la capacidad para amoldarse a los cambios de contexto y aumentar la velocidad para responder a las exigencias competitivas. Me gusta también poner arriba lo que normalmente se pone abajo, o sea, a los trabajadores. Esta variante se debe a que, en mi concepción, los dirigentes deben estar al servicio de los *laburantes*, guiándolos y facilitando sus actuaciones. Esto significa proveerlos de herramientas, equipamientos, infraestructura, orientación, capacitación, motivación y clima laboral necesarios.

El concepto de *trípode* japonés dice que *una organización sostenible debe poseer la flexibilidad del bambú, la velocidad del atún y la fortaleza del cerezo.* Yo le agrego la visión del águila, el olfato del sabueso, el oído de la ballena, el radar del murciélago, la comunicación de las abejas, la laboriosidad de las hormigas y la adaptación de las cucarachas.

Otro punto de estudio son los *puestos de trabajo, las funciones y las responsabilidades.* Es importante indagar si estos aspectos organizativos están redactados, comunicados y asignados formalmente, de manera que el personal registre con meridiana claridad lo que se espera de ellos. Aunque debería estar acostumbrado a encontrar incongruencias, me sigo sorprendiendo con los desacoples que existen entre lo que piensan los jefes que deben hacer las personas a su cargo y lo que aquellos creen que son sus funciones. Mi reflexión es que el problema no está en los trabajadores sino en la forma en que la patronal establece relaciones con sus subordinados y comunica, o deja de comunicar, sus deseos e instrucciones.

Si bien he *sobrevolado* las áreas, ahora trataré de profundizar algunos aspectos, dividiendo la estructura en tres funciones básicas: *a) Operaciones, b) Marketing y c) Administración y Finanzas.*

Área de Producción u Operaciones

Inicio la revisión con la columna vertebral de la empresa: la creación del producto o servicio que se ofrece al mercado. La *producción* es la aplicación de saber tecnoproductivo, esfuerzo físico y capital fijo (equipamiento e infraestructura física) para organizar, combinar, fusionar y armonizar materias primas, partes, piezas, insumos, energía, información y servicios, con el objeto de elaborar productos o servicios factibles de ser comercializados.

Para ello las empresas pueden utilizar modos artesanales, series cortas o largas. Este último patrón fue impulsado por los viejos campeones de la productividad: Frederick Taylor, que fundó el sistema de producción científica controlando tiempos y movimientos y separando las acciones para automatizar los movimientos; y Henry Ford, que en su planta automotriz puso en funcionamiento la *cadena de producción*, que luego fue incorporada en otras industrias. Para complementar, Jules Henry Fayol introdujo los principios de administración: el planeamiento, el comando jerarquizado, la coordinación y el control; Max Weber aportó la teoría de la burocracia y Elton Mayo profundizó en las relaciones humanas y el comportamiento profesional.

Pero el gran cambio sobrevino cuando Taiichi Ohno, director de *Toyota*, transformó los patrones históricos. Observando el funcionamiento de los hipermercados norteamericanos, lo combinó con su obsesión por la reducción de los desperdicios y elaboró el principio de manejar inventarios reducidos, eliminar las acciones que no crean valor, disminuir y simplificar los pasos, controlar la actividad integralmente y empoderar a los que ejecutan las labores. El *Método Toyota* posee una efectividad suprema para producir mercancías diferenciadas a gran escala. James P. Womack y Daniel Jones lo adaptaron a la cultura occidental bajo la denominación de *Lean Production* o manufactura esbelta o desgrasada. En cualquiera de sus formas, se reducen costos, se mejoran procesos, se evitan desperdicios y se logra el objetivo de satisfacer mejor las necesidades de los clientes.

Otro aspecto es el *volumen* con que opera la empresa. Naturalmente que no puede estar alejado de la disponibilidad de recursos, pero a la vez debe ser acorde con quienes dominan el mercado. No hay espacio para operar en pequeño en las actividades masivas, pero, como contrapartida, hay espacios que privilegian la producción a escala reducida. Aunque cuando la rentabilidad es elevada, las firmas poderosas se reestructuran en unidades menudas (Bolland, Loweman, Sengerger, Bannock, Piore y Sabel).

Pero, en el fondo, el ámbito de las operaciones está signado por una llave de oro. La *productividad* (*eficiencia productiva* o *rendimiento*) es el aspecto al que hay que darle máxima atención, y refiere al resultado de dividir el valor percibido por ventas (*output* - ventas de bienes y/o servicios) por los gastos incurridos para su elaboración (*input* - coste). Es, por lo tanto, una consecuencia de la óptima combinación y asignación de esfuerzos humanos y recursos materiales.

En su origen, el mejor rendimiento estuvo relacionado con la distribución de factores clásicos de la producción dentro de las fronteras separadas por las unidades monetarias. La abundancia de un factor pone su costo por debajo de los precios internacionales y la escasez lo ubica por arriba de éstos; en consecuencia, las actividades que usan un ingrediente barato estarán privilegiadas (ventajas comparativas de David Ricardo). Más tarde, la acción del hombre incorporó otras ventajas competitivas (Porter), que atemperaron el impacto de los factores por el uso de tecnologías en el campo (revolución verde) o la incorporación de maquinarias de alto desempeño que disminuyen la necesidad de trabajo humano. Imagen, prestaciones agregadas, confiabilidad, marca, calidad, presencia y agilidad de los canales logísticos y comerciales, servicios de posventa, marketing y publicidad, son aspectos que desplazaron al costo como factor de decisión. Pero no todo está en el orden *microeconómico,* sino que hay una serie de *condicionantes macroeconómicos* como el tipo de cambio, las tasas de interés, el impacto impositivo, la inflación, la seguridad jurídica, etc. que afectan la competitividad. Soy un convencido de que primero hay que pensar en términos *tecnológicos*, luego en *productividad* y recién después –y como consecuencia– en la *competitividad*.

Llevado a términos de *dinámica del proceso industrial*, y aclarando que no son sustanciales los cambios cuando hablamos de servicios (menos *hard* y más *soft*), la secuencia a analizar es: *ingeniería de producto*, desarrollo y diseño técnico; *ingeniería de procesos*, definición de los métodos y técnicas; *ingeniería industrial*, perfeccionamiento de la dinámica productiva para mejorar la aplicación de los recursos; *ingeniería de planta*, definición, selección, instalación/construcción y mantenimiento de los equipos y otros bienes asignados a la operación de los servicios auxiliares; *planeamiento y control de la producción*, formulación de planes, programación, lanzamiento, seguimiento y control cuantitativo; *abastecimiento*, realización de las actividades de compra, recepción y stocks, materiales y servicios requeridos; *fabricación*, conversión o transformación de los insumos en productos; y *control de calidad*, cumplimiento de las especificaciones de diseño realizado en las sucesivas instancias del proceso.

El *manual de producción* del entrañable Ricardo Solana marca tres leyes que rigen el comportamiento de los procesos productivos:

1. ***Ley de los rendimientos marginales decrecientes.*** Establece que si se aumenta la cantidad de un insumo aplicado a la producción, manteniendo constante el resto, se llegará a un punto en que el rédito del producto agregado será decreciente. David Ricardo elaboró esta teoría para la producción agrícola, e indicó que cuando a una parcela fija de tierra se le agregue trabajo, el producto crecerá, pero en un determinado momento se saturará y la relación entre el ingreso y los gastos será menos beneficioso. En la producción avícola, la relación entre la cantidad

de gramos de alimento balanceado necesarios para acrecentar el peso de los pollos tiene un resultado redituable hasta que el ave pesa aproximadamente 1 kilo, pero a partir de ahí cada gramo de aumento requiere de dosis incrementales de alimentos; fue así como tuvimos que dejar de comer sabrosos pollos de 2 y 3 kilos para adquirir en supermercados "palomitas" disfrazadas. Y en las industrias ocurre lo mismo.

2. *Ley de los rendimientos a escala.* En vista de que las relaciones insumo-producto en la industria están preestablecidas por la tecnología, en el corto plazo la producción podrá expandirse hasta el nivel máximo de capacidad instalada. Ese punto es el óptimo posible.

3. *Punto de equilibrio.* Marca el punto de producción (unidades) en que se hace cero la ecuación que descuenta de las ventas los costos variables de producción y operación y los costos fijos. Agregar unidades permite ingresar en zona de rentabilidad.

El siguiente aspecto es analizar las *medidas de desempeño* de la firma. Por ejemplo, el *costo unitario total,* compuesto por el *costo variable* de fabricar una unidad y el prorrateo del *costo fijo* sobre el total de unidades; los *atributos* de lo que se ofrece: tolerancia, confiabilidad, consistencia o variabilidad; los *plazos de entrega:* rapidez de respuesta a los pedidos, tiempo de réplica a cambios solicitados, cumplimiento, predictibilidad, accesibilidad del producto; y *efectividad* del sistema: flexibilidad, confiabilidad, perdurabilidad y seguridad.

Finalmente, hay diversos aspectos puntuales a observar:

• **Equipamiento.** Nivel de las máquinas que posee la empresa, grado de actualización, tiempo de operatividad, efectividad. Un problema que afrontamos los países en desarrollo es la obsolescencia del parque promedio de los equipos. Nuestros empresarios tienen una resistencia visceral a realizar renovaciones oportunas de maquinarias, lo que afecta su productividad y competitividad. En los mejores casos, el parque viejo se mezcla con adquisiciones modernas realizadas en períodos de tipo de cambio favorable o de incentivos financieros a la inversión. De todas maneras siempre hay que saber extraer el máximo provecho de lo que se tiene: un dicho japonés afirma que con inteligencia se pueden obtener buenos resultados de las viejas máquinas.

• **Mantenimiento.** El cuidado que la empresa hace de maquinarias, equipos, instrumental, herramientas e instalaciones es muy importante. La falta de sistemas organizados de limpieza y mantenimiento puede provocar cortes de producción o cierres temporarios de costoso impacto. Otro aporte japonés: las 5 S (Seiri/Selección, Seiton/Orden, Seiso/Limpieza, Seiketsu/Estandarización y Shitsuke/Autodisciplina), ayudan al mantenimiento integral y al estado óptimo del ambiente laboral.

• **"Lay Out".** La distribución física de las maquinarias en la planta incide en la productividad. No existe una receta porque lo óptimo depende del tipo de producto/servicio, la instalación y la cultura productiva. Toyota transformó el concepto al fijar como objetivo facilitar el trabajo, evitar tiempos y acciones ociosos, privilegiando el flujo de información y simplificando las relaciones interpersonales.

• **Tecnología.** Verificar cuál es el nivel tecnológico de la compañía. Como señalé, las empresas están sometidas a una carrera tecnológica a nivel de productos y de procesos. En el intento de lograr una plusrenta tecnológica, los gastos en I+D se sobredimensionaron ante la perentoria exigencia de reinventar el negocio, acortando dramáticamente los ciclos de vida de las tecnologías y de los productos. De todas formas es necesario tener un dictamen actualizado sobre si la empresa está acompañando la evolución tecnológica del sector en que opera.

- **Control de los costos.** A veces, la competencia salvaje obliga a gastos exagerados e improductivos que incluyen innovaciones innecesarias en I+D, fuertes inversiones en marketing, publicidad y promoción. Son gastos que terminan pagando los consumidores sin percibir beneficios. Hace poco se informó que el costo de publicidad de los hipermercados equivale al 14% de su facturación, o sea que los compradores destinamos una fortuna para sostener una contienda que nos es ajena. Una conocida empresa extranjera es propietaria de dos de las principales marcas de agua mineral de Argentina, una de las cuales se produce en Mendoza y la otra en Buenos Aires; no hay grandes diferencias, pero para mantener presencia hay botellas que se cruzan en un recorrido de más de mil kilómetros. Los costos deben ser cuidados aunque no se compita por precios.

- Es interesante conocer el sistema mediante el cual se asignan los costos. Mi recomendación es seguir las pautas desarrolladas por Kaplan y Norton que conocemos como *ABC* (*Costo Basado en Actividades* o *Activity Based Costing*). El sistema reconoce que no son los productos sino las actividades las que causan los costos. En consecuencia identifica las fases del proceso, forma grupos homogéneos, reconoce su razón (*cost-drivers*) y le asigna costos a cada movimiento y de ahí a cada producto o servicio. Finalmente, y aunque parezca una quimera, me entusiasman las empresas que imponen prácticas estrictas para alcanzar cero defectos, averías, stocks, demoras, papel y burocracia.

- **Capacidad ociosa.** Otro aspecto a considerar es el nivel de ocupación de la capacidad instalada. Según los requerimientos de la demanda las industrias pueden operar a pleno o no, en simple, doble o triple turno. Tener capital ocioso y operar por debajo del nivel instalado es un costo oculto. El *punto de equilibrio* es el nivel mínimo con que se debe operar.

- **Logística.** Gran parte de la efectividad empresarial depende de tener buena logística (Goldratt), al punto que se convirtió en un factor equivalente a los costos de los insumos y mano de obra.
- **Aseguramiento de la calidad.** La calidad y la confiabilidad de la oferta no son una ventaja sino un requisito. Los japoneses, gracias a W. Edwards Deming, fueron los primeros que prestaron atención a la observación de los procesos, convirtiéndose en referentes de la calidad mundial. Los elevados costos de los viejos métodos que verificaban la existencia de problemas al final del proceso, para desechar o arreglar las partes defectuosas, fueron reemplazados por una intensa búsqueda de las causas de los inconvenientes para darles solución en plena dinámica productiva. La calidad se expresa a través de determinar el método de medición, los rangos de aptitud, los límites de tolerancia, los defectos latentes y el comportamiento estadístico. Todo matizado con normas precisas de *seguridad, higiene* y *sentido*.
- **Ergonometría.** Pocas compañías de los países que tratan de escapar del subdesarrollo prestan suficiente atención al tema de la calidad asegurada. En Argentina, solo un 10% de las PyMEs trabaja con normas ISO (*International Standardization Organization*) de gestión de la calidad.

Área de Comercialización

En la antigüedad los consumidores estaban acostumbrados a comprar los mismos productos año tras año. Hoy los ciclos se han acelerado a tal punto que se genera una locura cuando aparece un nuevo celular o una nueva pantalla de

TV. Esta área se ha convertido en controladora de muchas empresas a instancias de los desaforados hombres de negocios, a los que poco les importa el comprador. Más allá de las exageraciones impuestas por la *ley de la selva*, se requiere que el empresario adopte una mirada más profesional, siendo necesario observar:

- **El mercado.** La observación y reflexión sobre el mercado puede ayudar a definir mejor lo que se ofrece. Hacer visible la evolución del tamaño del mercado permite conocer si se está en proceso de alzada, meseta o caída. Y si comparamos la evolución de la firma con el desenvolvimiento global conoceremos su posición relativa. También será de gran ayuda verificar si el mercado se divide en segmentos y qué factores influyen en el tráfico comercial.
- **Los clientes.** Las PyMEs deben racionalizar el tipo de vinculación que tienen con sus clientes, porque de eso depende su existencia. Para ello es preciso conocer quiénes son, por qué eligen a la firma y por qué hay otros que no lo hacen, qué contemplan al tomar decisiones (costo, características, calidad, reputación, servicios de posventa, financiamiento), si valoran otras alternativas, si quedan o no satisfechos, si integran un segmento determinado, cuál es su distribución geográfica, entre otras variables.
- **El producto o servicio.** Análisis acerca de los detalles de lo que se ofrece, comparación con la competencia, servicios y otros añadidos a los productos, reacción que produce la oferta en los consumidores y complementadores incorporados a la propuesta comercial.
- **Política de precios.** Reconocer cómo se hallan los precios en relación con otros oferentes de productos o servicios similares, y si la firma apela a los precios para competir.

- **Sistema de difusión de la oferta.** Pasar revista a cómo se comunica lo que se ofrece, analizar el cómo, cuándo y dónde de la publicidad, promoción, propaganda, relaciones públicas e institucionales y *publicity* (información para crear imagen favorable de manera no directa).
- **Canales comerciales y sistema de logística y distribución física.** Este aspecto es probablemente el talón de Aquiles de las pequeñas industrias. El esfuerzo que se realiza en la manufacturación queda debilitado por una mala elección de los circuitos que las vinculan con los compradores. Un análisis profundo seguramente nos dará pistas para introducir mejoras.

Área de Administración y Finanzas

El ciclo empresario consta de dos fases: una *económica* (acopio, producción y venta) y otra *financiera* (flujo monetario). La *contabilidad* registra las operaciones, y el *análisis económico y financiero* les da sentido a los números. Las series históricas de balances, cuadros de resultados, gráficos, ratios e indicadores claves actuales son de gran ayuda para planificar el futuro.

La *administración* incluye: *planificación, gestión* y *control*, funciones que en las PyMEs, en general, son asumidas por el propietario con la asistencia de una secretaria, un colaborador o un cadete. En las organizaciones de mayor porte y complejidad, desarrollar estas tareas obliga a la profesionalización y apertura de subdivisiones, que paso a describir:

- **Contabilidad.** Se encarga del registro de las operaciones. En las organizaciones más pequeñas la tarea es derivada a un contador externo[47]. Es importante veri-

---

47. La razón de la contratación del servicio externo es que los gastos de contaduría son demasiado onerosos para las micro y pequeñas empresas, pero tienen un costo oculto: el contador incorporado en la plantilla eleva el conocimiento y compromiso con la firma.

122

ficar si las transcripciones contables reflejan fielmente las transacciones. Ya sea por la inflación (presente en varias economías latinoamericanas) o por la obsesión por evadir al fisco, suele falsearse la información.

- **Tesorería.** Maneja y vigila los fondos de la empresa. En las empresas chicas es común que el patrón sea el responsable del manejo de la caja, y muchas veces provoca situaciones gravísimas al mezclarla con sus bolsillos. En las firmas medianas aparece la figura del tesorero.
- **Compras.** Esta es un área clave. Normalmente se presta a corrupción. Saber comprar es un atributo tan importante como saber vender. Y saber elegir a quién empoderar en ese cargo es una muestra de inteligencia. Me cansé de felicitar a Rodolfo Zoppi, gerente general de la Cooperativa Obrera de Bahía Blanca, por tener a una persona tan íntegra como Juan Carlos Deambrosi a cargo de las compras. Viví un caso patético en una empresa grande donde la función había sido delegada a la esposa del propietario, que había asumido el cargo como *matrona part-time*. Manejaba el tema de manera obsesiva pero miraba para otro lado cuando el marido despilfarraba. Los costos ocultos que generaba de manera directa se sumaban a los indirectos que se expresaban veladamente (zalamerías, odios a escondidas y diversos desórdenes administrativos). Encontrar racionalidad fue imposible, y esto terminó siendo una enorme piedra para conformar un ordenado Consejo de Administración.
- **Personal.** He obviado el uso del término *recursos humanos* porque tratar a las personas como recursos es un *lapsus* que explica lo que viene después (cosificación, maltrato, utilitarismo). Se debe vigilar si se cumplen atinadamente las funciones de selección del personal, liquidación de haberes, garantizar el clima de trabajo, los sistemas de incentivos, la carrera, la de-

terminación de los puestos y quienes los ocupan, la formación continua…

El tema de las personas en la organización merece una consideración ampliada. Si quiere saber cómo es una PyME, comience por conocer el *character* de los que toman las decisiones: el empresario, los profesionales que lo asisten y colaboradores claves. Defino *character* como el conjunto de valores y pericias que se poseen, así como también la actitud y aptitud. Hay que reconocer la presencia de personal clave, o sea, aquellos que poseen entrenamiento especial o están dotados de habilidades escasas o de lento o difícil aprendizaje y que costaría reemplazar. Saber quiénes son, por qué, los lugares que ocupan, cómo se sienten y cuáles son los riesgos de perderlos ayudará a evitar sofocones.

Con respecto a la dotación, se debe verificar si es suficiente y si tiene la idoneidad requerida. Puede ser que encontremos personal de injustificada presencia. Hay casos de trabajadores cuyas destrezas quedaron obsoletas, algunas incorporaciones fallidas que se mantienen en nómina para no afrontar los costos de una indemnización, y familiares recibidos a costo de inventario. Es un tema delicado, porque como entidad económica no se deben asumir erogaciones vanas que normalmente traen aparejados otros costos ocultos (desánimo del resto del personal). Todo es una cuestión de costo-beneficio, aunque a veces hay que rendirse ante lo inevitable (respeto a quienes dieron todo por la empresa cuando pudieron o ante presiones familiares inmanejables). Por eso hay que sopesar el costo y tomar decisiones racionales a la hora de mantener en plantilla a quienes no les interesa la memoria del sitio en que trabajan o la función que cumplen, quienes realizan aportes mezquinos, los que hacen su labor solo por el sueldo y consideran un martirio concurrir al trabajo, o a los que no les interesa hacia dónde va la empresa en que laboran.

Un aspecto de mucho cuidado son los criterios para contratar, porque además de calibrar las competencias y la personalidad del postulante, hay que medir sus valores. *La aptitud se adquiere pero la actitud es innata.* La destreza del seleccionador influye fuertemente en el nivel de productividad. Entre las funciones que asumí siendo director de Garantizar SGR, una fue la de intervenir en la selección del personal. Me siento orgulloso de ver encumbrados en posiciones claves a muchos de los elegidos. En contraposición, he observado firmas apáticas y carentes de rigurosidad en la conscripción, por lo cual –siendo un rasgo de personalidad habitualmente presente en la sociedad– es razonable que se filtren indolentes, y si esa característica está difundida, marca la incapacidad de la conducción para entusiasmar y apasionar a sus colaboradores. Hay poco futuro para las compañías que poseen malestar generalizado. La amargura y el malhumor se transmiten; la indolencia y la falta de entusiasmo son manzanas podridas que corroen el trabajo del personal responsable.

La definición del puesto de trabajo es teórica pero los individuos son reales, y si no se da un ensamble perfecto habrá que buscar otra persona, aumentar la capacitación o modificar el proceso. No hay perdón por operar por debajo del potencial de los integrantes de la organización.

- **Finanzas.** Asistí al curso de Contabilidad y Finanzas de Joan Masson[48] en el Programa de Desarrollo Ejecutivo de ESADE Business School y me admiré de su capacidad para hacer interesante un asunto tan aburrido. Al hacer una síntesis de sus enseñanzas, lamento no te-

---

48. Joan Masson integró la primera expedición catalana que coronó el monte Everest y fue director de Planificación de Operaciones de los Juegos Olímpicos de Barcelona 1992, que dieron a los españoles la confianza de que se puede lograr una organización *premium* sin ser sajón, alemán o japonés.

ner su capacidad para impactar al lector y aclaro que esta parte tuvo que ser reescrita para acortarla, por lo que recomiendo ampliar en el texto referido u otros similares. Veamos qué conviene observar:

– *Análisis patrimonial.* El primer componente del *patrimonio* es el *activo,* integrado por el acervo que se utiliza para sustentar la operatoria (maquinaria, edificios, stocks de materias primas, productos terminados...), los recursos monetarios (caja y bancos) y el derecho sobre terceros (créditos). Está dividido en *fijo,* que es la masa de larga presencia (inmuebles, instalaciones, parque móvil, equipamiento...) y *circulante,* de corta duración (materias primas, mercancías, dinero...). También pueden existir activos *extrafuncionales,* desligados de la misión de la compañía, e *interinos,* que no cumplen una función pero pueden llegar a hacerlo (maquinaria en proceso de montaje o prueba) o, al revés, algo que fue útil y ya no se usa. Es importante reconocer quién es el propietario del activo, lo que se reconoce mirando su contraparte: el *pasivo,* que incluye el *capital propio* o *patrimonio neto* (*capital social, reservas* y *previsiones*) y *capital ajeno* (créditos exigibles a corto, medio y largo plazo). También hay cuentas transitorias, como ganancias sujetas a reserva, pendientes de ser distribuidas o que serán aplicadas al pago de impuestos.

Activo fijo	Capital propio
	Deuda exigible a largo plazo
Activo circulante	Deuda exigible a corto plazo

– *Solidez patrimonial* o *solvencia.* Indica la capacidad del *activo* para hacer frente a la *exigibilidad del pasivo.* El nivel de *endeudamiento* es reflejado por el cociente entre el *total de deuda* y *el capital propio*, ratio que indica el riesgo para los acreedores. El resultado 1 es un guarismo razonable e indica deuda igual a capital propio; si es mayor, la inseguridad es alta, y si es menor, la situación es holgada.

- *Margen de maniobra.* Remite a la capacidad operativa y es lo que queda del capital circulante si le descontamos las deudas exigibles. Con Carlos Allemandi tuvimos un caso extremo: el empresario en cuestión retiraba de su exitosa empresa fondos que canalizaba hacia otros proyectos; como fue infructuoso explicarle lo inconveniente de su conducta, tuvimos que hacer un *rally* por los bancos y compañías de *leasing* para explicar que no había vaciamiento sino negocios legítimos que alimentaban el ego del creativo emprendedor. A fines de 2014 tuve que intentar el salvataje de una empresa productivamente solvente pero débil estratégicamente: alentados por ventas crecientes, los propietarios decidieron invertir con dinero prestado; la inflación y la pérdida de competitividad del peso cortaron la proyección de la demanda, dejándolos varados en el medio del río y con las obras sin terminar. El escape fue utilizar a pleno el capital corriente y hacer malabarismos con los pagos, lo que los llevó a pagar más caro y sufrir una tensión insoportable. Otro caso que conviene citar es el de una empresa que, dada su actividad, opera con cheques a cobrar: la desprolija información contable los obligaba a venderlos en "cuevas" usureras que se quedaban con gran parte de la utilidad. Unas pocas medidas correctivas permitieron abrir líneas de cheques garantizados (SGR) que comenzaron a colocarse en la Bolsa de Comercio de Buenos Aires, permitiendo recuperar la lozanía. Si se incrementa la capacidad operativa deberá aumentarse proporcional-mente el capital de giro, ya que los descubiertos y las cuevas son parásitos mortales.

– *Cash flow* o *flujo de fondos* o de *caja.* La falta de planificación derribó muchas empresas, lo que me lleva a hacer un llamado a contemplar con rigurosidad el movimiento de los fondos líquidos. No sincronizar la *rotación del activo circulante* a la exigibilidad de las deudas provoca impuntualidades de pago o la necesidad de recurrir a costosas alternativas para disponer fondos de cobertura. La proyección (*cash flow esperado*) permite al propietario planificar su actividad y a los financistas verificar la potencial devolución de sus préstamos. La observación de la evolución histórica del flujo reconoce si la empresa es propensa a la estabilidad o al desequilibrio.

– *Resultados.* Es importante que el empresario tenga presente:
  - la evolución del *margen bruto,* que es el resultado de restar al precio de venta los costos de los productos vendidos;
  - el *margen de contribución* que resulta de restar a los ingresos los costos de explotación (gastos variables);
  - la *rentabilidad del patrimonio,* que es la razón entre la utilidad neta y el patrimonio.
  - el *margen operacional de utilidad,* que divide la utilidad operacional por las ventas netas.
  - el *margen bruto de utilidad* o cociente de las utilidades brutas y las ventas netas.
  - el *margen neto de utilidades,* que es el resultado de dividir la utilidad neta por las ventas netas;
  - los *beneficios antes de impuestos* (BAT), que descuenta de los ingresos los costos totales (gastos variables + fijos);

- y el *resultado neto de la explotación,* que resta los gravámenes del BAT.

En este punto es importante resaltar dos indicadores importantes: el *rendimiento del activo (ROA)*, que es la división del *resultado neto* y el *activo de la explotación*; y la *rentabilidad del capital propio* (*ROE*), que es el resultado del cociente entre los *beneficios de la explotación* y *el capital propio.* Si el *ROE* es menor que el *ROA* el endeudamiento es demasiado costoso, y si es mayor hay apalancamiento favorable.

- **Control de gestión.** Con el objetivo de encontrar aspectos a mejorar, es preciso someter a la organización a un monitoreo permanente. Es necesario desarrollar indicadores que den información sobre el rendimiento de los factores y verifiquen el cumplimiento de los objetivos. No se trata de buscar culpables y establecer castigos, sino reconocer yerros y desvíos para enmendarlos. Para ello hay que desarrollar un cotejo único y consensuado, asignando valor numérico a las observaciones. Me ha tocado advertir a síndicos y auditores cuya función no es entorpecer sino ayudar a realizar bien las acciones.

Las confrontaciones de desempeño son válidas si miden lo que tienen que medir (validez del contenido), están basadas en lógicas sólidas (validez del concepto), sustentan los resultados de otros sistemas (validez recurrente) y sirven para predecir (validez predictiva). Deben operar de manera práctica, simple y con sentido común. Las pautas de los buenos sistemas son: criterios justos y razonables, integridad, inclusividad, comparabilidad, comprensión, aceptabilidad, consistencia, involucramiento y eficacia en función de los costos y la flexibilidad (E. Smith).

Los sistemas de medición operan sobre la base de planeamiento, fijación de metas, monitoreo, evaluación y retroalimentación. Al confrontar los propósitos, objetivados numéricamente con los efectivamente alcanzados, se genera un sistema de realimentación que detecta desviaciones, verifica el nivel de efectividad esperado, visualiza las situaciones indeseadas y ayuda a tomar decisiones para corregir desvíos o fortalecer el rumbo.

Lo aconsejable es establecer un sistema formal de control que esté guiado por la percepción derivada de la experiencia. Las prácticas pueden estar basadas en métodos cualitativos o cuantitativos. Los *métodos de evaluación cualitativos* permiten agrupar y examinar información descriptiva. Sus fuentes son entrevistas, evaluación holística y enfocada. La *medición cuantitativa* mide indicadores basados en números. Pueden poseer carácter nominal, ordinal, por rangos o por índices estadísticos. La información debe facilitar diversas *perspectivas,* que Kaplan y Norton establecen en: *perspectiva de los propietarios basada en aspectos económico-financieros; del cliente, del proceso interior y del aprendizaje; y del desarrollo y la innovación.*

En el *Curso de Conducción de PyMEs*[49] el tema es tomado

---

49. Luego de haber compartido con Ignacio Mur la edición argentina del *Programa para Directores Propietarios* (curso emblemático de edición anual por parte de ESADE de Barcelona), y con el objetivo de contrarrestar el déficit de empresas (tópico clave para el desarrollo nacional), elaboré una versión adaptada a la realidad de mi país, naciendo el *Curso-Taller de Conducción de PyMEs*. El programa está destinado a desarrollar la capacidad de conducción y gestión de manera integral (estrategia, management y control); incluyendo aspectos culturales, desarrollo de habilidades directivas y comprensión de las áreas operativas nucleares. Es un programa de pares (homogeneidad) porque está destinado con exclusividad a propietarios, a sus sucesores con responsabilidad actual o futura y a directivos de extrema confianza a quienes se les hayan delegado tareas de alta responsabilidad. No se enseña a hacer sino a hacer hacer, y no se propone que los empresarios sepan de todo sino que entiendan todo. Enfoca a la organización como unidad sistémica, y los docentes han sido seleccionados especialmente por su actividad empresarial para que el diálogo sea fluido. Si bien contempla la transmisión de contenidos metodológicos, no constituye una propuesta teórica y propicia la participación de los asistentes para ahondar en la discusión de temas vinculados a su propia práctica,

con enorme experiencia empresarial y profesional por el entrañable Luis Bianco. Este es el gráfico con que presenta su módulo:

La herramienta básica de los sistemas de control son los *presupuestos,* que se fijan en función de *objetivos estratégicos* y se convierten en *metas* que sirven para *planificar, organizar, coordinar* y *conducir.* Se arman atendiendo a: *a) los elementos que lo integran,* que se separan en dos miradas: *operativa,* vinculada a la actividad habitual de la empresa, y de *capital,* que contempla la inversión y financiación; *b) la dimensión organizativa*: presupuestos de Comercialización, Producción, Administración y Personal; *c) la técnica empleada:* presupuestos incrementales, que pueden ser fijos/ rígidos o flexibles, presupuestos por programas o de base cero.

---

asumiendo los instructores un rol propositivo y constructivo (respuesta a las necesidades de los asistentes). Fue dictado en la ciudad de Buenos Aires, Martínez (provincia de Buenos Aires), Comodoro Rivadavia (Chubut), ciudad de Córdoba, Villa María (Córdoba), Sáenz Peña (Chaco), Bahía Blanca (Buenos Aires), Paraná (Entre Ríos) y Rafaela (Santa Fe).

Hay que verificar si existe un sistema de control, si están asignados los responsables y se lleva un registro adecuado, si hay un *presupuesto anual* formal sujeto a una periódica revisión, si existe un *cuadro de mando integral* con información que permita al *Consejo Estratégico* y a las *áreas operativas* tomar decisiones, si se encuentran establecidos los indicadores que permiten hacer un seguimiento de los objetivos estratégicos planificados.

Enzo Campana, ingeniero químico y también docente de Marketing del *Curso de Conducción PyME,* ha organizado el sistema de información, control y toma de decisiones en dos empresas de su propiedad. Basado en el principio de que todos los actores generan información, estableció un sistema para que los datos relevantes sean ingresados al sistema y no se pierdan (*Data Entry*); el volumen de *info* genera un segundo espacio, que está *organizado* con información que sirve a los mandos medios a gestionar las operaciones; y cuando la indagación asume carácter comparativo y se organiza como un *tablero de mandos integral,* ayuda al *Consejo de Administración* a tomar decisiones estratégicas, lo que puede graficarse con el siguiente triángulo:

Un mundo especial

Valdaliso y López analizan la naturaleza económica de la empresa, y definen como principales las siguientes teorías económicas: a) *Neoclásica,* que comprende a la empresa como un nexo de contratos que funcionan bajo la conducción de la maximización y el riesgo moral, controlada bajo una relación de agencia; b) *Coste de transacción,* que la define como una estructura de gobierno basada en transacciones realizadas bajo una racionalidad aproximada (oportunismo); y c) *Evolutivo-perspectiva de la competencia,* que la define como un centro de conocimientos y capacidades (empresa idiosincrática, y heterogénea), que nuclea a individuos y grupos con objetivos e intereses, a veces contradictorios, que tiende a adaptarse a la realidad cambiante y mejora continuamente a partir de la experiencia; utilizando el particular recipiente de capacidades y conocimientos dinámicos y evolutivos. Esta teoría considera que las firmas poseen ciertas capacidades imitables y que pueden no ser únicas, mezcladas con elementos idiosincráticos compuestos por rutinas y capacidades idiosincráticas, propios e inconfundibles que constituyen la fuente de energía con que se comunican con las necesidades comunitarias en el ágora real o, ahora, digital.

Pero, personalmente, no dudo en afirmar que cada empresa es un mundo particular, construido por quienes dirigen y quienes trabajan allí. Inmersos en ese mundo, nadie mejor y nadie peor que los participantes para reconocer cómo es la empresa. La honestidad intelectual lo hace fácil y la mentira, difícil; escoja el lector su abordaje.

CAPÍTULO 4

ESTUDIO DEL CONTEXTO

¿Por qué es tan importante analizar el entorno que envuelve a la empresa? La respuesta es muy simple: porque andar a oscuras es extremadamente peligroso. Conocer lo que nos rodea es una cuestión de supervivencia. Al conducir un automóvil de noche, debemos llevar los faros encendidos para anticiparnos a los obstáculos que podamos encontrar en el camino; cuanto más rápido manejemos más largo deberá ser el alcance de la luz, y cuanto más complicada sea la ruta, más deberemos aumentar las precauciones y prepararnos minuciosamente para evitar problemas y superar peligros. De la misma manera, en las empresas, reconocer en profundidad lo que ocurre en el exterior permite mejorar el aprovechamiento de eventuales oportunidades y evitar los riesgos intrínsecos. Solo tomando ese cúmulo de recaudos lograremos alcanzar la meta.

La complejidad del entorno

Es erróneo pensar que nuestro porvenir está en nuestras manos. Las personas y sus constructos sociales no tienen su vida establecida y determinada, el porvenir depende de múltiples energías derivadas de actores que operan para modelar el escenario en función de sus intereses (y poder relativo) y de una diversidad de factores que no están en control del sujeto estratégico (determinantes del pasado, proyecciones, episodios fortuitos).

No estamos solos en la Tierra ni en el mercado. Vivimos acompañados por una infinidad de animadores activos que tienen necesidades, inclinaciones, pretensiones y potestad. Algunos operan para que las cosas se mantengan como están y otros intentan mover el contexto a favor de sus respectivos intereses y deseos. Elegir por dónde caminamos y saber a dónde queremos ir aumenta nuestra seguridad, y alcanzar el destino nos hará felices. Las cautelas a adoptar deberán tener una relación inversa a la fuerza del sujeto estratégico: cuanto más pequeña sea la entidad, más vulnerable será a los ambientes adversos y más grande deberá ser su prudencia.

Hago un llamado a quienes hacen caso omiso del contexto para que revisen su actitud e incorporen el análisis del escenario a su práctica habitual. Karl Albrecht es un estudioso muy juicioso que usa la siguiente metáfora: las empresas son como una nave que avanza en mares borrascosos hacia un destino escogido; su tripulación tiene que mantenerla en el curso correcto y, si las circunstancias mudan, deben cambiar el rumbo. La clave está en reconocer qué hay delante de la nave; el Titanic no lo supo y terminó hundido.

El contexto exterior es complejo, dinámico e incierto. Su exploración permite captar las variables claves y ponderar su influencia sobre el sujeto estratégico. Es trascendental identificar los poderes de los actores, sus alianzas y movimientos para adelantarse a las contingencias. No se trata de convertirse en antropólogo, político, economista, sociólogo, tecnólogo o jurista; basta con tomar conciencia del mérito que tiene vigilar el entorno y actuar en consecuencia. Para descubrir las tendencias que proyectan el futuro hay que consultar fuentes de información confiables: leer, asistir a charlas y conferencias de expertos.

Debo conceder, no sin sobresalto, que la división entre macro y microeconomía provoca graves disturbios. Descubrí esta peligrosa dicotomía al rearmar el programa de la *Maestría en Administración de Empresas* de la Escuela de Economía y Negocios Internacionales de la Universidad de Belgrano (UB). Reemplacé los módulos de macro y microeconomía por una observación práctica y sistémica del *entorno económico de los negocios*. Los maestrandos debían egresar sabiendo leer la realidad y vigilar cada ángulo o partícula que podría impactar sobre la actividad en la que estaban involucrados. La materia que tomé a mi cargo –y luego repetí en muchos programas de posgrado– tuvo una impronta que superaba el relato costumbrista clásico para bucear en la búsqueda de información clave para la actuación empresarial. Tomé como base a reconocidos analistas de escenarios, como Arie de Geus, Kees Van der Heijden, John Morecraft, Gastón Berger, Bertrand de Jouvenel, Michel Godet (estado del arte), e intercambié perspectivas con el selecto grupo de docentes del programa *MIB* (*Master in International Business*) de la École Nationale des Ponts et Chausées de París. Éstos provenían de las principales escuelas de negocios de Estados Unidos y Europa y, en nuestro caso, se combinaban con referentes argentinos. Estoy orgulloso de haber contribuido de manera directa e indirecta a que un numeroso grupo de jóvenes valorizaran la necesidad de hacer un seguimiento preciso del contexto. La visión ambiental se complementaba con otro módulo que enseñaba a elaborar atmósferas prospectivas. Fue asumido por quien es, para mí, el más dotado analista de escenarios de origen argentino: Jorge Benstein, que había regresado al país con una importante experiencia en Francia.

¿Por qué me alarma la mirada sesgada y parcial de los economistas de lo macro o lo micro? Porque los que siguen la *macro* accionan sobre los impuestos, el tipo de cambio, la tasa de interés, el presupuesto y otras cuestiones que repercuten sobre la actividad productiva sin atender a la profundidad del impacto que sus medidas generan. Lo llamativo es que se asombren cuando la realidad se rebela y marcha a contramano de lo que predecían sus propósitos y modelos matemáticos. Voy a dar un solo ejemplo, elegido porque hace a la esencia de este texto: los diferentes gobiernos argentinos han manifestado la importancia que tiene la creación de nuevas empresas; sin embargo, un nuevo emprendimiento (y por lo tanto en estado de máxima fragilidad) al año de vida duplica su contribución de Impuesto a las Ganancias (35% + 35%), el primero directo y el segundo como anticipo (este es otro legado del nefasto Domingo Cavallo), obligación que pone a la firma en zona de turbulencia. Ridículo, ¿no? Pero lo lamentable es que el tema no aparezca en la agenda pública, ni de las gremiales empresarias. Y no me hablen de impacto impositivo porque las firmas noveles antes no pagaban porque no existían. De hecho, deberían disminuirse los impuestos y contribuciones laborales al inicio de las actividades.

En sentido inverso: empresarios, gerentes, administradores y contadores habitualmente omiten considerar el marco general. Para pisar el césped del mercado se requiere tener una cosmovisión profunda, reconocer las principales tendencias originadas en el orden mundial, nacional y sectorial, prever los comportamientos de los actores, percatarse de todo lo que sale o sobresale del orden lineal, confrontar opiniones, estar atentos a lo que sucede y, de nuevo, saber buscar información relevante para utilizarla en las circunstancias adecuadas.

Pasado, presente y futuro

Hay una obsesión por los *análisis de coyuntura*, pero son solo un punto histórico microscópico. Para saber realmente dónde estamos parados se requiere conocer cómo se llegó al presente. Es necesario categorizar los tiempos: *lo que nos interesa es el futuro* y para preverlo debemos partir del presente, que se originó en el pasado. Winston Churchill decía que cuanto más atrás puedas mirar, más adelante verás,

y completaba con la afirmación de que el político se convierte en estadista cuando comienza a pensar en las próximas generaciones y no en las próximas elecciones. Parafra-
seando, podemos decir que el estratega se gradúa cuando
piensa en el sostenimiento de la empresa en el largo plazo.
Lamentablemente, es alarmante el poco tiempo que los
empresarios PyME dedican a pensar en el futuro: se dice
que los ejecutivos corporativos dedican al tema menos del
2,4% de su tiempo empresarial (especule el lector cuánto
es lo que dedican los conductores de PyMEs al tema).

La consideración del escenario

Lo que distingue a la sociedad contemporánea es la velocidad del cambio, la complejidad y la turbulencia. Aludí antes
a la recomendación de Albrecht de poseer un radar bifocal
que vigile, simultáneamente, las amenazas inmediatas y los
cambios no tan evidentes que pueden producirse en el largo
plazo. Quien tenga una perspectiva coherente del porvenir
tendrá asegurada gran parte del éxito (Hamel y Prahalad).

En Estados Unidos, luego de la recesión del '30, se iniciaron oficialmente estudios para anticipar escenarios críticos del futuro. Japón adoptó la *prospectiva* para planear su
sistema productivo (Saburo Okita). El éxito de la práctica
hizo que se proyectara sobre el resto de Asia, en algunos
países europeos e incluso en nuestras tierras (*Planes Quin-
quenales* 1947-52 y 1952-57 y *Plan Trienal para la Reconstruc-
ción y la Liberación Nacional* 1974-77, atribuido al titular de
la Secretaría de Estado de Programación y Coordinación
Económica, Reynaldo Bajraj[50]). Seguramente los colegas

---

50. Conocí a Reynaldo Bajraj en el posgrado en Comercio Internacional (inspirado por Leopoldo Tetamanti y dirigido por Bernardo Grinspun) que cursé
en la Federación de Colegio de Graduados en Ciencias Económicas organizado por cuenta y orden del Ministerio de Economía de la Nación para ha-

latinoamericanos podrán describir experiencias parecidas en sus países. El antecedente más impactante fue el análisis de la Royal Dutch Shell, que le permitió vaticinar lo que ocurriría con el complicado negocio petrolero de los años setenta y llevó a la firma anglo-holandesa al podio del sector. Su método de análisis y pronóstico de escenarios se convirtió en un clásico que luego fue adoptado por otras industrias y corporaciones, y estudiado en los centros académicos.

El futurista Peter Schwartz nos alienta a prepararnos para el devenir desarrollando el sentido de anticipación. Por su parte, Alfonso Vázquez nos alerta acerca de la soberbia de pretender acertar cómo será el futuro proyectando el pasado y creyendo que los actores actuarán como esperamos. Esta contradicción se diluye en el mundo de la empresa, donde es necesario tratar de captar la incertidumbre del futuro con humildad y pensamiento crítico (y autocrítico). Con este abordaje nos introduciremos con el lector en los terrenos de la *Prospectiva Estratégica,* ya sea para escudriñar el futuro y adelantarnos a los hechos (*Prospectiva Predictora, Exploratoria y Anticipatoria)* como para facilitar una actuación transformadora (*Prospectiva Emancipatoria o Estratégica).* A diferencia de la predicción, la disciplina arbitra la relación entre el determinismo, el azar y el quehacer humano. En consecuencia, *el futuro no está determinado por el pasado, ni es una imagen proyectada del ayer, sino una construcción donde son decisivos los actores (por acción u omisión, individual o colectivamente).*

El escenario muestra una confrontación de maniobras "conspirativas". Cada sujeto o cada coalición de fuerzas, influido por sus creencias y necesidades, elabora estrategias,

---

bilitar el ingreso al Servicio Económico Exterior. El plantel académico fue increíble, aparecían los autores de los libros que leía como estudiante, pero Reynaldo motivó mi dedicación al tema. Entre otros cargos fue secretario adjunto de CEPAL/UN y director de CELADE.

urde tácticas, conforma alianzas y compulsa con otros para inclinar el escenario a su favor. Algunas fuerzas intentan mantener el *statu quo* y otras construir nuevas realidades. Lo que nos pasa es producto de nuestra acción o inacción, ya que si nos abstenemos de participar en la construcción de la realidad ésta adoptará la forma que quieren los activistas. Debemos asumir que *el mañana se convierte en la razón de ser del presente,* y que gran parte de un venturoso porvenir dependerá de cómo estructuramos fuerzas afines a nuestras intenciones.

La *Prospectiva Estratégica,* como señalan los franceses, *es una "indisciplina" de carácter transformador, que nos alienta a prepararnos para el futuro y a tratar de modificarlo de acuerdo a nuestros propósitos y deseos.* Este abordaje lo hace diferente del método científico, que se aísla del contexto o experimenta en laboratorios estrictamente fiscalizados. La combinación de *Prospectiva* y *Planificación* permitirá invertir la flecha del tiempo, anulando la inercia determinista para construir un porvenir deseado. De esta manera *constituye un insumo nuclear para la elaboración de toda política empresarial.*

Como las nuevas tecnologías serán las principales formateadoras del futuro, vale la pena tener una idea de lo que se puede venir. Aunque personalmente no comparto su contextualización social, recomiendo el libro del emprendedor y economista Santiago Bilinkis *Pasaje al futuro.* El autor asistió a un curso de diez semanas en la Singularity University, en la NASA, para escuchar a los principales referentes mundiales de biotecnología, informática, inteligencia artificial, neurociencia y medicina regenerativa, compartiendo aula con mentes brillantes de distinto origen. No es que el libro le abrirá un paquete de oportunidades de negocios –ojalá que así fuera–, pero lo que usted esté haciendo ahora y piense sobre qué hará mañana estará fuertemente influenciado por lo que se cuenta en sus páginas.

Método de escenarios

Un *escenario* es la descripción de un futuro posible (*futurible*) y su trayectoria asociada. Se trata de elaborar una narración simplificada de la evolución utilizando un *mix* de metodologías:

- **Exploración del entorno.** Búsqueda de los orientadores temáticos o *drivers,* que son aquellas variables (políticas, económicas, tecnológicas, sociales) que definen o transforman las características del contexto (variables motrices).
- **Matriz de impacto cruzado.** Pensar el futuro en función de la influencia que pueden tener los *drivers* identificados.
- **Análisis morfológico.** Técnica que permite considerar todas las alternativas de evolución probable del escenario.
- **Método de probabilidades de Bayes.** Vía la aplicación de fórmulas desarrolladas por el autor, las variables motrices determinan escenarios posibles a los que se les asignan probabilidades.
- **Método Delphi.** Consiste en hacer preguntas precisas a expertos para que, sobre la base de su experiencia, sentido común, intuición o imaginación, expresen cómo será el futuro, cuáles serán los *drivers* y qué impacto producirán. Al inicio es importante utilizar este método para armar esbozos de escenarios, y al final es útil para verificar la pertinencia de las hipótesis establecidas.

El primer paso *metodológico* es definir los *actores*. Establecidos los sujetos o agrupamientos cuyas actuaciones pueden modelar el escenario, es importante jerarquizarlos en función de su importancia o potencial impacto sobre éste.

Es importante considerar sus *proyectos*, la *red de relaciones* que poseen y sus *acciones previsibles*. Las actuaciones de los animadores disparan *variables* que generan consecuencias directas e indirectas, mediatas e inmediatas, potenciales, multiplicadoras, de consumación postergada, y bucles de influencias, que es necesario estudiar. Estas variables pueden ser clasificadas en: a) *independientes*: que se contienen a sí mismas sin efectos exógenos; b) *motrices* ("drivers"): que influyen sobre otras; y c) *dependientes*.

Para evitar al lector ingresar en el laberinto intelectual que propone la *Teoría del Caos* voy a señalar simplemente algunos principios que rigen su funcionamiento: *Probabilidad*, nunca tendremos certeza de nada; *Posibilidad*, la contingencia está siempre latente y normalmente de manera abrumadora; *Imposibilidad*, hay cosas que no pueden ocurrir; *Temporalidad*, la flecha del tiempo es irreversible; *Auto-organización*, los sistemas tratan de organizarse; *Similitud*, los sistemas similares siguen comportamientos parecidos; *Recursividad*, los sistemas se reproducen a diferentes escalas.

En el escenario hay: *Invariantes*: fenómenos perdurables durante el tiempo correspondiente a la planificación; *Fuerzas inerciales*: propensiones visibles cuyos impactos se proyectan en el tiempo y son de larga duración; *Gérmenes*: factores apenas perceptibles, pero que serán tendencias fuertes más adelante; *Actores*: personas o agrupamientos que tienen suficiente peso en el escenario como para determinarlo o modificarlo; *Alianzas:* confluencia de intereses entre los actores; *Conflictos:* confrontación de estrategias y tácticas; *Eventos:* algo posible que puede impactar sobre el escenario; *Estereotipos:* ideas arraigadas, no necesariamente ciertas pero influyentes.

Cada juego de hipótesis pinta un tablado diferente que hay que ponderar de acuerdo a la probabilidad de ocurrencia. El método permite, como en un laboratorio, retrotraer situaciones, considerar los embriones transformadores, estar atentos a las rupturas, presentir los cambios y efectos de los actos propios y ajenos, mover las variables, hacer ensayos. De esa manera el escenario se puede establecer como si fuera una obra de teatro, incluyendo guiones y análisis de sensibilidad para comprobar sus resultados. Resulta ventajoso armar una matriz donde se clasifican las variables de acuerdo a la importancia del impacto sobre el núcleo estratégico y del dominio, control o capacidad de manejo de las acciones provocadoras.

		DÉBIL	FUERTE
IMPORTANCIA	FUERTE	ZONA 3 VIGILANCIA	ZONA 4 VIGILANCIA
	DÉBIL	ZONA 1 VIGILANCIA	ZONA 2 VIGILANCIA
		DOMINIO	

Resulta revelador cruzar las variables en función del dominio que el sujeto tiene sobre las mismas y la trascendencia de su impacto sobre el escenario. **Zona 1**: área intrascendente, porque combina escaso poder y cambios débiles. **Zona 2**: muestra un espacio de dominio que provoca mudanzas insignificantes. **Zona 3:** identifica las transformaciones importantes que el sujeto no puede controlar. **Zona 4:** establece el área de cambios importantes bajo control. La práctica nos lleva a descartar **Z1** y **Z2**, prestar atención a **Z3** porque allí pueden aparecer sorpresas incontrolables, y actuar sobre **Z4** que es donde se encuentra nuestra capacidad de incidir sobre el escenario. Del análisis surgen los siguientes escenarios: *posibles:* alternativas de elevada viabilidad; *referencial:* el escenario más probable; *deseable:* aquel que quisiéramos que fuera; *realizables:* escenarios deseables que son posibles de alcanzar; *tendencial:* el que proyecta en función de los hechos pasado; y *contrastado:* lo que predicen los informantes claves.

Análisis del entorno y las circunstancias

Hay vínculos de la empresa con el exterior que son muy potentes, que deben ser estudiados y que podemos agrupar en: *Microentorno*[51]*, Macroentorno* y *Entorno sectorial.*

- **Macroentorno.** Deben ser observados los hechos de carácter mundial, nacional y de las localizaciones físicas o lugares donde opera la empresa o posee sus vinculaciones trascendentes (provisión, clientes, competidores y centros que marcan las tendencias del sector).
- **El mundo.** En la periferia del sistema capitalista, tarde nos dimos cuenta de cómo y cuánto nos afectan los vaivenes del centro. Es vital tener una perspectiva de lo que allí sucede, mirar las tendencias y los embriones de cambio. Hay que poseer una visión de hacia dónde va la humanidad, la agenda mundial, cómo se inspiran los juegos de influencias de los factores de poder, los *lobbies* de presión y sus alianzas y conflictos.
- **El país.** Cercano, pero ignorado por quienes solo miran la superficie y asumen como real la narración que reproducen los medios de comunicación interesados. Conocido como *Análisis PEST,* se trata de considerar los aspectos de cuatro órdenes: *Político:* gobernabilidad y gobernanza, comportamiento de la oposición, los sindicatos y las gremiales empresarias, sistema legislativo (comercial, laboral, fiscal, ambiental), estabilidad, relaciones internacionales (incluyendo or-

---

51. Relaciones directas que fueron tratadas en el análisis introspectivo.

ganismos internacionales y procesos de integración); *Económico*: evolución del PBI, tasas de interés, inflación, desempleo, nivel de inversión, relación entre capital y trabajo, mercado laboral, sistema financiero, sistema fiscal, distribución de la renta, propensión al consumo; *Sociocultural*: aspectos demográficos (crecimiento, pirámide poblacional, edad, sexo, razas), opinión pública, cultura, estilos de vida, movilidad, interconectividad, actitud frente al trabajo y al ocio, costumbres y folklore, conformación urbanística, sanidad, nivel educativo, conflictos, seguridad, papel de la mujer, trato a las minorías; *Tecnológico*: dinamismo, apoyo oficial, velocidad de la transferencia y difusión, acceso a nuevos conocimientos, obsolescencia. Vale agregar lo *Ambiental*: impactos generados por el cambio climático, efecto invernadero y ataque a los recursos naturales, al agua, la fauna y la flora. Y también propongo poner bajo análisis el poder mediático, porque se ha constituido en un factor de poder que, por información o desinformación, establece la agenda e influye sobre el comportamiento de las mayorías. Como dije, deben analizarse otros países cuando el asentamiento es múltiple o influye sobre el comportamiento de proveedores y clientes, o rige los designios del sector sobre el que se opera. Por ejemplo, China no puede planificar su estrategia sin saber con precisión lo que sucede en su mercado esencial: Estados Unidos.

- **El ámbito regional.** Cada vez más, lo que sucede en el espacio regional tiene influencia sobre las actividades empresarias. Los movimientos de integración y cooperación económica y política no pueden ser dejados de lado a la hora de planificar las actuaciones de las unidades mercantiles. En algunos casos, lo que sucede en un bloque de pertenencia puede impactar más que lo que ocurre en la plaza nacional.

- **La localidad.** Las firmas tienen raigambre cultural urbana, y dependen de reglas de convivencia, infraestructura y relaciones sociales. Al igual que sucede con las localizaciones nacionales, si la firma tiene asiento en varios centros urbanos habrá que considerarlos uno a uno.

- **El espacio temporal.** Para entender el *entorno y las circunstancias* es conveniente iniciar con el *análisis histórico,* ya que el hoy está originado en el ayer, y no podremos decidir adónde vamos si no conocemos de dónde venimos. Esa mirada deberá poseer contemplación holística, porque en el marco del todo se engendran las tendencias significativas; pero, a la vez, es importante mirar las partes y extraer las cuestiones que pueden impactar sobre el núcleo estratégico. El estudio que propongo no es fácil porque muchas reseñas y datos disponibles son sesgados y malintencionados. Además, las voces más fuertes son las de quienes poseen mayor poder, que, por lógica, tratarán de sostener el estatus preexistente y acusarán de revoltosos y violentos a quienes quieran introducir reformas. Las convocatorias a la concordia solo sirven para que nada cambie. El notable sociólogo –mi favorito– norteamericano Wright Mills[52] se refiere a Parsons (pero engloba a los cientistas sociales) al decir que hacen un árido juego de conceptos y utilizan palabras parásitas e ininteligibles para evitar definir sistemáticamente los problemas que tienen delante y guiarnos hacia su resolución. Los valores impuestos, la orientación que sigue la investigación formal y las normas que legitiman el orden existente estorban la comprensión de los procesos históricos. Siempre habrá observaciones diferentes: Bartolomé Mitre, Vicente Fidel López,

---

52. Este autor tiene el mérito de su brillantez y también de sostener su parecer contradiciendo la opinión generalizada en un país que defiende, a como dé lugar, sus posiciones dominantes. Y aclaro que mi socióloga favorita es mi mujer, Marisa.

ESTRATEGIA BONSÁI

Tulio Halperín Donghi o Antonio Zinny ven la historia al revés que Feliciano Saldías, Milcíades Peña, José María Rosa, Jorge Abelardo Ramos o Norberto Galasso. O más cerca todavía, los relatos de ayer del diario *Clarín* y *La Nación* contradicen a *Página/12* o *Tiempo Argentino*. Admiro a Galasso por su obra, pero también porque alerta a sus lectores –como nadie– acerca de que su interpretación, como todas, está teñida de ideología.

Las grandes corporaciones (que "siempre tienen razón y además tienen la sartén por el mango y el mango también"[53]) recurren a analistas de coyuntura y financian medios de comunicación para hacer prevalecer una mirada favorable a sus intereses. No escapa al lector que el uso de la fuerza ha sido la principal herramienta para imponer disciplina, pero ha sido igual de importante el uso de la religión (*sufre en la Tierra que serás recompensado en el Cielo*), el formateo mental que provocan el sistema educativo y los medios de comunicación, y los golpes blandos del menos democrático de los poderes: el Judicial. Muchos estudios sociológicos han comprobado la aplicación de tácticas de embrutecimiento masivo que realiza la *mass media*, la aplicación del miedo a lo desconocido y la creación de mundos fantásticos para que la gente sueñe y aspire. El martilleo de consignas rompe la solidaridad y ensalza el individualismo (divide y reinarás). Es cosa habitual que las interpretaciones intencionadas tengan más fuerza que la propia realidad y soslayen los intereses de las mayorías. Varias veces en la historia argentina, la gran mayoría de los empresarios PyME ha defendido posiciones que iban en contra de sus propios intereses (por ejemplo, el neoliberalismo de los '90)[54].

53. "Los ejecutivos", Vals. Letra y música de María Elena Walsh.
54. La mayor parte de los consultores y analistas se ubican en el terreno del pensamiento neoliberal, poseen miradas interesadas y sesgadas, defienden el *statu quo* y cobran por ello. A finales del gobierno de Raúl Alfonsín, cien

Además de las informaciones y datos interesados y, por ende, no confiables, se pueden encontrar insuficiencia o inexactitud de datos, equívocos de interpretación, intoxicación informativa ("infoxicación"), visión parcial, exclusión de variables claves, uso de modelos que por simplificación no expresan la realidad y *mathematical charlatanry*. Es posible ser sinceros pero muy difícil ser imparciales. *Por eso es preciso y conveniente confrontar respetuosamente los puntos de vista para reducir la lógica subjetiva y parcial a un terreno de entendimiento.*

Quien quiera oír, que oiga

Si la historia la escriben los que ganan,
Eso quiere decir que hay otra historia:
La verdadera historia,
Quien quiera oír que oiga.
Nos queman las palabras, nos silencian,
Y la voz de la gente se oirá siempre.
Inútil es matar,
La muerte prueba
Que la vida existe...

Mignona/Nebbia

---

gurúes en coro presumían y comunicaban una elevada inflación, que los empresarios, para cubrirse, convalidaban con creces proyectando profecías autocumplidas, acortando el primer período presidencial. No es necesario tener un gurú comprometido con los intereses PyME a sueldo; es suficiente con saber buscar fuentes de datos que sirvan al interés de las PyMEs. Solo hay que entender que esa información no estará disponible en las oficinas o publicaciones de influencia neoliberal. Recuerdo también el papel inmenso que tuvo la dupla de periodistas Bernardo Neustadt-Mariano Grondona y una serie de seguidores menores (muchos subsisten en diversos medios) en el operativo "lavado de cerebro" que facilitó las atrocidades cometidas contra los ciudadanos argentinos por el tándem Menem-Cavallo.

CAPÍTULO 5

EL ENTORNO SECTORIAL

Después de haber atendido a los aspectos generales, es preciso pasar a considerar la estructura y el funcionamiento del *sector* en que opera la firma y de aquellas esferas vinculadas con efectos sensibles para la entidad.

Se trata de analizar sus aspectos cuantitativos y cualitativos, incluyendo la dinámica y el ritmo de evolución, estado actual del ciclo de vida (introducción, crecimiento, madurez o declinación), estructura, eslabonamiento de la cadena productiva, segmentación de la demanda, concentración de la oferta, grupos estratégicos, mejores prácticas, *factores claves* o *críticos de éxito*. Voy a proponer mirar el tema desde la óptica y aporte de autores trascendentes, para luego pasar a presentar mi punto de vista. Aclaro que las distintas propuestas giran alrededor de los mismos ejes; las diferencias están en la importancia que se les da a ciertos aspectos.

Diamante Competitivo de Michael Porter

El autor introduce un *análisis de las presiones* que ejercen *proveedores, clientes y competidores,* que presenta en forma de diamante, por la cual se lo reconoce. Para Porter la estructura del sector industrial determina las reglas de juego competitivas y las posibilidades estratégicas.

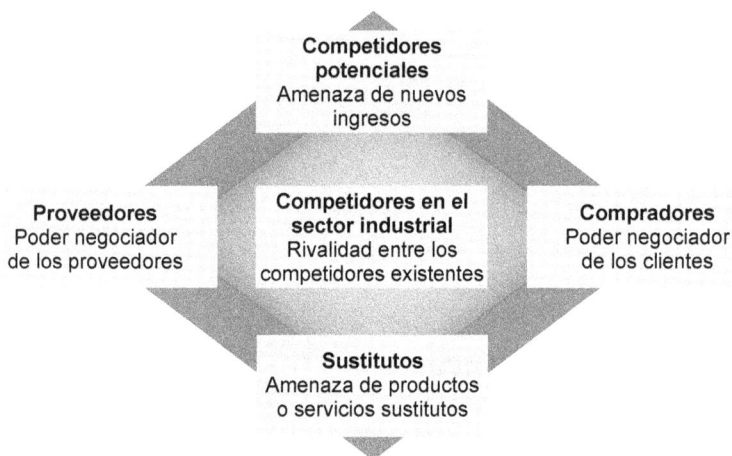

Competidores potenciales
Amenaza de nuevos ingresos

Proveedores
Poder negociador de los proveedores

Competidores en el sector industrial
Rivalidad entre los competidores existentes

Compradores
Poder negociador de los clientes

Sustitutos
Amenaza de productos o servicios sustitutos

Amenazas de entrada. Se trata de analizar la posibilidad que poseen algunas firmas de sortear las barreras de ingreso y convertirse en competencia. Los aspectos comprendidos en este análisis incluyen economía de escala, velocidad de crecimiento del sector, estructuras de precios bajos, fuerte inversión inicial, elevado requerimiento de capitales, complicada diferenciación, especialización o especificación del producto, poder de marca establecido, facilidad o dificultad de acceso a canales de distribución, patentes, grado de accesibilidad a insumos y materias primas estratégicas, posiciones favorables ya instauradas, curva de experiencia, posibles represalias, medidas de gobierno, sistema de subsidios que percibe la competencia, legislación. Se debe considerar además qué les sucedió a anteriores ingresantes, los recursos con que cuentan las empresas establecidas y que pueden usarse como escudos defensivos (por ejemplo, acciones disuasivas, relaciones y compromisos políticos, *lobby*).

Cómo es la competencia. Hay que considerar si la firma compite con muchas o pocas empresas, si hay algún líder establecido, cuál es la posición relativa en el mercado, cómo se han ocupado los espacios, cómo ven a la firma los clientes, proveedores y competidores, cómo actúan los adversarios, qué estrategias explícitas poseen, si tratan de lograr supremacías a través de políticas de costos o de diferenciación, y si la competencia se establece con otros proveedores locales o con firmas extranjeras.

Cómo son los compradores. Se necesita saber si la empresa tiene concentrados o atomizados a sus compradores, si los clientes tienen mayor, igual o menor poder de negociación que la empresa. También es importante percatarse del grado de importancia de la firma en el funcionamiento, necesidad o satisfacción de los compradores y el costo que tendrían si reemplazaran la provisión. Naturalmente, para realizar una valoración es importante analizar si los productos o servicios que ofrece la compañía son estandarizados, especializados o diferenciados. Siempre hay que tener presente que los compradores pueden reemplazar la provisión asumiendo la elaboración de lo que actualmente provee la firma.

Cómo son los proveedores. De la misma manera que consideramos el grado de concentración de los compradores debemos hacerlo con los proveedores, calificar la importancia que tienen para la firma y si se trata de insumos críticos o estratégicos. Hay que reconocer su capacidad y si hay sustitutos que puedan reemplazar la provisión o los proveedores. Como en el caso de los compradores, la potencialidad de la integración debe ser puesta en valor, tanto la posibilidad de la firma a integrarse hacia atrás como que los proveedores lo hagan hacia adelante. En ciertos casos, hay que reconocer también los eslabones anteriores a los abastecedores, porque pueden existir situaciones capaces de afectar a la compañía. Otro aspecto crucial es qué pasa o puede pasar con los precios de los insumos esenciales.

Amenazas de productos sustitutos. Otra amenaza que se debe considerar es si hay productos o servicios diferentes que pueden complacer las mismas necesidades que la empresa está satisfaciendo, y cómo juegan los precios y las prestaciones ante una posibilidad de cambio. Un punto que puede darnos pautas es analizar qué sucede con los productos o servicios operados por la empresa en otros mercados, si se han producido reemplazos, si han aparecido sustitutos o competencias. Las barreras de entrada permitirán medir la potencialidad de que la oferta de la compañía sea reemplazada.

Otras preguntas... ¿Existen otros productos o servicios que puedan combinarse o complementar la oferta de la empresa, facilitando o mejorando el negocio? ¿Cuáles son las tendencias que se proyectan hacia el futuro? ¿La empresa debe temer la aparición de algún imprevisto o suceso que modifique su forma de actuación?

He seguido a Michael Porter desde sus primeros trabajos y –si bien sus posiciones frente a la forma de comportamiento de las empresas en el mercado están en la vereda opuesta de lo que (humildemente) creo– valoro y reconozco sus aportes, aunque yo los utilice de manera heterodoxa.

La visión francesa de la Haute Études Commerciales - HEC (*Strategor*)

Los catedráticos de la HEC toman los siguientes siete indicadores para evaluar la influencia de proveedores y clientes en el sector bajo análisis, considerando las condiciones de acceso a materias primas, tecnologías y mercado: *Grado de concentración del sector, Virtuosismo de la cadena o Calidad definitiva, Diferenciación del producto y grado de sustitución, Coste de cambiar, Costes de integrarse hacia adelante o atrás, Forma en que se distribuye el valor agregado en la cadena de valor, Concentración de los intercambios y su impacto sobre el poder de negociación.*

La mirada de Francisco Lamolla

Paco Lamolla, Profesor de Estrategia de *ESADE Business School*, considera *doce claves*: 1) *Razón de ser*. Concepto del negocio.

Naturaleza y valor para el consumidor. 2) *Delimitación.* Ámbito geográfico, distribución geográfica de la oferta y demanda, importaciones y exportaciones. 3) *Tamaño, crecimiento y ciclo de vida.* 4) *Segmentos de mercado.* 5) *Estructuración de la oferta.* Espacio del mercado cubierto por la firma, líneas de productos, servicios complementarios, capacidad instalada. 6) *Estructura competitiva.* Fuerzas competitivas, barreras de entrada y disuasivas del ingreso, poder negociador de proveedores y clientes, posibilidad de sustitutos en otros sectores, rivalidades internas y barreras de salida. 7) *Estrategia sectorial.* Factores clave de éxito sectorial. Dimensiones y naturaleza de la competencia. Formación y funcionamiento de grupos estratégicos. 8) *Movilidad extra e intrasectorial.* Barreras a la movilidad. Historia y tendencias. 9) *Cadena de valor sectorial.* Actividades que se llevan a cabo; valor y coste de cada una. 10) *Capacidades y recursos clave.* Talento y saber productivo. Recursos físicos y tecnología. 11) *Cambio sectorial.* Tendencias, inductores y conductores del cambio. Velocidad y resistencia. Crisis sectoriales. 12) *Regulaciones y otras características.* Estacionalidad, clima, normativa, convenios aplicables, regulaciones ambientalistas, estímulos gubernamentales (financieros, tributarios), organismos de supervisión.

Cadenas productivas o de valor

Resulta trascendente estudiar cómo operan las cadenas productivas porque –ya lo dije– los que realmente compiten son encadenamientos y no empresas. Hay que identificar cada eslabón y cada enlace asignándoles sus correspondientes costes y agregados de valor, considerando dónde se encuentran las fases críticas y los núcleos de poder del entramado, y, finalmente, cuáles son los inductores de costos (*cost-drivers*)[55]. *Stra-*

---

55. Cooper y Kaplan determinaron que el costo de un producto es inherente a las actividades requeridas para su manufactura y comercialización (Sistema de Costeo Basado en Actividad o ABC - *Activity Based Costing*).

tegor aconseja estudiar las tres dimensiones que tienen las cadenas: a) *Operaciones técnicas,* que van desde la materia prima hasta el producto final adquirido por el consumidor; b) *Relaciones económicas,* que incluyen las transacciones comerciales entre empresas; y c) *Jerarquías,* ya que hay organizaciones que tienen más o menos categoría para coordinar las operaciones técnicas y las transacciones comerciales.

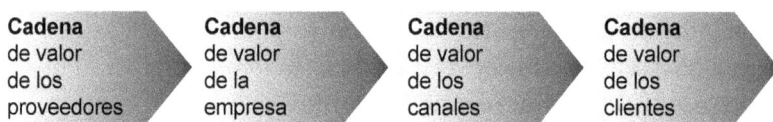

Cadena de valor de los proveedores **Cadena** de valor de la empresa **Cadena** de valor de los canales **Cadena** de valor de los clientes

Análisis del comportamiento de los grupos estratégicos

En el mercado, los actores siguen comportamientos disímiles, que van desde la adopción de barreras defensivas para prevenir agresiones hasta el armado de políticas que intentan explotar al máximo la dinámica competitiva, con el objeto de mejorar su posicionamiento. El tema es analizado por *Strategor*: subraya que en cada sector hay empresas que tienen diferencias de rendimiento, tamaño, cuotas de mercado y trayectorias estratégicas divergentes. Para conocer la competencia intrasectorial hay que considerar la presencia de diferentes elecciones coherentes sobre una serie de fundamentos.

Los *grupos estratégicos* están constituidos por empresas que han hecho opciones idénticas o similares. Los elementos objetivos que consideran son: *Grado de especialización, Imagen de marca, Política de precios, Modo de distribución, Servicios complementarios, Calidad percibida del producto, Tipo de política comercial, Grado de integración vertical, Dominio de la tecnología, Posición en cuanto a costes, Relaciones con la casa matriz y Relaciones con los poderes públicos.* A partir de un análisis de los grupos estratégicos existentes y los aspectos diferenciales que los sostienen, la firma puede: reforzar su posición en el seno de un grupo; entrar en otro grupo cuya posición sea más favorable, o crear un nuevo conjunto para explotar los espacios vacíos. Henry Mintzberg clasifica a los jugadores estratégicos de la siguiente forma: *Jugadores de nicho, Pioneros, Productores locales, Firmas dominantes, Seguidores, Reconocidas internacionalmente, Firmas globales, Profesionalizadas (consultoras), Ocasionales o puntuales, Diversificados y Conglomerados.*

Prospectiva: un esquema simplificador

El siguiente paso es proyectar el *escenario sectorial* para poder tener noción de cómo impactarán sobre la compañía los cambios que pueden producirse en la esfera en que opera. La metodología es igual a la que fuera presentada anteriormente, solo que en este caso las variables y los actores son más específicos y directamente relacionados con el sector. Pero dado que –como dije en páginas precedentes– resulta imposible que las PyMEs puedan contratar expertos en escenarios alternativos, y porque muchas veces hay decisiones de extrema importancia que no dan tiempo suficiente para un análisis profundo, propongo un atajo cuya aplicación me ha brindado resultados satisfactorios.

La simplificación surge del hecho de que, por lo general, la trayectoria de los sectores productivos puede asimilarse a la evolución de alguna función fundamental de la economía, debido a que hay alguna variable que tiene un impacto decisivo sobre lo que sucede en la esfera de los negocios de la empresa. El primer paso es buscar publicaciones confiables que puedan predecir las trayectorias futuras de los indicadores fundamentales y asegurarnos que la fuente realiza una predicción continua (digamos anualmente). Hay que recurrir a consultoras o revistas especializadas, organismos internacionales, entes gubernamentales o centros de estudios que elaboren estadísticas y también proyecten usualmente el comportamiento futuro de las variables más importantes (*fundamentals*). La siguiente acción será ir hacia atrás en el tiempo, trazar la curva de evolución de nuestro sujeto estratégico y compararla con la marcha de una serie de indicadores que, suponemos, influyen sobre su actividad. Aquellas variables que muestren consistencia podrán ser seleccionadas como fuentes relevantes. Para evitar probar con todos los itinerarios, habitualmente utilizo el sentido común para hacer una composición del negocio y encontrar aquellos que puedan tener mayor afinidad. Me remito al crecimiento de la economía mundial y del país, consumo, nivel de inversión, demanda esperada, inversión pública, precios de los *commodities,* la energía o el petróleo, nivel de tasas de interés relacionado con la inflación, evolución del tipo de cambio real, nivel de ocupación/desempleo, evolución de los precios, salario real, grado de apertura de la economía.

Ubicadas las fuentes de información y los parámetros estadísticos, hay que hacer un seguimiento de las predicciones confiables. Esta evolución prevista nos ayudará a tener una aproximación sobre lo que pasará en el segmento en que opera la firma para, a partir de ahí, hacer previsiones, buscar oportunidades de desarrollo y tomar decisiones al respecto. Esta es simplemente una aproximación que tiene la virtud de acercarnos a lo que previsiblemente ocurrirá, sin perder de vista que pueden aparecer hechos abruptos y fortuitos capaces de provocar transformaciones.

Un detalle adicional: es común que existan actividades que pueden estar más afectadas por la evolución de otro sector que del propio. Si mi actividad es transportar productos agrícolas, la firma deberá mirar las cosechas más que lo que sucede en el gremio del transporte. A veces hay que vigilar más de una esfera: por ejemplo, el fabricante de maquinaria agrícola deberá seguir la evolución de la metalurgia, la interfaz con la informática y la robótica y, como antes, la realidad del campo. Puede existir un insumo esencial o un proveedor de tanto valor estratégico que hace necesario no perderlo de vista.

En suma, mi propuesta es asimilable a los actuales vaticinios que se realizan para especular con los precios de los *commodities* o para operar a término. En el caso de la soja se hace un seguimiento del área sembrada por Brasil, Estados Unidos y Argentina y se conjetura el pronóstico del tiempo, desde la siembra a la recolección, para cada uno de dichos países; también se mantienen alertas sobre la posibilidad de sucesos eventuales que obligarían a un replanteo.

En nuestro caso, propongo a las PyMEs encontrar pistas del futuro que puedan ayudar a esbozar sus políticas y estrategias.

CAPÍTULO 6

ENSAMBLE

Hasta aquí propuse juntar información sobre la empresa, considerando sus virtudes y defectos; también, adquirir una consideración de las circunstancias por las que atravesó y transita; y, a partir de allí, una semblanza del futuro. Toda esa recopilación no es ociosa, pero solo sirve si está integrada en una unidad conceptual homogénea y comprensible, de manera que se convierta en una verdadera fuente de inspiración para la acción. Llega el momento de definir lo que se *puede* y lo que *conviene hacer*; en otras palabras, la forma en que se encarará la *misión* en el camino hacia el sueño (*visión*). Y dada la trascendencia que tiene ese paso para mantener iluminado el camino, se hace forzoso poner esfuerzo, talento, concentración y creatividad. La realidad cotidiana nos anoticia que todos los días desaparecen empresas por equivocar la ruta.

Cómo hacerlo

Las organizaciones están afectadas por el contexto pero, al mismo tiempo, es su actuación y la de otros concurrentes la que lo modela. En los últimos tiempos, las mudanzas se fueron desenvolviendo al ritmo del cambio tecnológico que transformó a la empresa, al funcionamiento del mercado y a los deseos y necesidades de los consumidores. Sobre la base del "Cuestionario de Autodiagnóstico" que integra el

Plan de Empresa del *Programa para Directores Propietarios* con el que desembarcó en Argentina ESADE Business School de Barcelona –cuya dirección compartí con el profesor de Política de Empresas Ignacio Mur–, y con la licencia de completarlo con mi experiencia, presento una forma de consolidar la información para facilitar la toma de decisiones.

No se debe perder de vista el escenario que hemos imaginado, considerando las tendencias globales que se proyectan hacia el futuro y lo que esperamos que acontezca en el rubro o industria en que se desenvuelve la firma, o en otras esferas que tengan impacto relevante sobre su actividad. Se debe atender la evolución histórica de la compañía, los incidentes críticos, positivos y negativos (saltos en las ventas, oferta de nuevos productos, expansión a nuevos mercados, crisis) y las decisiones importantes que marcaron el desarrollo del negocio y llevaron a la empresa a donde está. Hay que prestar atención a los aspectos que constituyen el acervo cultural, así como también la *misión, visión* y *valores* que rigen los actos de la firma, y el interés de los factores de poder que esperan algo de la compañía (*stakeholders*). También se deben considerar la definición del modelo de negocio y los *factores claves de éxito*; la estrategia formal o implícita con la que se sostiene a los clientes; las habilidades, recursos, talentos, y las carencias, debilidades y restricciones detectados; la conformación de la *cadena* y el *sistema de valor* en que participa la firma: lo que sucede antes de la empresa, el proceso interno y lo que sigue después de la comercialización del bien o servicio que se entrega al mercado.

En lo operativo, hay que observar la capacidad operativa y el grado de utilización de la capacidad instalada. Es menester tener en cuenta la productividad relativa, la existencia de cuellos de botella productivos, el nivel tecnológico, el nivel de calidad con que opera la compañía y el uso de normas internacionales. No se debe descuidar la capacidad de hacer frente a los requisitos del mercado (ahora y en el futuro). Es importante monitorear el estado de capacitación del personal y su involucramiento y compromiso. Hay que evaluar también los costes comparados con los de aquellos adversarios que determinan la eficiencia y competitividad con que opera el sector; la intensidad del capital en la industria *bis a bis* con la de la compañía; el plazo de entrega; la relación de la *inversión fija* con respecto a las ventas; el valor agregado por la unidad; el margen de ventas, y la situación financiera.

Con esa conciencia, hay que analizar el tamaño y la tasa de crecimiento del mercado en que se opera, cómo se componen los diferentes segmentos, cuáles son los factores que pueden afectar su desenvolvimiento, el estado del ciclo de vida en que se encuentran los productos o servicios de la empresa, quiénes son los clientes y cuál es el proceso típico con que toman sus decisiones de compra, cuáles son las variables claves en la disposición de adquisición (precio, características del producto, rápida entrega, servicios asociados, etc.). Además, se debe escanear cómo es la estructura de los canales comerciales y de los sistemas de apoyo logístico que facilitan la utilización del producto, así como en manos de quién están y el nivel de efectividad de los servicios de posventa. Otros aspectos a atender son cómo es la competencia y de qué manera nos comparamos con ella; cuál es la participación relativa de la empresa en el mercado; cómo está la firma en términos de tecnología, calidad, precio y servicios con relación a los competidores.

Es esencial: los conductores deben poseer una visión cabal y objetiva para reconocer los negocios aprovechables o anticiparse a aquello que puede poner a la firma en situación crítica, y lo que se puede hacer y lo que no. Naturalmente que este tipo de examen estará sesgado porque, como en todo estudio social, el analista está involucrado directamente con la materia de análisis (Humberto Maturana).

El análisis FODA

A esa mixtura la conocemos como *Matriz FODA*.

He visto análisis FODA lamentables, hechos por profesionales. Hay en los mismos un entendimiento disminuido de la extraordinaria riqueza que posee este bendito instrumento. El FODA no es una declaración enunciativa y estática de *Fortalezas, Oportunidades, Debilidades y Amenazas,* sino una construcción única, creativa y sistémica, una labor compleja e irrepetible, cuyo aprendizaje se consuma por práctica y no por lectura. La peculiaridad del instrumento radica en que, aunque se tenga idéntico objetivo y el escenario sea el mismo (genérico, insustancial), la particularidad la pone la percepción realizada por una empresa real que hace que cobren vida aspectos cualitativos y singulares. La observación estática toma como horizonte la coyuntura; en cambio, la visión dinámica pone en movimiento energías y potencialidades. En consecuencia, el tema de la vitalidad es inherente a la herramienta, porque ayuda a afrontar transformaciones, neutralizar debilidades y desarrollar talentos y capacidades para construir oportunidades. Hacer un FODA es como manejar un automóvil: más que con la razón tiene que ver con lo que tenemos guardado detrás del consciente.

Las *fortalezas* son factores vigorizantes que impulsan la estrategia y abren en el escenario proyectado un campo favorable, aprovechamiento que podemos considerar como *oportunidades*. Las ocasiones propicias deben ser compatibles con las habilidades presentes o con las que puedan surgir a partir de políticas de incorporación de nuevas capacidades y destrezas. Las *oportunidades* marcarán los propósitos estratégicos y las *fortalezas* las fuentes de donde deben emanar las políticas que se implementarán para alcanzarlos.

Por su parte, las *debilidades* son fragilidades intrínsecas y aspectos dañinos que dificultan el funcionamiento de la organización. Constituyen *restricciones* que bloquean o limitan la ambición con la que se eligen los objetivos, y son la puerta por donde entran las *amenazas*. Estas cuestiones negativas requieren de un reconocimiento preciso, para luego proceder a clasificarlas por su nivel de peligrosidad y motivar políticas para atacarlas y reducirlas. Es más, por lo general terminan motorizando más acciones que las propias fortalezas. Antes de hacer fuerza para empujar, hay que mirar si no existe algún freno que impida el desplazamiento (antes de acelerar hay que mirar si no está puesto el freno de mano).

La creación de oportunidades

Hay un factor estratégico virtuoso que los libros pasan por alto: la sabiduría del conductor. No hay fórmulas ni es aconsejable seguir formatos que fueron exitosos en otro contexto, lugar o cultura. El resultado surge de una actuación "a la medida y armoniosamente" que nace del pálpito y la planificación de sucesivas aproximaciones (prueba y error) que está dispuesto a realizar un emprendedor. Veamos algunos ejemplos:

• A un empresario que aconsejé le cancelaron un contrato para cuyo cumplimiento había endeudado su firma, las opciones eran: iniciar un juicio o aceptar calladamente el perjuicio; apostó a ese último camino, afrontando una cuantiosa pérdida. Tiempo después fue convocado para ofrecerle un negocio por un porte superior como compensación por su actitud. Hoy, la empresa tiene más de 1.000 trabajadores con ingresos altísimos y está lanzada a un crecimiento singular. El empresario en cuestión no vio amenazas u oportunidades estáticas, sino que construyó su ocasión.
• Un empresario estaba negociando con el gobierno de un país latinoamericano la venta de equipamiento para

la industria frigorífica; su intuición lo llevó a cambiar el eje de la negociación, ofreciendo entregar plantas completas. El emprendedor construyó su ventaja aprovechando que la Argentina posee una competitividad importante en el sensible menor costo que tienen los aspectos intangibles frente a la competencia europea, además de la predisposición de hacer una transferencia genuina de *know how* y la identidad cultural e idiomática. Para concretar la operación, convocó a un grupo de empresas vinculadas a una asociación de proveedores de la industria alimenticia que preside. En poco tiempo cerró la instalación de seis frigoríficos llave en mano. El joven industrial, posteriormente, armó una empresa de servicios –cuya estrategia ayudé a delinear– que soporta la desventaja de operar en la exportación de equipamiento desde un país que no brinda soporte de financiación de exportaciones a los compradores externos. Sin embargo, contra viento y marea, sigue avanzando en negocios internos y con el exterior, constituyéndose en una alternativa tecnocomercial valiosa.

En ambos casos, la ventaja fue la visión, la perseverancia y la oportunidad, algo que solo aparece en la cabeza de un emprendedor schumpeteriano.

Las *amenazas* pueden nacer de las debilidades propias, del escenario cubierto de factores no controlados o de acciones surgidas de los juegos estratégicos de otros actores privados o públicos. Es más, en un entorno vivaz, los movimientos que están fuera del alcance de la firma pueden dejar obsoletas las habilidades detectadas, aumentando peligrosamente su flojedad estructural. Pero también cuando pensamos en la construcción de una *oportunidad*, será necesario atender bloqueos que deberán ser eliminados por la vía del desarrollo interno de recursos y talentos, la adquisición directa de capacidades existentes afuera de la empresa o por medio de la conformación de alianzas. A diferencia de los occidentales, los orientales –y especialmente a nivel empresario, los japoneses– prestan más atención a los aspectos negativos que a los positivos; esta es la fuente de uno de sus tesoros más importantes: *la mejora continua.* Como vemos, nuevamente, un aspecto inmovilizado se convierte en *energía.*

Por eso, para una aplicación adecuada y efectiva del análisis FODA, es imprescindible superar el pensamiento mecanicista y lineal para incorporar el análisis sistémico, que permita comprender las realidades complejas, relacionar situaciones y cosas, y ayudar a mejorar el poder de indagación, que son las bases de la inventiva y la creatividad.

Las *fortalezas* vinculadas con las *oportunidades* estarán directamente relacionadas con los *objetivos estratégicos,* y las correcciones de *debilidades* para superar las *amenazas* constituyen *subestrategias* o *hitos* por los que la empresa deberá pasar en el camino a su objetivo. El instrumento brinda el marco para tomar decisiones, fijar el rumbo y las metas cuantitativas y cualitativas.

Segunda fase
TOMA DE DECISIONES

Convencernos que somos capaces,
que tenemos pasta y nos sobra la clase.
Decidirnos en nuestro terreno
y tirarnos a más, nunca a menos.

Convencernos, no ser descreídos
que vence y convence el que está convencido.
No sentir por lo propio un falso pudor,
aprender de lo nuestro el sabor.

Y ser, al menos una vez, nosotros,
sin ese tinte de un color de otros.
Recuperar la identidad,
plantarnos en los pies
crecer hasta lograr la madurez.
Y ser, al menos una vez, nosotros,
tan nosotros, bien nosotros, como debe ser...

Convencernos un día de veras
que todo lo bueno no viene de afuera.
Que tenemos estilo y un modo,
que hace falta jugarlo con todo.

Convencernos, con fuerza y coraje
que es tiempo y es hora de usar nuestro traje.
Ser nosotros por siempre, y a fuerza de ser
convencernos y así convencer.

Y ser, al menos una vez, nosotros,
sin ese tinte de un color de otros.

Recuperar la identidad,
plantarnos en los pies
crecer hasta lograr la madurez.
Y ser, al menos una vez, nosotros,
tan nosotros, bien nosotros, como debe ser...

Queremos ser, alguna vez,
en el después nosotros.
Y vos también, y vos también,
y vos también venite con nosotros.
La realidad es, en verdad,
tratar de ser nosotros.
Y vos también, y vos también,
y vos también quedate con nosotros.
¡No con otros, con nosotros, como debe ser!

Eladia Blázquez y Chico Novarro,
"Convencernos"

CAPÍTULO 7

ALTERNATIVAS

Como señalé, la estrategia es un ejercicio de: a) *análisis y reflexión*, b) *toma de decisiones*, c) *ejecución*, d) *control y monitoreo*. El *análisis y reflexión* requiere de talento para trabajar en terrenos abstractos; la *ejecución, el monitoreo y ajuste* demanda destrezas operativas; y la *toma de decisiones* requiere *intuición y audacia*.

Se precisa valentía para pararse frente a diversas alternativas y escoger una. Cuando se elije una opción se están desechando otras, pero nunca podremos comprobar que valoramos correctamente todas las probabilidades existentes y seleccionamos la mejor. Las disyuntivas despreciadas probablemente posean aspectos valiosos y la que preferimos, algunas lagunas negativas, pero de eso se trata el juego. También es posible que se nos escape alguna consideración y que la alternativa obviada fuera la que mejor resultado habría obtenido; pero eso nunca lo sabremos y, por lo tanto, las cavilaciones posteriores son vacías y peligrosas, porque pueden provocar costosas demoras y estrés. En el mundo de los negocios, tomada la decisión no hay espacio para los lamentos. Un hecho familiar me llevó a conocer cómo los psicólogos poscrisis operan para evitar las secuelas negativas de un *shock*. A un grupo de sobrevivientes de un atentado se les leyó la cartilla de los terroristas donde se planteaba como final del acto la inmolación con todos los rehenes; ante tamaño desenlace quedan nimios los reproches o remordimientos y se evita que el cerebro se enloquezca traqueteando tras preguntas que nunca serán respondidas. Vale esto para nuestro *metiere*: las decisiones son la única alternativa que queda despúes de una elección. Una vez tomada la decisión no hay que elucubrar con lo que podría haber sido si nos hubiéramos adentrado por otra vía. Recuerde que es menos costoso hacer mal las cosas correctas que hacer bien las equivocadas.

Las alternativas estratégicas y la toma de decisiones

El instante nuclear en la formulación de la *estrategia* es el momento en que se toman las decisiones, quehacer que sigue el camino del gráfico siguiente:

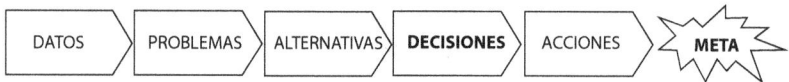

DATOS > PROBLEMAS > ALTERNATIVAS > **DECISIONES** > ACCIONES > **META**

Teniendo en cuenta la simbiosis *empresa-escenario proyectado*, se debe escoger el destino a alcanzar, el camino a seguir y las acciones a ejecutar. Las políticas y los programas constituyen *decisiones estratégicas* que establecen una secuencia de operaciones oportunas para alcanzar los propósitos. La columna vertebral de las providencias empresariales se construye al definir lo que se ofrece al mercado, asignar al colectivo de trabajadores las labores para su elaboración y administrar eficientemente los recursos. Unas disposiciones están vinculadas a establecer el rumbo general de la compañía (estratégicas) y otras, a resolver conflictos que aparecen de manera coyuntural (operativas).

Las medidas que se adopten deben ir a la raíz de los problemas y aprovechar exhaustivamente las virtudes. Decididas las acciones, hay que poner todo el tesón para alcanzar los propósitos, manteniendo la flexibilidad y maniobrabilidad, porque las amenazas y oportunidades son dinámicas y cambiantes. Es habitual que se presenten hechos que transforman fuertemente la realidad, de manera que lo que era correcto en un momento se convierte en una decisión riesgosa, o que pequeñas mudanzas tengan un impacto potente. Por eso las prácticas que se adopten deberán evitar la rigidez que ate a la entidad a un camino irreversible de destino desafortunado.

Si las resoluciones son apresuradas o poco meditadas, la práctica derivada será improvisada, el camino equivocado y los resultados inciertos; por eso debe asumirse que las providencias se deben tomar racional y coherentemente, de acuerdo con criterios y principios prácticos. La estrategia debe ser coherente (*criterio de coherencia*) con el análisis estratégico realizado, con el ciclo de vida del producto o servicio que se ofrece, con el lugar que ocupa la firma en la cadena de valor, y debe ser adecuada a lo que esperamos para el futuro. La alternativa elegida debe tener lógica, ser factible de ejecutarse (*criterio de factibilidad*) y poder ser aceptada (*criterio de aceptabilidad*) por los *stakeholders* y especialmente por quienes deben llevarla a la práctica (Marcel Planellas).

Las decisiones constituyen respuestas a los interrogantes que aparecen en el horizonte, por ejemplo: ¿qué hace la empresa con los productos que tiene? ¿Debe conservarlos, eliminarlos, modificarlos, agregarles algún atributo que les dé particularidad o los haga más interesantes para los compradores? ¿Se deben desarrollar nuevos productos? ¿Debe la empresa diversificarse? ¿Debe considerar la penetración en el mercado? ¿Debe desarrollar nuevos mercados? ¿Debe integrarse hacia atrás, hacia adelante, horizontalmente? En respuesta a todas estas preguntas aparecerán, según las características del sujeto y la particularidad de sus conductores, una diversidad de alternativas. *La dirección de la empresa, tomando en cuenta los pro y los contra, las opiniones diversas y también la intuición, deberá decidirse por alguna.*

¿Está la empresa en el negocio correcto?

Una primera conclusión que se extrae de la recopilación de información procesada con sentido estratégico es si la empresa se encuentra realmente en un negocio adecuado para su capacidad o debe reinventarse de alguna manera

Para alcanzar el éxito, personas, empresas y países deben dedicarse a las cosas que pueden hacer mejor y que otros necesitan (demanda). Hay que hacer foco en las cualidades y en las necesidades insatisfechas. Sostengo una *regla de oro*: las mejores oportunidades se encuentran en la intersección de los círculos que contienen las *ventajas competitivas actuales o potenciales* y la *demanda* respaldada por poder de compra. ¿Alguna vez el lector se detuvo a analizar si sus actos (individuales o colectivos) están dentro del solapamiento de capacidad y demanda? Si no lo hizo, es importante que le dedique unos minutos; tal vez encuentre que usted o su empresa no aplican sus esfuerzos a hacer lo adecuado y deba replantear su destino. Y no se trata de verificar si lo que se realiza supera otras propuestas, sino indagar la posibilidad de realizar actos que permitan a la firma satisfacer de manera más plena las necesidades del colectivo que atiende. Un aspecto crucial que debe quedar expuesto por el proceso de reflexión estratégica es descubrir la potencialidad de la firma y transformar las posibilidades en realidades por la vía del aprendizaje y la aplicación de recursos.

Lo que la empresa puede hacer bien

Lo que la gente está dispuesta a adquirir. Demanda insatisfecha

FOCO DEL NEGOCIO

Por otra parte, no hay que analizar el negocio como una foto; la realidad es dinámica y cambiante. Hasta una actividad excepcionalmente favorecida puede transformarse con el tiempo en el camino a la ruina, y algo no evidente convertirse en una oportunidad de enorme potencial. Hace algunos años, un contador y un agrónomo se asociaron para encarar un emprendimiento. Estudiaron el negocio del zapallo, analizaron costos, estudiaron los precios de venta históricos y vieron que la rentabilidad era altísima. Consecuentemente, alquilaron un campo cerca de Ezeiza y llevaron su producido al Mercado Central. Al tercer cargamento, el precio del zapallo se desplomó por debajo de los costos. Los noveles emprendedores no tomaron en cuenta el impacto de su propia oferta sobre el mercado.

Una definición trascendente

La toma de decisiones inicia con las respuestas a las siguientes preguntas: ¿se sigue adelante o se cierra la empresa? ¿Se conserva la posición actual o es posible escalar? De donde surgen tres respuestas estratégicas: a) *abandonar el negocio*, b) *conservarlo*, resguardando a la empresa, dándole continuidad y consolidándola, y c) *hacerla crecer*, a partir de mejorar el posicionamiento en los mercados dc los productos o servicios históricos, aumentando el portafolio de la oferta, buscando penetrar en nuevos mercados, incrementar la focalización o, su inversa, diversificar la oferta.

Fijación de objetivos y metas

Hay propósitos que se mantienen constantes, por ejemplo: el sostenimiento del sueño del fundador (*visión*), la supervivencia a largo plazo o la optimización del flujo de ingresos (mayor eficiencia y menores costos posibles). Luego deben establecerse los objetivos de la etapa, que personalmente extraigo del dibujo previo de un escenario ideal, posible y deseable (y pleno).

Las metas son propósitos expresados en números. La cuantificación permite entender mejor la estrategia, facilita el monitoreo, el control y el registro de la efectividad relativa de las acciones, y ayuda a la reformulación en caso que se constaten desvíos o cambios, ocurridos por los actos de quienes intervienen sobre el contexto. Es importante que, para lograr *efectividades conducentes* (brillante combinación de palabras basada en el concepto yrigoyenista de asumir la política como *un pensamiento conducente al bienestar*), las personas y las organizaciones se impongan metas que expresen sus deseos y señalen adónde dirigirse. *Los objetivos corporativos deben ser coherentes con la* misión, visión *y* valores, *y surgir del reconocimiento de las oportunidades y amenazas avizoradas en el escenario futuro, en función de capacidades, recursos, y carencias.*

La *visión* es difusa, dado que tiene carácter genérico y constituye una construcción ideal. Se trata de una imagen de lo que la organización quiere ser, un sueño que expresa el intento de materialización del cambio. Transporta a la organización desde el *cómo es* al *cómo se espera que sea*, otorgando al trabajo la significación necesaria para motivar el esfuerzo y la acción. Pero para lograr operatividad, los objetivos tendrán que expresar de manera nítida las intenciones conscientes de quienes conducen la entidad, a través de metas que deberán ser conocidas por todos. A la vez, los objetivos deben scr congruentes con las posibilidades reales de la organización y las eventualidades del entorno. *Los propósitos de las organizaciones están orientados por cuatro factores: la intencionalidad de la conducción, las expectativas de los* stakeholders, *los valores y la cultura empresarial* (Johnson y Scholes). Por eso, desde el mismo momento de la fundación y en cada etapa de su vida, la *misión* y la *visión* de la compañía subyacen en los objetivos. Las metas son la materialización de la *visión*; la transformación de la fantasía en intenciones claras y definidas –por lo tanto, tangibles–. A la vez deben ser aglutinantes para concentrar los esfuerzos, fáciles de transmitir para poder ser comprendidas y factibles de ser compartidas. En consecuencia, la estrategia debe ser cuantificada. Solo de esa forma se puede hacer un seguimiento, verificar los desvíos derivados de errores estratégicos o por cambios que se producen en el trayecto. Si se establece claramente el propósito o deseo y se lo cuantifica, será más fácil dirigirnos hacia allí y establecer el control de las acciones planificadas y ejecutadas. Schiemann y Lingle demostraron en una sagaz investigación que el desempeño mejora cuando se establecen objetivos mensurables y se los actualiza periódicamente para mantener su vigencia. Las metas visibles aclaran el juego; de esa forma los empleados pueden comprender lo que están autorizados a ejecutar y hacerse responsables de sus decisiones, lo que alentará su creatividad, les permitirá considerar a la empresa desde una perspectiva más integrada y evaluar consecuentemente las acciones individuales.

Los objetivos deben estar establecidos a través de indicadores de desempeño cuantificables y tiempos determinados con precisión. También deben estar debidamente definidas la orientación conveniente, la coacción para alcanzarlos y la facilitación de los medios y recursos; no sirven las imprecisiones, los alientos vacíos ni las buenas intenciones. Si se vigila de cerca la actuación ("Todo hombre es bueno, y si se lo vigila es mejor", decía Perón) y se la compara con la intención, aparecerán diáfanas las desviaciones y se podrán realizar los ajustes necesarios para mejorar. Por eso es de suma importancia la mensura.

Los anhelos pueden ser estratégicos o financieros (presupuestarios). Los primeros tienen que ver con la *visión* y expresan las intenciones de mediano o largo plazo, mientras que los segundos están determinados sobre criterios tangibles, como el crecimiento de los ingresos o de los dividendos, la mejora del flujo de fondos o la búsqueda de estabilidad en los ingresos.

Podemos clasificar las metas estratégicas en:

- **Cuantitativas.** Tienen que ver con alguna referencia de volumen (por ejemplo: monto de ventas, porcentaje de participación en el mercado, monto de colocaciones o reducciones de costos).
- **Cualitativas.** Se refieren a aspectos de calidad, como satisfacción del cliente, motivación del personal, líneas de productos atractivos, buena reputación, superiores servicios al cliente, reconocimiento como líder tecnológico, cobertura del mercado... Muchos propósitos cualitativos pueden ser *cuantificados* si se encuentra un indicador apropiado.
- **De desarrollo.** Son las que establecen el progreso y la escalada institucional. Satisfacen simultáneamente aspectos que tienen que ver con la *mente* (cultura de la organización) y el *cuerpo* (estructura), e incluyen a todo el personal de la firma. En otras palabras, se refieren a un nivel de estatus corporativo que combina aspectos económicos, cuantitativos y cualitativos, y asumen la presencia de un objetivo de permanencia o perdurabilidad.

Las firmas no se atienen a un único objetivo. Lo habitual es que tengan propósitos múltiples, pues son estimuladas por diferentes deseos que establecen concatenaciones. Además de los propósitos integrales se fijan designios parciales o ligados a algún área específica de la entidad. En consecuencia, se mezclan fines trascendentes, objetivos crematísticos e hitos secundarios, complementarios, parciales o temporales. Por ejemplo, para lograr incrementar la renta puede servir aumentar las ventas o disminuir los costos, y para ello hay que hacer ciertas acciones que constituyen sub-objetivos: para escalar en ventas se podrá ofrecer productos *premium,* desarrollar nuevos productos, aumentar los puntos de venta, exportar… En cuanto a los costos, servirá mejorar la productividad, incorporar maquinarias o tecnologías facilitadoras, acrecentar la capacidad de negociación para la compra de insumos, etcétera.

Aunque los fines institucionales de largo plazo difícilmente cambien (sostenibilidad, rentabilidad, productividad, servicio a la comunidad), es posible que, cuando se ha recorrido cierto camino y acumulado experiencia, o ante mutaciones importantes del escenario, se produzcan alteraciones que pueden obligar a cambiar la trayectoria, realizar replanteos o introducir ajustes de objetivos. El conductor debe tener claridad mental y comunicación efectiva para que el destino sea visibilizado por sus seguidores. Claridad y comunicación permitirán avanzar más rápido, evitar el desperdicio de esfuerzos y recursos, y mejorar los resultados. Estas conclusiones están planteadas en la "Teoría de las Metas". Aquellos que viven inmersos en un laberinto derrocharán posibilidades, porque no lograrán hacerse entender por los trabajadores, les transferirán dudas y los enloquecerán con sus idas y vueltas. Para trazar una trayectoria estratégica hay que empezar por interpretar el punto de partida y precisar adónde se quiere llegar. Con estas dos marcas en el plano se facilitará el delineamiento del rumbo. La reflexión planificadora deberá establecer el cómo, o sea, las acciones que es necesario desplegar para llegar a destino. En el mismo sentido funciona el "Análisis del Gap" desarrollado por el Instituto de Investigaciones de la Universidad de Stanford del Estado de California, que consiste en, desde el punto de partida, establecer como mira un objetivo deseado y considerar la brecha con el fin de decidir cómo se unirán los puntos.

Las metas deben estar siempre más allá de lo fácilmente alcanzable. De esa manera se podrá mover la frontera de lo posible y se logrará avanzar hacia un plano superior (Schumpeter). Hay que tener cuidado en no fijar la meta tan alta que resulte inalcanzable. Si se establece un imposible, se perderá credibilidad y convocatoria. Las empresas, que no son una institución benéfica, no pueden malgastar esfuerzos en quimeras disparatadas, ni tiempo en buscar las razones por las que se ha fracasado. Tampoco hay que establecer propósitos nimios, porque llaman a la haraganería, no conducen a logros valorables ni engendran motivación. Una meta ambiciosa pero realista anima al grupo, es el símbolo de reconocimiento a su capacidad (valoración que provoca autovaloración), activa la participación, genera adrenalina, saca afuera el amor propio y potencia la acción. Aunque no se llegue a superar, la colocación elevada de la vara permitiría logros superiores a los que se obtendrían poniéndola en un nivel fácilmente alcanzable. Diversas experiencias me han permitido verificar lo que digo; el caso más notable fue al planificar la operatoria del Banco Ciudad de Buenos Aires, donde los gerentes y el personal *se tiraban a menos* para evitar el trance de incumplimiento, pero al ponerles varas altas terminaban asumiendo un caudal de trabajo y convicción no perceptible *a priori*. Los proyectos deben ser posibles, quedando en ese sutil equilibrio entre lo importante y la fantasía. Salvador García me ayudó a adoptar el término renacentista "eutopía", acuñado por Tomás Moro y compuesto por dos palabras griegas: *eu*, que significa feliz, bueno, adecuado y *topos*, que expresa lugar. Uno de mis primeros consejos a los empresarios es que sueñen, que piensen en un lugar feliz para dirigise hacia allí, pero el destino debe ser creíble, asequible y valedero, para que el personal lo conozca, acepte y comparta. *Me gusta definirme como un facilitador de la construcción de sueños.*

En la *Administración por Instrucción* (ApI) se establece lo que las personas deben hacer para alcanzar un objetivo; la

Dirección por Programa (DpP) incluye la descripción de cómo se llega a la meta; la *Administración por Objetivos* (ApO), ateniéndose a la responsabilidad y capacidad del personal, establece un propósito para orientar el trabajo sin indicar la forma. La *Dirección Estratégica*, en tanto, agrega la ayuda para encontrar el camino hacia la meta.

Estimación de los requerimientos y consideración de las adversidades

Habiendo determinado la meta, se debe meditar sobre los recursos y la estructura organizativa necesarios para alcanzarla. Se trata de establecer los talentos (capacidades humanas) y acervos (equipamiento, capital de trabajo, tecnología, infraestructura, etc.) que requerirá el emprendimiento. No es raro reconocer que los propósitos, factibles y atractivos, se encuentren alejados de las posibilidades de la organización actual. A veces, algo realizable no puede ser alcanzado porque faltan recursos o talentos, o porque éstos se encuentran mal aplicados. Por eso es preciso inventariar las capacidades y recursos que requerirá el plan. Luego hay que verificar si en la compañía no están presentes las personas idóneas para encarar el proyecto; a veces se encuentran en una fase potencial y será necesario desarrollarlos. De la misma forma, hay que verificar la existencia de los recursos físicos imprescindibles; también en este caso hay que observar si no están mal utilizados. Si es así, la acción se facilita; de lo contrario habrá que encontrar la forma de tomarlos de afuera, incluyendo la posibilidad de compartir personas o recursos con empresas colegas e incluso competidoras. Una cosa que siempre me admiró es el desconocimiento de los empresarios sobre los paquetes de apoyo gubernamental a las PyMEs que tienen a disposición; mi conclusión es que muchos corren en círculo, no levantan la vista y pierden lo esencial.

Hasta aquí observamos los impedimentos originados en la propia empresa, pero hay otro tipo de obstáculos que son más difíciles de dominar: son las dificultades derivadas del entorno exterior, incluyendo la forma en que se manifiesta la competencia. Son muchos los actores privados y públicos que transforman el entorno, concibiendo desafíos y dilemas que la firma deberá enfrentar. Por ello el razonamiento estratégico es esencialmente dinámico.

La introducción, a posteriori, *de las carencias y dificultades que la empresa tiene que sortear para alcanzar un logro, brindará claridad sobre las decisiones que deben ser tomadas.* La mayor parte del planeamiento estratégico está ligado a definir cursos de acción para vencer los obstáculos y conseguir faltantes. El análisis a conciencia de los problemas a enfrentar en el camino hacia la consecución de propósitos es una parte importante de la formulación de la estrategia.

Puntos a considerar

Cada actividad tiene sus peculiaridades, y los actores económicos también. Si aceptamos la diversidad, deberemos encontrar consonancia entre las capacidades, los fines que se proyectan y las acciones que se pretende realizar; lo que obliga a reconocer que en toda actividad hay un punto óptimo desde el cual, hacia adelante o hacia atrás (más o menos volumen), se comienza a perder efectividad. Es trascendente para toda empresa tomar conciencia del volumen operativo óptimo, la *economía de escala* (EE). En consecuencia, o se pone a la firma cerca de ese punto o estará en riesgo su supervivencia. También conocemos que los gastos de comercialización impactan fuertemente en el precio final del producto o servicio brindado, y que también tienen su margen óptimo: *economía de alcance* (EA). Ambos aspectos privilegian el volumen y están vinculados, porque resultará más fácil llegar a optimizar el *alcance* si la unidad económica parte de una *escala* adecuada. En ambos casos, la empresa debe compensar los mayores costos con una oferta cualitativamente superior. Y en la supuesta "aldea global" el volumen de comercialización requerido para amortizar las erogaciones tecnológicas puede llegar a superar la escala óptima; lo que obligó a las corporaciones a tomar como mercado el mundo (globalización), regando plantas de volumen apropiado sobre el planeta.

Las *economías* de *escala, alcance, extensión* o *diversificación combinada,* derivadas de la globalización contemporánea, están vinculadas a volúmenes exuberantes, lo que menoscabaría *a priori* las posibilidades de sobrevivencia de las pequeñas unidades económicas. Pero la modernidad no cambió el hecho de que la especie empresarial más difundida sigue siendo la PyME. Eso es porque gran parte de las actividades productivas son mejor ejecutadas por entes de dimensiones reducidas. En consecuencia, a nivel de elaboración hay un amplio mundo alejado de las altas exigencias de volumen. Pero la cosa se complica con la *economía de alcance.* Aunque el menudeo acepte la presencia de establecimientos diminutos, especializados y con atención personalizada, el impacto de los costos fijos de la distribución física (transporte y logística) obliga a contemplar la necesidad de alcanzar grandes portes o exponerse a perecer.

Cuando analicé la industria quesera me encontré con productos en calidad y precio equivalentes o mejores a los de las grandes corporaciones, pero el negocio estaba en los límites de la supervivencia por la *deseconomía* de comercializar pequeños volúmenes. Esta es una cuestión que habitualmente ignoran los "entusiastas" empresarios y también las entidades públicas y ONG que, aunque bien intencionados, fomentan el emprendedurismo social centrando el esfuerzo en la producción, pero cometen la estupidez de olvidarse de lo comercial. Creo imprescindible que las PyMEs adopten decisiones para lograr niveles adecuados de *economía de alcance*, para acercarse a la frontera tecnológica e incorporar las mejores prácticas. Más adelante llevaré esta exhortación al nivel de políticas; por ahora, tomemos conciencia de que lo importante es ubicarnos estratégicamente en los lugares que requieren capacidades adecuadas a las posibilidades de la compañía, y evitar las actividades que requieren volúmenes o llegada al mercado imposibles de alcanzar.

Estrategias genéricas

Habitualmente se utiliza el término *estrategia* para señalar la etapa en que se toman las decisiones empresariales de carácter político. Pero –recordemos– el proceso se inició con el análisis de la empresa y su entorno, el establecimiento de metas, el análisis de los inconvenientes para alcanzarlas y los factores que ayudan o comprometen el cometido. Recién después de esas actualizaciones uno se podrá abocar a elegir cómo se logrará alcanzar el estado anhelado.

Se han tipificado las "estrategias", pero siempre encontré un cierto vacío en su aplicación a la realidad PyME. Voy a presentar el punto de vista de Porter, por ser el más interesante, y luego lo completaré con mi propia experiencia. El profesor de la Escuela de Economía de Harvard propone, para asegurar una ventaja competitiva duradera, dos estrategias básicas que se combinan con dos formas de aproximación a la demanda:

- **Liderazgo en costo.** Superar a la competencia en precios, haciendo foco en la productividad y el control de gastos.
- **Diferenciación.** Ofrecer productos distintos, innovadores, que no pueden ser fácil y rápidamente imitados.

El posicionamiento puede ser:

- **Amplio.** Orientado a una demanda extendida.
- **Enfocado.** Dedicarse a un segmento especial del mercado.

De entrecruzar estas variables, derivan cuatro posiciones básicas:

Posicionamiento amplio Producto de bajo costo	Posicionamiento amplio Producto diferenciado
Focalización Producto de bajo costo	Focalización Producto diferenciado

Naturalmente que las empresas grandes buscarán descargar volúmenes de mercancías o servicios sobre mercados ampliados y estandarizados, mientras que las compañías pequeñas no tienen otra alternativa que atender pequeños ámbitos geográficos o pliegues de mercado. El segundo factor refiere a cómo se buscará superar a la competencia; si se hará a través de estrategias relacionadas con bajos precios o se tratará de seducir a la demanda con productos o servicios originales, especiales, diferenciadores.

No voy a detenerme en las estrategias que buscan un posicionamiento amplio sino que, en consonancia con las pequeñas organizaciones, me abocaré a las prácticas de segmentación y diferenciación. Pero, con independencia de que se adopten orientaciones hacia mercados extendidos o focalizados, o que la oferta sea estandarizada o diferenciada, *siempre se debe seguir una política de contención de costos*. Es conveniente alcanzar una elevada eficiencia de la mano de obra, comprimir al máximo la aplicación de recursos físicos y reducir (o eliminar) todo desperdicio o aspecto que no agregue valor. En el caso PyME no significa competir por costos, sino restringirlos al máximo de lo posible.

Veamos las formas en que se puede aplicar una *política de bajos costos.*

- **Efecto experiencia.** Es lógico que el coste unitario del producto, a precio constante, decrezca al acumularse experiencia productiva. La representación gráfica de dicho efecto toma la forma de una curva con pendiente descendiente. Pero esta provisión no es automática; será necesario incentivar el perfeccionamiento, concientizar la práctica de la mejora continua, capitalizar las experiencias, escribir un manual para evitar olvidos y orientar a los aprendices. Además, el *efecto experiencia* es una barrera de ingreso eficaz.
- **Efecto tamaño.** Ya fue visto que hay un punto en que los costes unitarios se hacen mínimos y que normalmente corresponden a series largas, si bien señalé que las PyMEs debían buscar actividades de baja escala. No hay que perder de vista la necesidad de avanzar hacia el punto donde se producen ahorros en las compras y se amortizan mejor los gastos fijos (especialmente, es necesario optimizar la amortización de los gastos de distribución física: comercialización, transporte y logística).
- **Ocupación plena.** Máxima utilización de la capacidad instalada (plena, varios turnos).
- **Innovaciones tecnológicas.** Uso de tecnologías duras o blandas que reduzcan costos.
- **Involucramiento.** Compromiso del personal con la productividad.
- **Subcontratación y "outsourcing".**
- **Localización adecuada.** Vinculada con el buen acceso a insumos, al mercado, o a lograr condiciones propicias de producción (por ejemplo, integrarse a un *cluster*).
- **Capacidad de negociación.**
- **Aprovechamiento de los sistemas institucionales de estímulo a la producción.**

Para adecuar los trabajos genéricos elaborados por los gurús de la estrategia a los requerimientos de las PyMEs, y asumiendo que *la PyME no es una entidad en etapa infantil ni una réplica enana de una gran empresa*, voy a presentar tres estrategias básicas destinadas a empresas sentenciadas a mantener un bajo volumen operativo, a compañías que tienen un horizonte de crecimiento, y a aquellas que para subsistir o crecer requieren establecer relaciones asociativas con firmas de similar tamaño o afinada complementariedad. *Para ello voy a utilizar una parábola biológica, porque considero que las estrategias son formas de cultivar y cuidar empresas.*

CAPÍTULO 8

ESTRATEGIA BONSÁI

Un bonsái es un árbol al que se lo mantiene pequeño a través de podas y cortes de raíces, y se lo modela de forma artística. Normalmente, estas miniaturas tienen un precio muy superior al de la misma especie en tamaño normal. Además es muy decorativo, y tiene la ventaja de que se lo puede mantener en lugares reducidos. Se dice que quien pueda mantener una naturaleza, por ejemplo un árbol (*sai*), en una bandeja (*bon*) tiene la eternidad asegurada. Me alienta este proverbio, y si lo bajamos al centro de atención de este libro podríamos decir que *quien puede mantener una empresa pequeña y que sea motivo de orgullo y digna de ser admirada tiene comprada la felicidad*[56].

La ventaja de mantenerse pequeños

En la *Estrategia Bonsái* está incorporada la ventaja de ser pequeño y una orientación que no busca el crecimiento sino el desarrollo armónico de sus aspectos más valiosos. Esta idea choca con la creencia de que las empresas nacen para crecer y morir de viejas, y también con el entusiasmo de

---

56. Conocí la relación metafórica PyME-bonsái a través del libro *Se il piccolo non cresce*, aunque mi trabajo no va en la misma línea. Su autor es un célebre economista de la Universitá Bocconi di Milano, Fabrizio Onida, a quien –en el año 1986– tuve el placer de invitar a la Argentina para que dictase una serie de conferencias organizadas por el Instituto Nazionale per il Commercio Estero de Italia y el Banco Ciudad de Buenos Aires.

generalizar los casos de quienes iniciaron un emprendimiento en un galpón o una oficina diminuta para terminar siendo una corporación enorme y exitosa.

La realidad muestra que una mínima parte del mundo empresarial, entre el 0,1 y el 0,5% del total en la mayoría de los países, está integrada por sociedades que podemos clasificar como grandes empresas. Más del 90% del mercado lo constituyen empresas de tamaño micro, mientras que alrededor del 7% son pequeñas, y las medianas oscilan en alrededor del 1%. A pesar de ello, el mundo intelectual dedicado a la disciplina económica ha desatendido históricamente a las sociedades menores.

La diversidad hace grande el desafío. Como primer consejo hago un llamado a empresarios y emprendedores a mantener a sus PyMEs pequeñas y hermosas. A los que están ocupando los espacios logrados con dignidad y a los que sienten el llamado, les recomiendo ir a la búsqueda de esferas minúsculas e inexploradas donde desarrollarse. Es que *no se trata de ser grande, ni mucho menos el mejor; solo hay que ser bueno para satisfacer adecuadamente las necesidades de la comunidad.* Con recursos y capacidades limitadas no se puede ser el mejor en todo o para todos, pero sí ser el mejor en algo o para algunos.

Hay ciertas porciones de mercado que no son siquiera un aperitivo para las grandes firmas, pero llenan los estómagos chicos. En esos pequeños bolsones de demanda, una PyME podrá sacar frutos y encontrar un espacio en que evitará competir con los grandes –y gozará de cierta protección–. Además, las firmas de reducido porte se caracterizan por su capacidad para amoldarse a los escenarios cambiantes, situación que resulta gravosa para las corporaciones. Así, los rubros que tienen que ver con la moda y los cambios son cotos de caza predestinados a ser ocupados por pequeñas firmas. Por eso es importante que las PyMEs hagan foco en demandas volubles y cambiantes.

Por qué mantenerse pequeño

La necesidad que puede tener una empresa de cristalizarse puede derivar de factores diversos: *Operativos:* el negocio se maneja mejor desde una estructura menuda y que no es adecuada para firmas de grandes dimensiones. *Personales:* los propietarios no tienen interés en sufrir el estrés de la gran competencia o pueden no querer trascender su propia comarca. *Financieros:* la firma no cuenta con recursos para encarar un proyecto de crecimiento. *Externos:* razones de localización (entorno atrasado) y barreras de entrada (principalmente, volumen).

Esencias de la Estrategia Bonsái

Hay una serie de claves que deben ser tenidas en cuenta al aplicar este tipo de estrategia: a) mover primero; b) ajustar el tamaño del mercado a la capacidad y dimensión de la organización; c) apartarse de los negocios donde las corporaciones operan con eficacia y concentrarse en los lugares que desdeñan; d) especializarse en lo que no pueden o les cuesta ofrecer a las compañía voluminosas; e) atender pocos clientes diferenciados y establecer con ellos una vinculación única, directa, sin intermediación; f) brindar servicios particularizados; g) instaurar una relación de confianza irremplazable con los consumidores y usuarios; h) reconocer lo que le gusta (y lo que no) al segmento potencial, y ofrecer exactamente lo que necesita; i) aceitar los reflejos, actuar rápido, sorprender, mantener firme la capacidad de reacción para aprovechar las oportunidades fugaces, y salir rápidamente cuando el negocio se satura o cuando los grandes encuentran formas de operar en él; j) manejarse con amabilidad, calidez, cordialidad, cortesía, cosa que las corporaciones no pueden hacer con las multitudes que atienden; k) evitar los riesgos de crecer, no tener que afrontar un mercado para el que no se está preparado o no se cuenta con recursos suficientes.

Seguir estos criterios no significa conservar a la empresa en su forma primitiva, sino trabajar día a día para que, aun manteniéndola pequeña, sea posible mejorarla, desarrollarla, dotarla de arte, convertirla en un modelo pleno de virtudes. En definitiva, cambiar cantidad por calidad.

Encontrar el espacio y tipo de actividad adecuados

El primer paso de la *Estrategia Bonsái* es ubicarse en áreas donde existan ventajas para las estructuras pequeñas. No les sirven a las PyMEs los espacios abiertos o aquellos donde sea un privilegio operar con volumen. Lo adecuado es colocarse en aquellos lugares donde las corporaciones no pueden moverse con solvencia. Las sociedades elefantiásicas son lentas para adaptarse a cambios que se producen rápidamente por mudanzas en los gustos y las modas. Y como operan con multitudes no pueden estar en el detalle, sostener relaciones personalizadas ni tratar a los clientes uno a uno. Hay que eludir los espacios abiertos, eligiendo el terreno donde se tratará de seducir a los consumidores. Para la conformación, recursos y espaldas que poseen las unidades económicas reducidas, los espacios adecuados son los terrenos apretados, las zonas de alta complejidad, con presencia de particularidades locales que sean difíciles de desentrañar para los forasteros y que nadie conoce mejor que ellas. La sobrevivencia depende de aprovechar ventajas de cercanía y focalizar la acción en una fracción del mercado.

Podemos tomar como modelo lo que ocurre en la industria automotriz, que es considerada la actividad manufacturera por excelencia, la que realiza los avances tecnológicos más significativos que luego se difuminan sobre el resto de las actividades fabriles. Tanto con el dominio absoluto del modelo de producción "fordista" como con la introducción de la variante moderna del "modelo Toyota", las corporaciones multinacionales recurren a proveedores menores que les fabrican partes y les suministran servicios que no les resulta rentable integrar a su producción. De igual forma, acuden a canales comerciales (concesionarios) u otorgan franquicias, sirviéndose, de una y otra forma, de miles de pequeñas unidades regadas en cada pueblo de cada país.

A pesar de mi antipatía por todo lo que representa el carácter bélico, hay un ejemplo que recuerdo desde mi niñez. Leí (en una revista de la serie que editaba Editorial Novaro, de México, sobre las grandes "epopeyas" de la historia de la humanidad) la historia *Leónidas en las Termópilas*. Junto al clásico relato de David que sale airoso frente a Goliat, constituye un ejemplo de cómo, con astucia, se pueden equiparar correlaciones de fuerzas absurdamente desequilibradas. Cuenta Herodoto que, hace más de 2.500 años, el persa Jerjés se obsesionó con conquistar Grecia, reclutando un ejército integrado por 300.000 guerreros. El rey Leónidas I de Esparta, con 300 combatientes de elite y acompañado por unos 7.000 soldados reclutados en las *polis* griegas, utilizó la ventaja de su conocimiento de la geografía para elegir el campo de batalla; así se decidió por el estrecho desfiladero de Tesalia, que los persas debían cruzar para llegar a dominar el reino. El primer día, el rey persa mandó su infantería a cruzar el estrecho, en tanto que Leónidas armó una vanguardia que iba rotando para evitar el cansancio y se enfrentaban casi uno a uno. Los griegos estaban mejor equipados y destrozaron a los persas, sufriendo apenas tres bajas contra una montaña de enemigos muertos. Al día siguiente, Jerjés decidió enviar su tropa de elite –"Los inmortales: 10.000 guerreros ferozmente entrenados–. Los griegos fingieron una huida que, en la persecución, desorganizó la estructura persa y permitió un contraataque exitoso. Una y otra vez los griegos contuvieron a los persas y el miedo comenzó a hacer mella en la confianza de las enormes huestes. Como ocurre muchas veces, la ambición desmedida llevó a Efialtes a vender al rey persa la información acerca de un paso secreto que los llevaba a la misma retaguardia griega. Los "Inmortales" sobrevivientes y unos 20.000 soldados cruzaron el paso y esperaron el amanecer para arremeter contra los griegos. Enterado Leónidas, lanzó un ataque al campamento que causó numerosas bajas. Jerjés sobrevivió porque estaba fuera del cuartel y en una maniobra envolvente devolvió el golpe. El Consejo griego ordenó la retirada, quedando Leónidas, sus 300 espartanos y un grupo integrado por 700 tespiois y 400 tebanos resistiendo hasta la muerte. Pero las pérdidas persas habían sido tan elevadas que se volvieron a su país para recuperar fuerzas y rearmar una nueva ofensiva que, finalmente, nunca se llevó a cabo. Grecia, gracias a la inteligencia del estratega Leónidas, que supo elegir el terreno del enfrentamiento, nunca fue ocupada por los persas.

La *Estrategia Bonsái* trata directamente de no generar un enfrentamiento con las fuerzas superiores sino evitarlo en defensa de la integridad, sosteniendo la supervivencia en espacios donde aumentan los privilegios de ser pequeños. Las empresas menudas deben seleccionar el lugar donde afincarse. Éste debe poseer características que les permitan desplegar sus mejores virtudes y obstaculicen el libre movimiento de los grandes jugadores. No se debe atender áreas amplias sino plazas comprimidas. Es relevante recordar que los consumidores, salvo excepciones, no están dispuestos a trasladarse largas distancias para obtener sus provisiones; no vamos a la peluquería de otro barrio o ciudad por más fama que tenga el peluquero, normalmente las golosinas se compran en los kioscos cercanos al hogar o al lugar de trabajo, y los diarios y revistas, en el puesto vecino.

La segmentación del mercado

Un principio central de la *Estrategia Bonsái* es operar sobre pliegues de mercado. Esto implica seleccionar minuciosamente un conjunto de consumidores específicos a los cuales dedicarse.

Un segmento es un agrupamiento de consumidores que poseen características comunes. La aplicación formal de una estrategia de segmentación implica que la propuesta comercial deberá cuidar la forma de satisfacer específicamente dichas particularidades. De esa forma, se superará la oferta genérica e indiferenciada de las corporaciones, que normalmente intentan eludir esas particiones *maquillando* sus productos o servicios para llegar simultáneamente a diferentes segmentos, o generando fraccionamientos falsos por la vía del marketing. En mi caso, me voy a parar frente al tema desde la visión y necesidad que tienen las firmas menudas, que buscan sobrevivencia y rentabilidad a partir de la especialización.

En primer lugar, sirve la advertencia de no dejarse engañar por agrupamientos artificiales; no es posible competir con las corporaciones en la atención de un producto masivo dividido por la práctica marketinera (por ejemplo, la clasificación de cabellos que "requieren" distintos tipos de champús y son cubiertos con publicidad diferenciada pero pequeñas variaciones en sus fórmulas). *A contrario sensu*, si bien no caben dudas de que la productividad es menor cuando se opera con volúmenes restringidos, también es cierto que hay mercancías o servicios que no tienen (o han perdido) sensibilidad al volumen, haciendo propicia la producción reducida y precisa. Me estoy refiriendo a cosas hechas a medida, las que requieren especificidad y diferenciación, lo que debe salir del estándar, lo que no puede hacerse en serie, lo distinto.

Por eso, la mayor parte de las pequeñas empresas no son infantes que se aprestan a crecer, sino que poseen reducida dimensión porque es su razón de existencia, y además, así se encuentran protegidas de la voracidad de las corporaciones. Las PyMEs que triunfan son las que identifican y satisfacen necesidades de cierto tipo de clientes y no de todos, en un determinado tipo de productos y servicios y no en todos (Clifford y Cavanagh). La evolución de la sociedad favorece a las organizaciones menudas, porque a medida que las sociedades se desarrollan, se van incrementando las fragmentaciones de la demanda, de manera continua y creciente. Cada segmento se diferencia de otro en función de las particulares necesidades o intereses de quienes lo componen, que se identifican consumiendo los mismos productos o servicios.

En los nichos está la gran riqueza. Esta frase de Kotler está dirigida a las corporaciones, pero asumo su valor y lo acentúo para las pequeñas entidades, principalmente porque los espacios reducidos son mejor aprovechados por las unidades menores. El tamaño de la empresa y su capacidad de aplicar recursos deben tener certera correspondencia con el área de mercado que se intenta ocupar. Quienes tienen recursos y talentos limitados no pueden orientarse a mercados voluminosos. Además, los espacios acotados están liberados, porque a las empresas de mayor tamaño, por costo de oportunidad, no les resultan rentables. La dedicación de las pequeñas organizaciones a las esferas que son desechadas evita tener que enfrentarse con los poderosos. En consecuencia, la segmentación del mercado es una cuestión de sentido común para las PyMEs, pero la búsqueda de correspondencia con un grupo específico de consumidores y usuarios debe ser abordada creativamente.

En principio, se podría pensar que los desechos de las corporaciones tienen rentabilidad menguada, pero no es así; hay muchas posiciones de alta renta no descubiertas por las grandes compañías, o que están fuera de su racionalidad operativa. Resulta que el mercado, normalmente, paga la especialización, el detalle, la calidad, lo hecho a medida.

La descomposición puede ser natural o inducida. En algunos casos es un proceso ordinario de discrepancia en los gustos y pareceres, pero en otros es la oferta la que incita a la división. Las segmentaciones naturales tienen que ver con diversos aspectos:

- **Geografía.** La división por localidades y zonas geográficas es espontánea, dado que las distancias, normalmente, impiden una buena cobertura.
- **Demografía.** Las diferencias de edad, raza, sexo, religión y cultura alientan consumos diferentes, que se constituyen en fracciones de mercado.
- **Nivel socioeconómico.** Hay diferencias en el consumo de acuerdo al ingreso, clase social, nivel educativo.
- **Dimensión psicográfica.** Las personas tienen diferentes estilos de vida, originando disímiles arquetipos de consumo.
- **Combinación** de más de uno de los aspectos señalados.

La mercadotecnia ha estudiado profundamente los contornos psicográficos de los consumidores para acercarse a las diferentes particularidades de la demanda. Uno de los trabajos más reconocidos es el *Brand Assets Valuator* (*BAV*), que utiliza la firma de publicidad Young & Rubicam y que tiene la particularidad de organizar a las personas en siete categorías orientativas, que expresan sendos comportamientos sociales:

1. **"Mainstreamers".** Son seguidores de tendencias, tienen como meta la seguridad, los motiva ser aceptados. Habitualmente pertenecen a la clase media y son adultos mayores que buscan tranquilidad, rutina, familia y hogar. Los asusta separarse del rebaño.
2. **Exitosos.** Quieren tener todo bajo control, se enfrentan a los desafíos con empeño y buscan el reconoci-

miento de los demás. También buscan el relax en los momentos en que resulta posible. Se orientan a lo que se considera lo mejor. Generalmente devienen en "mainstreamers".

3. **Exploradores.** Les atraen los descubrimientos, por lo que su motivación es la búsqueda. Se sumergen en los desafíos y las nuevas fronteras; son los primeros que se animan a probar nuevos productos y servicios, especialmente si ofrecen sensaciones y efectos inmediatos.

4. **Reformadores.** Son seres independientes, normalmente intelectuales y tolerantes con lo diverso. Constituyen el lado innovador de la sociedad y combinan la acentuación de la individualidad con una elevada sensibilidad social.

5. **Simuladores.** Están obsesionados por el estatus, causar buena impresión y lograr la admiración de sus pares. Son materialistas, ambiciosos y viven en función de lo que se opina sobre ellos.

6. **Resignados.** Son sobrevivientes instintivos. De recursos limitados, aceptan su posición dentro de la sociedad porque no tienen más remedio.

7. **Disconformes.** Por lo general están fuera de la sociedad, no planean el futuro y lo que buscan es una vía de escape de la vida que les ha tocado en suerte. Son normalmente jóvenes de bajos recursos y sin proyectos. Tratan de huir a través del alcohol, las drogas o los juegos de azar. Buscan productos de alto impacto visual que les proporcionen emoción inmediata. Usualmente asumen comportamientos violentos y antisociales.

Quiero detenerme un momento en la riqueza que tiene la conformación de un segmento en función de sus características psicográficas. Los diferentes estilos de vida imprimen modos diversos de enfrentar el consumo. Existe una relación directa entre las categorías y los bienes y servicios que se consumen; dando vuelta la idea, justamente lo que adquieren es lo que pinta la forma de vida. Además de la división por nivel cultural se generan divisiones por valores, creencias y convicciones. Finalmente, el cuadro puede componerse considerando también las motivaciones íntimas, las conductas y personalidades de los consumidores. En la vida podemos encontrar seres agresivos, impulsivos, refinados, independientes, audaces, reprimidos, alegres, prácticos, obsesivos, nihilistas…, y esos comportamientos se expresan también en hábitos de consumo.

La segmentación por perfiles psicográficos trata de entender la *psique* y encontrar comportamientos parecidos para ofrecer –exactamente– lo que el segmento elegido necesita. Philip Kotler reconoce, solo en EEUU, 62 estilos de vida. El estudio se hizo midiendo 39 factores dentro de cinco categorías: se contempló educación, riqueza, círculo familiar, características urbanas de la localización, raza, etnia y religión, y comportamiento nómade. Por su parte, Internet permitió la comunicación entre personas que poseen afinidades, y de esa forma se fueron conformando *tribus* y *hermandades*. La música, el cine, el deporte, los hobbies, la literatura, los gustos turísticos, las ideologías, las inquietudes, son diferentes atractores que conforman "nichos" de mercado. Las personas con igual nivel de ingreso pero diferente connotación cultural arman su canasta de consumo de manera distinta.

La segmentación constituye una destreza singular; no es un trámite, sino una labor que requiere creatividad y estudio. La adecuada segmentación de mercado depende del conocimiento de las afinidades entre sujetos que componen la demanda, y también del reconocimiento de las limitaciones de la firma que observa, dado que se trata de hacer corresponder la capacidad de ofrecer con los grupos específicos de compradores. Esto es necesario porque cada aglomerado, al tener necesidades específicas, podrá ser atendido mejor o peor en función de los atributos y caren-

cias de la organización. Hay aspectos que pasan desaperci-
bidos por quienes están en ventaja para atenderlos.

Encontrar el pliegue de mercado más apto no es una
labor sencilla. A veces surge de una casualidad, naturalmente, probando y errando; pero la forma provechosa de
búsqueda es el resultado de un inteligente registro de las
emociones más profundas de los potenciales clientes. La intuición y profesionalidad sirven para descubrir fragmentos
diferenciados, comprender las cualidades intrínsecas del
segmento a atender y encontrar órbitas mercantiles pro-
misorias. El segmento objetivo, o *target*, se debe definir en
función de: la accesibilidad potencial al demandante, las
características diferenciales del producto o servicio requerido, y la correspondencia de las capacidades de la firma
para ofrecerlo. Identificado el segmento, se debe utilizar
la creatividad para traducir la oferta y presentarla a las necesidades específicas detectadas. La oferta debe tener una
precisión muy clara y vinculada a los aspectos que unen y
caracterizan a los integrantes del segmento objetivo.

Cuando está decidido hacia dónde orientar la oferta, es
preciso dedicar todo el esfuerzo productivo y comercial al
cometido. Y una vez tomado el espacio, habrá que aprestar-
se a defenderlo. Pero hay que tener presente que los segmentos no son inalterables ni se cristalizan; y lo que hoy
es lucrativo, más adelante puede dejar de serlo. Es posible
que al afirmarse una PyME en un pliegue de mercado lo
convierta en un sustrato de alta rentabilidad, al punto de
motivar la atención de las corporaciones, que sacarán sus
colmillos e intentarán hacerse presentes. Normalmente el
intento irá por el lado de masificar la especificidad por medio de alguna estratagema tecnológica o marketinera.

*Para las PyMEs es conveniente organizar la oferta en función
del costado humano de los consumidores, de sus aspectos de personalidad relevantes, de sus motivos, intereses y actitudes, para crear
una isla donde solo vivan la empresa y el fragmento elegido.*

Algunos casos prácticos

En su origen, la firma Promecor de Córdoba, bajo la conducción de Lalo Muscaria, fue una empresa que se dedicó
a la fabricación de máquinas y herramientas hechas a medida, para atender aquellas labores negadas para los equipos
estándar. A los fabricantes de ese tipo de equipamiento les
resultaba incómodo producir artefactos individuales, por lo
que habían dejado liberado el mercado. Tengo proximidad
con el caso porque en la fábrica cordobesa trabajaba mi
primo Daniel, que podía usar la experiencia de su padre,
quien en Cleri Hnos. SA tomaba a su cargo la fabricación
de los dispositivos inexistentes. Una maquinaria a medida
tiene un costo muy superior a una estándar, pero el precio de venta obtiene un multiplicador superior; traducido a
términos contables, la rentabilidad que se alcanza es mayor
a la de un equipamiento tipo. Actualmente, la firma es un
grupo económico que mantiene su identidad y potencia.

Mi nieta afroargentina tiene en la cabeza un nido de ru-
los, encontrarle una peluquería en la que supieran trabajar
con este tipo de cabellera era toda una cuestión. El caso se
resolvió a través de Prana Pelu, un emprendimiento de un
grupo de amigos que se divierten haciendo coloraciones
inverosímiles, rastas jamaiquinas, ondulaciones, cortes especiales… en los cabellos de sus especiales clientes. El caso
muestra creatividad, segmentación, energía y alegría.

Conocí a Claudio Morea dando clase en el MBA de la
Universidad de Mar del Plata. Por lo general, el promedio
de edad rondaba los treinta años y Claudio lo sobrepasaba.
Inmediatamente se metió en la materia y empezó a participar, hasta que de atrás alguien dijo: "queremos escuchar
al profesor y no a vos". En el corte, agarré al grupo acalo-
rado y les comenté que en los programas de posgrado se
aprende tanto del profesor como de los compañeros que
poseen experiencias variadas, y que por lo atinado de las in-
tervenciones de su compañero valía la pena dejarlo partici-

par; luego hablé con Claudio y lo alenté a no callarse. Años después, el grupo agresor y el agredido se hicieron amigos y yo seguí frecuentando a Morea cuando viene a la Argentina, ya que está asentado en Brasil. Su empresa, Florida Autopartes y Accesorios SA, era importadora y distribuidora de autopartes de carrocerías para automóviles, y fabricaba algunas piezas *a fasón*. Luego, ya como único socio, la empresa se transformó en Madagascar Industrial y Comercial SA, que opera desde Mar del Plata, y Copimex Industrial e Comercial. Ltda., que tiene sede en Canoas, Rio Grande do Sul, Brasil. La empresa comenzó a operar de ida y vuelta, aunque actualmente –por restricciones a las importaciones dispuestas por el gobierno argentino– centraron sus operaciones en Brasil, desde donde compran y distribuyen autopiezas argentinas y del resto del mundo. La base argentina se constituyó en una oficina de compras y consolida cargas de empresas que operan con volúmenes reducidos.

Un grupo aproximado de diez empresas argentinas se radicaron en la misma época en Brasil, de las cuales solo queda Copimex. El secreto fue no superar las 25 personas contratadas y 15 vendedores externos, compitiendo de igual a igual con firmas que multiplican el plantel de trabajadores por diez o más. Uno de los mayores desafíos fue afrontar la carencia de personal capacitado, con un nivel salarial asequible para una PyME. Luego de lidiar con incapaces con títulos y algunos casos de deshonestidad, optó por buscar buena gente con potencial; hoy, en la empresa no hay egresados universitarios, solo personas con título secundario y otros que ni terminaron la primaria, pero el ambiente laboral es óptimo. El gerente de Ventas fue incorporado –en una posición inferior– a fines del siglo pasado; tenía 17 años, y hoy maneja el cuerpo de vendedores, conoce el medio como nadie, posee capacidad táctica y, con la supervisión y orientación estratégica de Claudio, alcanza una performance notable. El sistema aplicado funcionó: la buena gente trajo a otras buenas personas y, aunque desmienta la ortodoxia, la firma está plagada de hermanos, primos, sobrinos, matrimonios, hijos, amigos. En desarrollo está la creación de una guardería para que las mujeres trabajen tranquilas y en cercanía de sus pequeños. Los familiares se controlan y cuidan su trabajo porque se encuentran cómodos.

Claudio lleva en la sangre un encuadre muy profesional adaptado a la realidad que debe vivir, y es consciente de que no hay que separar la función económica de la social: utiliza sistemas de préstamos ante urgencias, da bonos por desempeño para premiar la fidelidad, la dedicación y el compromiso, y no por vender más. Si bien paga por encima de convenio, no usa dinero como motivador, porque aprendió cómo se disfruta y no se olvida un viaje a Buenos Aires o al norte de Brasil. Hace poco llevó a los encargados a visitar la Feria de Frankfurt y a conocer a los principales proveedores europeos. El personal posee la alegría de haber logrado algo en la vida y agradece poder compartirlo con su círculo de amigos y familia. Por supuesto que se encarga de la formación para el trabajo y recientemente incorporaron una profesora de inglés para mejorar la comunicación con los abastecedores extranjeros.

La intuición, creatividad y empuje de Claudio Morea no tiene límites. Hace 11 años (2004) descubrió que en Brasil no existían los peines finos de acero para piojos, se puso a indagar y encontró un modelo utilizado en el antiguo Egipto, que dio origen a un producto y a otra unidad jurídica: Poseidon Industrial e Comercial Ltda. En agosto de 2015 lanzó una línea de cosméticos para el combate natural y no tóxico de la pediculosis con la marca *Easy*, aprovechando la familiaridad con grandes distribuidores y redes del sector.

Doy ahora un ejemplo genérico que ilustra el punto. ¿Cuánto cuesta un traje o un vestido de fiesta estandarizado en una boutique, y cuánto una confección a medida realizada por un/a diseñador/a reconocida? Los que son tocados con la varita mágica de la creatividad, se convierten en marcas que venden masivamente sus prendas, pero hacen sus grandes diferencias en los atuendos que elaboran para ocasiones especiales.

Diferenciación

En la *Estrategia Bonsái* la focalización en un segmento de mercado va de la mano con la diferenciación; al estamento elegido hay que darle exactamente lo que necesita, que es diferente a los requerimientos de otro espacio. El objetivo de la diferenciación es conseguir ventajas de predisposición de la demanda sobre la base de la particularidad con que es atendida y la atinada afinidad entre lo que requiere y lo que se le ofrece. En principio, hay dos alternativas de distinción:

- Oferta diferenciada, tanto en lo que respecta a su composición como a las necesidades que satisface.
- Lograr que la propuesta sea percibida de manera diferente a otras. Los entusiastas del marketing dicen que no importa lo que se ofrece, sino cómo lo percibe el comprador; o sea que la entidad de la proposición, por efecto de la publicidad, está en la representación mental y no en la cualidad física. Las pseudodiferencias son, para mí, una manipulación rayana con el engaño y la falta de respeto al cliente.

La innovación es la mejor alternativa para cambiar inesperadamente la lógica con que funciona un mercado. La creación de productos nuevos y la incorporación de agregados y componentes inusuales permiten ganar la atención de los consumidores. Lo atrayente es brindar productos que no pueden ofrecer las grandes empresas ni otros competidores menores; a veces, eso se logra dando más o mejor de lo mismo. La innovación puede ser intrínseca al producto o estar relacionada con aspectos externos; por ejemplo la creación de un clima de calidez, de tratamiento humano y afectuoso, o algo que sorprenda. A eso me refiero cuando incito a crear experiencias únicas y sensaciones novedosas. La movida diferenciadora utiliza ingenio, sentido común, velocidad, concentración de esfuerzos en los puntos de interés y actuación sorpresiva. Uno de los objetivos trascendentes es conseguir asombrar al fragmento a atender. Así, opera con movimientos imprevisibles y veloces para lograr estupor y preferencia; sale de lo acostumbrado, da más y es certera al apuntar a sus necesidades.

También es parte de la Estrategia Bonsái darle forma a nuevos huecos de mercados y profundizar las diferencias con lo que se ofrece; mantener al cliente cautivo con nuevas propuestas; crear valor; y saber retirarse cuando el espacio se agote o ingrese alguna corporación que modifique las condiciones originales. La creatividad y sorpresa tienen utilidad cuando poseen un efecto significativo sobre el usuario, pero su satisfacción no pone a la empresa en una situación económica complicada, condiciones que deben ser mantenidas en el largo plazo.

Había mencionado que las grandes empresas están en mejores condiciones para ofrecer productos a bajos precios y tomar, en consecuencia, espacios de mercado amplios; la escala que ella implica, la tecnología incorporada y los sistemas de comercialización facilitan esta estrategia. Por su parte, las firmas menores deben buscar su alternativa de sobrevivencia a partir de ofrecer valor más que precio. La esencia de la diferenciación es la orientación al cliente, que oportunamente diera origen a slogans tales como: "satisfacción del cliente", "creación de valor para el cliente", y que son válidos si son sinceros. Son muchos los ejemplos de ofertas no competitivas en principio, y que se insertan perfectamente en el mercado a través de complementarse con asesoramiento, consejos, servicio de posventa, calidad de atención, ahorro de tiempo, ahorro de otros gastos, satisfacción más profunda o duradera, o la creación de una emoción inolvidable.

Strategor presenta el siguiente gráfico referido a las *estrategias de diferenciación.*

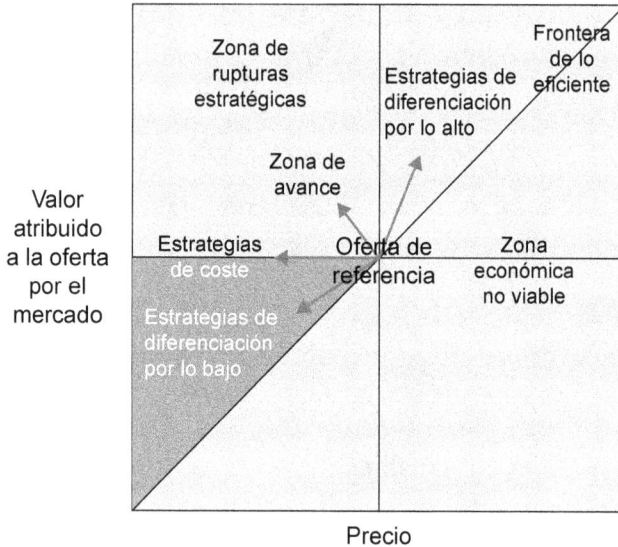

La *frontera eficiente* separa la zona de diferenciación de la zona que pone en peligro inminente la sobrevivencia de la empresa. La *zona económica no viable* se sitúa por debajo de la frontera de lo eficiente y actuar allí no es sostenible, por lo que conviene evitar estacionarse en ese campo. No es posible ofrecer a precio elevado lo que la gente considera de bajo valor. La *zona de estrategia de diferenciación por lo alto* corresponde a una distinción positiva con relación a la referencia, tanto en la calidad del producto o servicio entregado como en el precio. La *zona de diferenciación por lo bajo,* en tanto, es un desvío en menos del punto testimonial, tanto por la calidad de lo ofrecido (menor prestación) como por el precio (más barato). La *zona de progreso* no responde a una estrategia deliberada, sino que constituye una evolución natural del sector por mejoras técnicas progresivas (mayor cualidad de la oferta) y de productividad (caída de precios), que todos los concurrentes van asumiendo para no quedar fuera de juego. No genera modificaciones que salen de la referencia. La *zona de ruptura estratégica* está relacionada con estrategias que logran que se perciba una mejora significativa de la oferta frente a la media, y es acompañada por un menor precio de venta. Son producto, normalmente, de grandes innovaciones tecnológicas. Se las conoce también como estrategias disruptivas. La *estrategia de coste* ofrece precios bajos manteniendo la prestación de la referencia.

La diferenciación puede hacerse a través de:

- **Mejoras.** Se trata de que el mercado aprecie la oferta, considerando que a un precio determinado, logra un valor superior. *Diferenciación por lo alto.*
- **Especialización.** Se presenta al mercado una oferta precisa, que va destinada a un segmento específico. *Diferenciación por lo alto.*
- **Depuración.** Se la realiza degradando la oferta con un precio menor, y establece una relación costo-beneficio favorable. *Diferenciación por lo bajo.*
- **Limitación.** En este caso se eliminan aspectos superfluos de la oferta, lo que permite bajar el precio. *Diferenciación por lo bajo.*

La filosofía del método sueco *LOTS* (*piloto*) se basa en desarrollar la actitud de adaptar la producción y la atención a las exigencias de los consumidores. La técnica consiste en ponerse en los zapatos del cliente (empatía), evaluando sus deseos y motivos, a través de una serie de preguntas precisas que vinculan los actos con las necesidades. A partir de allí se deben seguir los siguientes nueve pasos, equivalentes a la coreografía que presenté: 1) *fijar objetivos*, 2) *establecer la estrategia (el rumbo)*, 3) *plantear metas de largo plazo*, 4) *erigir metas de corto plazo (mojones)*, 5) *determinar las actividades a realizar (acordar las políticas a ejecutar)*, 6) *analizar el funcionamiento del personal*, 7) *considerar planes de desarrollo (avance cualitativo)*, 8) *poner a punto la organización*, 9) *establecer los informes necesarios para realizar el seguimiento (monitoreo)*.

Pero, otra vez, el funcionamiento generalizado desmiente el sentido común. Muchas empresas que declaman la atención al cliente no la aplican en la práctica y, es más, tratan de vender gato por liebre. Uno entra a algunos lugares como si ingresara a un callejón oscuro, sin saber cómo, cuándo y cuánto le robarán. Basta leer a uno de los padres de la satisfacción al cliente, Karl Albrecht, que declara con sorpresa: "Durante un lapso de aproximadamente diez años, desde 1985 hasta 1995, las empresas estadounidenses flirtearon con la idea del servicio al cliente como un arma competitiva potencial... En el período posterior a la revolución del cliente, muchas empresas siguen manteniendo un objetivo altamente competitivo en el valor para el cliente, pero muchas más confían en la competencia basada en el activo. En realidad, hay cada vez más evidencias de que las megaempresas prácticamente han abandonado el valor para el cliente como un factor competitivo fundamental. Por ejemplo, casi todas las aerolíneas estadounidenses operan como si estuvieran básicamente en el negocio del flete. El modelo operativo es esencialmente el del transporte de ganado. La reducción progresiva de la atención personal, el empobrecimiento de la experiencia de a bordo, la fijación explosiva de precios, los honorarios y cargos punitivos, las políticas restrictivas que rigen los cambios y reembolsos, y la sobreventa y oposición de los usuarios de tarifa completa han reducido la aprobación y preferencia del pasajero al mínimo".

La segmentación debe estar coordinada con la diferenciación del producto o servicio que se ofrece. Mediante una diferenciación valorizada por los clientes, la empresa trata de ser única en su género para un segmento del mercado.

Sobre lagunas azules

Relacionado con lo anterior, referencio mi encuentro con un interesante aliciente para esta línea de trabajo: el texto de W. Chan Kim y Renee Mauborgne, *Estrategia del Océano Azul*. En primer lugar, porque está en consonancia con mi oposición al competitivismo salvaje; y segundo, porque si bien no pensaron en PyMEs, sus ideas pueden adaptarse perfectamente a su realidad. Sería iluso crear *océanos azules*; me conformo con proponer *lagunas* que no estén teñidas del *rojo sangre* provocado por las heridas que se infringen entre los contendientes que tratan de sostener o ampliar su presencia en el mercado. La propuesta busca navegar en aguas donde no haya nadie cerca; en otras palabras, ofrecer lo que nadie ofrece.

Es una alternativa que se combina con las estrategias disruptivas presentadas por Clayton M. Christensen, quien marca que muchas corporaciones, a pesar de enormes inversiones en estudios de los consumidores e investigación tecnológica, pierden el liderazgo y caen frente a una oferta que introduce un cambio brusco y repentino en la estructura del mercado. Christensen vincula principalmente la innovación tecnológica con dichas fracturas. Muchos cambios abruptos vinieron de la mano de pequeñas organizaciones recién creadas y que se encontraban en estado incipiente y embrionario de desarrollo. Es muy burdo, pero nos viene a la mente las imágenes de Bill Gates en un garaje, de Mark Zuckerberg en su habitación de estudiante o de Jack Koum pensando *WhatsApp* en un bar. No es necesario ir tan lejos.

Ya señalé que (mayoritariamente) a las PyMEs les conviene concientizarse de que seguirán siendo PyMEs; ergo, deben aprovechar la capacidad de provocar irrupciones con el objetivo de conquistar a un fragmento de clientes que permita a la empresa sostenerse.

A las firmas menudas les viene bien crear un modelo de negocios diferente a los que existen en el mercado, inventar un espacio distinto, novedoso, algo que tenga valor para el potencial cliente y por lo cual esté dispuesto a pagar. Recuerde el lector el esquema de creación de valor, que tiene dos caras: a) *valor interno*, que se genera cuando el precio de venta supera al costo, y b) *valor externo*, que nace cuando el comprador aprecia que está pagando menos que el provecho que le dará el bien que adquiere. La *laguna azul* opera sobre la segunda parte. Se trata de que el consumidor reconozca que lo que le ofrece la compañía es diferente, mejor, más adecuado, y que le brindará una satisfacción que supera lo que en ello invierte.

Chan y Mauborge presentan un caso emblemático: "El Cirque du Soleil triunfó porque reconoció que, para tener éxito en el futuro, las compañías tendrían que dejar de competir entre sí. La única manera de vencer a la competencia es dejar de tratar de vencerla… La esencia de la experiencia de entretenimiento que logró crear fue la búsqueda simultánea de la diferenciación y el bajo costo. Cuando apareció por primera vez, los demás circos se dedicaban a compararse entre sí y a maximizar su participación en una demanda cada vez más reducida, exprimiendo los mismos actos circenses tradicionales. Por consiguiente, buscaban más payasos y domadores famosos, una estrategia que elevaba su estructura de costos sin modificar sustancialmente la experiencia del espectáculo. El resultado fue un aumento de los costos y una caída en picada de la demanda total. Estos esfuerzos perdieron toda relevancia cuando hizo su aparición el Cirque du Soleil. Al no ser un circo común ni tampoco una producción teatral clásica, el Cirque du Soleil no prestó atención alguna a lo que hacía la competencia. En lugar de aplicar la lógica convencional de ganarle la partida a la competencia ofreciendo una solución mejor –un circo más divertido y más emocionante–, quiso ofrecer al público la diversión y las emociones del circo simultáneamente con la sofisticación intelectual y la riqueza artística del teatro. Por consiguiente, redefinió el problema mismo en otros términos. Al rebasar las fronteras tanto del mercado del teatro como del circo, el Cirque su Soleil aprendió a ver con nuevos ojos no solo a los clientes del circo sino a las otras personas que no eran sus clientes tradicionales: los clientes adultos del teatro. Esto generó un concepto nuevo del circo, el cual puso fin a esa disyuntiva entre el valor y los costos, creando el *océano azul* de un mercado desconocido".

Cuando leí ese párrafo me vino a la mente ese peque-ño-gran lago argentino que es *Les Luthiers*, grupo musical que tuvo su primera formación en el año 1967, alrededor del desaparecido Eduardo Massana, e integrado por grandes talentosos como Ernesto Acher (que se retira en 1986), Carlos López Puccio, Jorge Marona, Marcos Mundstock, Carlos Nuñez Cortés y el recientemente fallecido Daniel Rabinovich. El conjunto se asienta en el uso de instrumentos musicales no convencionales y complementa su número con piezas musicales de alto nivel (música barroca, cantatas, madrigales y serenatas a las que luego se agregaron ópera, romántica, pop, folclore, mariachi, tango, salsa, etc.). Todo, salpicado con monólogos, juegos de palabras y *sketchs* humorísticos que reflejan situaciones tan absurdas como divertidas. El grupo lleva cuatro décadas llenando teatros en Argentina, América Latina, España, Estados Unidos y Europa sin sombra de competencia.

Ikebana

El caso extremo de segmentación y diferenciación es el equivalente al arte de la *ikebana,* que encarna la creación de un arreglo floral *único e irrepetible,* que encierra un profundo respeto por la naturaleza (se elabora utilizando elementos naturales tales como flores, hojas, tallos, semillas, hierbas, ramas) y cuyos colores se combinan artísticamente y se colocan sobre una base de cerámica.

Le tengo especial afecto a Horacio Caillaud, porque es la personificación del repertorio del joven emprendedor. Formado con orgullo telúrico, se cansó de no encontrar en el mercado argentino zapatos y botas hechos con la calidad y el diseño que sus exigencias demandaban. Pensar que allí había un nicho de mercado insatisfecho fue instantáneo. Sobre la base de su experiencia en el rubro textil, complementado con la extendida experiencia en el mundo del calzado artesanal de su pareja, Luz Bauzá, alumbraron el emprendimiento *Terrible Enfant,* dedicado a la fabricación de calzado para hombres. Doy fe de que sus diseños son diferentes a lo que se puede encontrar en esta plaza. Ofrecen una gama muy amplia de formas y combinaciones de colores y materiales con delicadeza, realizados con un gusto exquisito. No buscan volumen ni montos de facturación, sino atender a un segmento acotado, exigente y calificado. La mayor satisfacción es la identificación con ese fragmento de consumidores, siendo terminantes en su convicción por mantener fidelidad al foco y a la diferenciación.

Terrible Enfant constituye un claro ejemplo de *ikebana,* y como tal se puede dar un gusto que los grandes proveedores no se pueden conceder. Llegan a los clientes a través de redes sociales y trabajos de comunicación especialmente direccionados, pero señalan que su mejor agencia de comunicación son los clientes satisfechos con el producto, la atención y el servicio de posventa. El *boca a boca* es su manantial de nuevos clientes. Todo está sustentado en un sistema de compromiso, profesionalismo y respeto por la palabra. Cuando se produce un quiebre en alguno de estos sentidos la relación se rompe automáticamente y se la reemplaza por otra superadora. La joven pareja asume una devoción mayúscula por devolverle al país lo mucho que recibieron y se empeña en enaltecer a la industria nacional con la que se sienten consustanciados. Su consigna es proponer, proponer y proponer, siempre.

La localización, o la importancia de jugar de local

Manejarse en un espacio conocido a la perfección, en un territorio familiar, es una ventaja frente a los jugadores foráneos. Algunos quehaceres brindan ventajas a los jugadores globales, pero hay esferas en que las posibilidades se emparejan. Existe una tendencia fuerte hacia la paulatina homogeneización mundial de los consumidores, lo que favorece a las corporaciones que poseen conocimientos del funcionamiento planetario y despliegan sus recursos en consecuencia; pero también hay rubros donde los parroquianos mantienen sus particularidades, están arraigados a costumbres locales y conservan registros y exigencias que solo pueden ser cubiertas por quienes las conocen con profundidad. Las PyMEs deben participar de los espacios donde el funcionamiento global no agrega muchas ventajas. Por supuesto que se debe estar alerta, porque cualquier forastero, poniendo empeño y recursos, puede operar localmente y comprometer el predominio parroquial; pero, insisto, la localía vale y constituye una variable virtuosa y decisiva que favorece a las estructuras menudas fuertemente asentadas sobre esas realidades. Es correcto afirmar que los poderosos no se detienen en detalles; son los pequeños los que pueden mirar los pormenores, matices, rasgos, gestos, toques, pequeñeces... Por otra parte, hay ciudadanos del mundo que, por predisposición a lo exótico o sofisticado, consumen artículos vinculados a una particularidad regional; basta pensar en el tango, que atrae hacia Buenos Aires a extranjeros que vienen a sentir el placer de abrazarse con la danza. Dar cobertura a esas demandas constituye una oportunidad para las PyMEs.

Los mercados influenciados por el componente tecnológico son los más aptos para los jugadores globales, porque pueden operar sobre inmensos volúmenes y aplicar ingentes recursos en distribución física y marketing; los servicios que están normalmente afectados con la provisión de proximidad son los más prósperos para los operadores locales. De esa forma, utilizar como cortina defensiva el carácter de "no transabilidad" internacional de un producto o servicio es un recurso propicio para las pequeñas unidades telúricas.

Si el negocio es global y la empresa no tiene los recursos y las capacidades para desplegar su oferta a dicha escala, le conviene alejarse inmediatamente, antes que sea tarde; y si las operaciones requieren de una elevada dotación de capital y la empresa no lo posee, también debe salirse. Resulta una perogrullada resaltar la importancia de analizar las particularidades del negocio en que se pretende participar, pero he visto a tantos empresarios obcecarse en contradecir esto que vale la pena subrayarlo. Contra lo que se piensa, e incluso lo que indicaría el sentido común, el carácter parroquial no tiene por qué estar relacionado con una rentabilidad reducida; es más, muchas veces el aroma a local aumenta el valor. La artesanía, la obra única, de lo diferente, de lo particular o lo vinculado a una localidad, puede ser explotado por artesanos, emprendedores y pequeñas unidades de negocios.

La virtud de la vinculación directa

La relación sin intermediación con el comprador es una ventaja. El *uno a uno* es una magnificencia que los grandes jugadores no se pueden dar. El contacto franco y fluido es algo que deben aprovechar los pequeños. Solo el trato directo permite conocer los gustos, deseos, expectativas y apetitos particulares de cada cliente; es como mirar la oferta con los ojos de quien la va a comprar. Y, con esa información, se puede personalizar lo ofrecido, ajustarlo rigurosamente a la demanda, dotarlo de atenciones especiales e incluso adelantarse a las necesidades. Tratar con pocos admite el establecimiento de vínculos de primera mano. Las relaciones directas son campos oréganos para aquellos que pueden darse el lujo de pensar individualmente a cada cliente. Las PyMEs, por el grado de vinculación que pueden construir con sus clientes, aventajan a quienes operan con volúmenes donde la relación se convierte obligatoriamente en impersonal.

A los compradores exigentes, y a los que no dudan en pagar por una buena atención, les interesa tratar con una persona y no con máquinas. Hay que ser amables, cálidos, cordiales y serviciales, actitudes que son fácilmente percibidas y premiadas con lealtad. Ese lazo permanente, que las grandes corporaciones se desviven por alcanzar, del que hablan los gurús de la administración y estudian las escuelas de negocios, está a la mano de las PyMEs sin grandes costos ni esfuerzos, aunque muchas veces desperdician ese recurso fenomenal.

Hay que estudiar cómo vive y qué piensa el grupo de clientes, y evitar todo acto que les moleste o pueda afectar. Las PyMEs deben crear una corriente de simpatía mutua con quienes compran o utilizan sus servicios, encender el radar para vigilarlos, y seguir las tendencias y los cambios en sus exigencias. Para desarrollar el vínculo, hay que utilizar toda la sensibilidad, empatía y capacidad posible a fin de leer las emociones, pensamientos, intereses y objetivos. *Las PyMEs tienen el desafío de logar una relación única e insustituible con los parroquianos, y para ello deben usar empatía, simpatía y curiosidad.*

La creatividad es más común en las unidades pequeñas y en situación comprometida

En el mundo de los negocios, ser creativos es ser capaces de ver combinaciones inéditas de las mismas cosas y encontrar respuestas diferentes a idénticas necesidades. Se dice que la imaginación está vinculada a las situaciones límite (extrema agresividad, violencia, supervivencia), y también que se vincula mejor a la carencia de recursos y a los espacios reducidos, alejados de la burocracia y la monotonía. Ambas condiciones se encuentran plenas en la realidad PyME. Pero son pocas las que ponen en su lista de labores el pensar creativamente y administrar esa predisposición natural para acertar exactamente en los deseos y necesidades de los clientes (satisfacción plena).

Como ni la masividad ni lo repetitivo son quehaceres que el mercado reserva a las PyMEs, las entidades menudas deben salir del rebaño para seducir a los clientes con lo diferente. Así como los desagraciados desarrollan la *labia* y la atención gentil para compensar sus debilidades y, muchas veces, se llevan los mejores premios, las PyMEs deben usar la imaginación para ofrecer lo diferente, superar lo habitual, innovar permanentemente, reinventar el negocio todos los días, diferenciar a la empresa y gratificar al comprador. El filósofo y educador venezolano Simón Narciso de Jesús Carreño Rodríguez[57] fue perseguido por

---

57. 1769-1854, tutor de Simón Bolívar y mentor de Andrés Bello.

su originalidad. Lo que hacía peligroso a Carreño era su tesonera lucha contra las oligarquías locales, a las que les decía que ya que admiraban tanto a los europeos, por qué no copiaban su costado más valioso, la *creatividad.* Así fue como acuñó la siguiente frase: "La América española es original, originales han de ser sus instituciones y su gobierno, y originales sus medios de fundar uno y otro. O inventamos, o erramos". *Jamás perdamos la chispa de fantasía que anida en nuestra espiritualidad.*

Ser pocos es un privilegio que las PyMEs no pueden dejar pasar

Entre pocos, la cercanía crea un clima de camaradería que ayuda a la colaboración, la complementación, la solidaridad y el trabajo en equipo: esto eleva el ánimo e incrementa la productividad. El buen clima laboral es más fácil de generar cuando todos se conocen. Y los ambientes amables ayudan a mejorar las condiciones de trabajo y el amor por lo que se está haciendo. En las PyMEs, los propietarios están muy próximos a sus empleados y, si son inteligentes, pueden identificar claramente las habilidades, inclinaciones laborales e intereses de cada trabajador, de manera de generar reacciones sinérgicas. Para que funcione, el trato debe ser respetuoso, manteniendo cada uno el lugar que ocupa, porque el abuso de confianza puede limar la productividad.

Esta visibilidad no es posible en las grandes firmas, sino solo en los espacios comprimidos y de pocos actores, donde es fácil involucrar al trabajador, conformar equipos con metas que incumban a todos, aunar esfuerzos y compartir equitativamente los beneficios. Cuando los planteles son estrechos, los logros brillan más y es posible poner a cada cual en el lugar de trabajo adecuado, facilitar la participación y crear un clima de camaradería. La simbiosis empleado-empleador beneficia a la empresa por la vía de la productividad, y si el empresario es justo, la mejora puede ser transferida al trabajador, creando una cadena reforzada de beneficios, responsabilidades y compromisos mutuos. Pero la inteligencia parece una cualidad desligada de algunos patrones que despotrican, tratan de aprovecharse de su mano de obra y congelan salarios, mientras en paralelo renuevan sus autos de alta gama o van con sus familias de vacaciones al exterior. Cuando son pocos se aprecian más claramente las cosas buenas… y también las malas. Las incongruencias se ven de cerca en las PyMEs, por lo que esas actitudes, además de no corresponder, son perniciosas, porque atacan directamente al nervio del compromiso. *Las PyMEs tienen la posibilidad de beneficiarse conformando equipos de trabajos sólidos y efectivos.*

Viva la velocidad

Desde hace tiempo sabemos que hay que cuidar la calidad, la precisa atención del comprador y la racionalidad de los costos; ahora hay que hacer todo eso, pero rápido. El primer compromiso con la velocidad es pensar rápidamente; el segundo, adelantarse a las necesidades de los clientes; el tercero, eliminar pronto los estorbos y problemas; y el cuarto, actuar con prontitud. Se trata de prever, detectar las tendencias, pasar todo por el molino, dejar que la mejor idea gane y ejecutar. No son los grandes los que se comen a los pequeños… son los veloces los que se comen a los lentos (Jennings y Haughton).

Para ser expeditivos hay que actuar con concentración, focalizarse en lo importante y básico, y evitar dedicar tiempos valiosos a la consideración de cuestiones insignificantes y baladíes. Hay que darle libertad a los trabajadores, entorpecerlos es ralentizar. Para que eso funcione hay que contratar personal que posea aptitud y actitud, incluyendo dentro de los aspectos actitudinales la rapidez mental; no se puede ser diligente con gente lenta. También se debe relacionar a proveedores raudos.

Los negocios deben plantearse en términos simples, sencillos, pertinentes; lo complicado entorpece. Tener un plan de contingencia permite corregir inmediatamente los desvíos, ya que esperar que los hechos negativos sucedan alarga los tiempos de corrección. Es clave recordar que sin estrategia, sin saber adónde ir, la aceleración es solamente precipitación que lleva a estrellar la empresa. *La cuestión vital de la agilidad es hacerlo todo simple, porque lo simple es rápido.*

CAPÍTULO 9

ESTRATEGIA DEL BAMBÚ DORADO

Es común suponer que las PyMEs son un punto en la evolución de la especie "empresa". Ello surge de asimilar su ciclo al del ser humano (nacimiento, infancia, adolescencia, madurez, envejecimiento y muerte). Pero son pocas las firmas que siguen esa trayectoria: la mayoría se eterniza en el mismo tamaño y solo algunas llegan a ser grandes. Acepto como natural que los empresarios tengan obsesión por el crecimiento, pero hago un llamado de atención: no es para todos. El crecimiento depende de la esfera en que la empresa se mueve y de una combinación de factores: una idea motriz genial, fuerza, empuje y obsesión, capacidad de gestión y viento a favor. La ansiedad de progreso debe ser compensada con una profunda reflexión para dar los pasos adecuados en el momento adecuado.

Hago corresponder el crecimiento (*cuanti*) y el desarrollo (*cuali*) a la evolución del *Bambú Dorado o Japonés,* que nace de una semilla que se planta, se abona y se riega constantemente durante siete años sin que se la vea crecer. Luego, en tan solo seis semanas, se eleva 30 metros. Durante los primeros siete años, la planta fue desarrollando un entramado de raíces capaces de sostener el potente crecimiento posterior. Algunas PyMEs son así. Parece frustrante no verlas crecer, pero cuando se asientan sus raíces, se consolidan los hábitos positivos y se logra el temple necesario, explotan.

La paradoja es que en la *Estrategia Bonsái* se cortan las raíces para que la planta no crezca; en la *Estrategia Bambú,* se las deja expandir a su antojo.

Para crecer

Pasar de pequeño a mediano o grande no es un cometido fácil. Pero, basado en una buena idea y eficiente gestión se puede encontrar la manera de superar la escala reducida. Lo importante es planificar el crecimiento, siendo común combinar nuevos productos y nuevos mercados (Ansoff). Algunas alternativas:

- **Aumentar las ventas en los mercados conocidos.** Se busca aumentar la ocupación de espacio con los productos actuales. Naturalmente, esa política significa desplazar a quienes satisfacen actualmente la demanda, o lograr que se orienten hacia la oferta de la empresa eventuales mayores ingresos de los consumidores.
- **Nuevos productos en el mismo mercado.** También se puede crecer aprovechando lazos comerciales preexistentes para ofrecer nuevos productos o servicios. Puede ser en líneas de producto relacionadas o no con la actividad de la empresa. Este último caso tiene que ver con estrategias de diversificación del riesgo.
- **Mismos productos en nuevos mercados.** Se trata de captar mercado por fuera del ámbito natural, ya sea en el mismo país o incursionando en el exterior.
- **Integración relacionada.** Aquí el objetivo es seguir dentro de la línea operativa de la empresa, integrándose *hacia adelante, hacia atrás o hacia los costados*. Hacia *adelante*, asumiendo la producción del siguiente eslabón de la cadena; por ejemplo, tomando a cargo la desintermediación comercial para llegar al consumidor final, o haciendo que lo que se produce deje de ser un insumo para otras industrias y asumir el proceso de manufactura hasta convertirlo en el producto final; *hacia atrás*, tomando a cargo la fabricación

de un insumo o materia prima que actualmente se adquiere a terceros; y *hacia los costados*, desarrollando algún servicio, por ejemplo, producir energía propia o hacerse cargo del transporte.

Hago mención, pero no recomiendo, una última alternativa: *atacar nuevos mercados con nuevos productos.*

Algunos casos

Claudio Urcera nació y creció en la ciudad de San Antonio Oeste (provincia de Río Negro). Luego de terminar el colegio secundario, se fue a vivir a Bahía Blanca para comenzar su carrera universitaria en la Universidad Nacional del Sur. Vivía en una pensión del SUPE (Sindicato Unido de Petroleros del Estado) que compartía con empleados de YPF. Éstos, conociendo que el padre de Claudio alquilaba camionetas, le ofrecieron hacer traslados del personal desde Bahía Banca hasta Puerto Rosales y Punta Alta. El espíritu empresario llevó a Urcera a asociarse con su padre y comprar una combi que manejaba un chofer, al que el propio Claudio relevaba. De a poco, fue ampliando la dotación de vehículos, choferes y clientes (incorporó a Gas del Estado). Luego sucedió algo que comenté antes, YPF suspendió el scrvicio, dejando al emprendimiento sin ingresos. La intuición del joven empresario fue aceptar el quebranto económico sin recurrir a la Justicia, con el objetivo de generar una deuda moral. La decisión fue correcta. Poco tiempo después, YPF lo recompensó con un contrato de un orden superior, ahora para transportar materiales. Desde entonces tuvo un crecimiento importante e incluso llegó a la diversificación, con la provisión de servicios a la actividad pesquera, pero una nueva crisis lo sorprendió, en el año 2000 su mayor contratante quebró, provocando una nueva situación de angustia financiera. La empresa fue cerrada sin afectar los intereses de clientes y proveedores. A la salida de la crisis, Claudio se trasladó con su familia a Cipolletti (Río Negro) con el activo de su experiencia y la buena imagen que tenía en la petrolera líder de Argentina. Fue así que creó Compañía TSB SA, orientada a brindar servicios a la industria petrolera, que comenzó funcionando en su propio domicilio. De esa forma, ofrecieron servicios de transporte (locación seca y residuos hidrocarburíferos) principalmente a YPF, y también a otras firmas como Toboscope y Swaco. Más tarde, incorporó transporte de cargas líquidas; en el año 2006 comenzó a certificar normas ISO 9001, OHSAS 18001 e ISO 14000, aplicando el "sistema de gestión integrado"; y en 2008 se trasladó al Parque Industrial de Neuquén. Dos años después, la empresa concretó una apuesta muy fuerte al asumir servicios de movimiento de tierras, para finalmente sumar el tratamiento de suelos contaminados y así profundizar la oferta de gestión integral de residuos y transporte de desechos peligrosos. El hecho de pasar de una pequeña camioneta hasta los más de 1.000 trabajadores actuales muestra una escalada inusitada, que se junta con la perspectiva favorable para la industria a partir de la puesta en producción del yacimiento no convencional de Vaca Muerta.

Bajo la conducción de Santiago Perea, la empresa Ovoprot SA, fundada en 2001, se dedica al procesamiento industrial de huevos para la elaboración de ovoproductos pasteurizados, líquidos y deshidratados. Nacida PyME, en corto tiempo se convirtió en el mayor comprador de huevos en cáscara de Argentina. Opera el 40% de la producción nacional de procesados a través de tres plantas industriales: Pilar y San Andrés de Giles, en Buenos Aires, y Sauce Viejo, en Santa Fe. La firma destina el 40% de su producción al mercado interno, con lo que cubre el 50% de la demanda nacional, y exporta el resto. Las plantas, localizadas en cercanías de los criaderos para reducir costos logísticos, operan con última tecnología.

La política comercial de Ovoprot se basó en consolidar simultáneamente, y de manera equilibrada, una posición de liderazgo en el mercado exterior e interior. Sus clientes locales son Unilever, Arcor, Bimbo, AGD, Kraft, Nestlé y Molinos Río de la Plata, entre otros. El comercio internacional, motor de crecimiento, llevó a la firma a constituirse en el primer exportador de ovoproductos de América Latina, con destinos como la Unión Europea, Rusia, Ucrania, Japón, Vietnam, Europa del Este, Medio Oriente, Tailandia, Colombia, Chile y Cuba. El crecimiento fue soportado por una inteligente política financiera, que permitió sostener las fuertes inversiones en tecnología de cría de gallinas, producción de huevos, almacenamiento, manufactura y distribución.

Ovoprot fue la primera PyME que se incorporó al régimen de oferta pública (año 2005), emitiendo obligaciones negociables y acciones que fueron suscriptas por inversores privados del mercado de capitales. En 2015 organizó el Fideicomiso PyME de Granjas Ovoprot, con el objetivo de facilitar la inversión privada en criaderos vinculados; la operatoria financiera otorgó una garantía de compra del 100% del producido que facilitó el fondeo en el mercado de capitales al asegurar a los participantes la recuperación de la inversión. Ese mismo año, pusieron en funcionamiento una planta y criaderos asociados en Santa Cruz de la Sierra, Bolivia, a partir de un *joint venture* con firmas locales y el uso de un subsidio de la Unión Europea, que Ovoprot logró por concurso de proyectos para países en desarrollo.

En la primavera de 1984, en la mesa de un bar de la Galería Mitre de Avellaneda, Enzo Campana, Raúl Sánchez y Julio Hermida, decidieron fundar CAHESA, con el objetivo de abastecer el mercado de aditivos químicos para la industria cerámica y de aguas. Con base en la dilatada experiencia de Sánchez y Campana, la sociedad fue escalando desde las épocas heroicas, cuando el alambre y el ingenio superaban a la tecnología y "tocar las cien toneladas mensuales era una fiesta", hasta una actualidad que posiciona a la firma como líder en la fabricación de polielectrolitos. En el ínterin, la empresa sobrellevó el neoliberalismo de los '90 y la gran crisis de 2001-2002. La defensa de la producción nacional iniciada en 2003 llevó a la compañía a sucesivas ampliaciones, como resultado de una demanda creciente que superaba la capacidad instalada. La expansión obligó a fundar una nueva empresa en el año 2012, Acykro SA, dedicada a fabricar resinas acrílicas en emulsión y servicios para las industrias de la pintura, el petróleo y la limpieza.

En 1996, CAHESA hizo su primera exportación; hoy destina una buena parte de su producción al mercado internacional. Además, cuenta con certificaciones ISO 9001 versión 2000 y, desde 2005, ISO 14000. La empresa tuvo el sueño de crecer creativamente. Su misión es brindar soluciones novedosas (estándar + a medida) e imprimen en ello pasión, ingenio, compromiso, honestidad y actitud ganadora. Sus principios son el respeto por la calidad, la seguridad, la salud y el medio ambiente. De los socios originales de la compañía hoy solo queda Enzo Campana. En el año 2014, la conducción de sendas fábricas ha sido transferida a sus dos hijos, que han puesto renovados bríos y nuevas ideas a la trayectoria impecable del *Tano*, dueño de una formación ética y profesional que he visto pocas veces. Lo veo morderse los labios para no intervenir, pero tiene temple para dejar a los jóvenes en completa libertad de actuación. En tanto, el ingeniero químico nacido en Italia no puede quedarse quieto y experimenta la iniciativa de sacarle valor a dos pasivos ambientales: desechos de cuero y pelos de ganado.

El siguiente es un caso especial, porque está en vías de expansión. Bendito Pie se embarca en una fuerte apuesta en el mundo de la moda femenina utilizando el diseño, la calidad de producción asegurada y el posicionamiento extendido a partir del *franchising*. Luego de avanzar en el mercado argentino, sobre fines de 2014 abrió locales en Tulum (México) y Asunción (Paraguay), mientras analiza solicitudes de otros países latinoamericanos. Por algún tiempo seguirá fortaleciendo sus raíces, pero la estrategia, indudablemente, es de desarrollo.

Voy a terminar este capítulo con el caso de Vuné SA. La vida juntó a Luis Alberto Rodríguez, un técnico que dedicó toda su vida a trabajar sobre aromas y sabe todo sobre el tema pero no es un emprendedor, y a Carlos Allemandi, un profesional de las ciencias económicas con mucha experiencia (fue gerente de bancos, empresario, consultor). *Carlos* analizó el tema concienzudamente, trazó los lazos principales de una estrategia comercial y me pidió opinión. Coincidí en que el nicho de mercado estaba explotado, pero que tenía varios inconvenientes que Luis había resuelto. Además, les advertí que estaban en el umbral de un relanzamiento tecnológico y que tendrían algunos años de vida en soledad para luego ser copiados acá y en el exterior, pero que el mercado era suficientemente prometedor. No dudo que el proyecto, que se pone en mercado a fines de este año, escalará como un verdadero bambú dorado.

Todo gira alrededor de transformar a través del aroma el clima de empresas, oficinas, hogares o vehículos, eliminando gérmenes y bacterias. De todos los sentidos, el olfato es el más primitivo y desarrollado del hombre y el único que se conecta directamente con las emociones y la memoria; mientras que recordamos solo el 5% de lo que vemos, retenemos el 35% de lo que olemos. Como el olor es la primera y más importante impresión, y produce reacciones diversas, comenzó a ser utilizado para distinguir locales comerciales, ambientes, marcas o productos (shoppings, casinos, bingos, comercios, oficinas, clubes, clínicas), eligiendo para cada caso el sentimiento que se quiere transmitir (relax, armonía, excitación, predisposición, alegría, imaginación). El nuevo emprendimiento propone utilizar el marketing olfativo para que actúe como diferencial identificativo, con la conciencia de que puede hacer más que el bombardeo de imágenes y sonidos. Lo diferenciador es que la oferta de Vuné (que significa *fragancia*, en checo) puede mantener el aroma en grandes superficies (cada equipo cubre hasta 1.200 m³, en tanto la actual oferta solo sirve para espacios pequeños, no superiores a 50 m³).

Por otra parte, para espacios pequeños han logrado reemplazar el tradicional aerosol perfumado por un dispenser electrónico biodegradable y recargable, que no contiene gas (el cual quita pureza al perfume). Entre sus principales ventajas sobre los productos hoy en mercado, sobresalen que no daña la capa de ozono, evita el descarte de metales (chatarra) y no tiene peligro de explosión, lo que lo hace utilizable en ambientes especiales, como por ejemplo aviones.

La tercera línea es un sistema que se instala en el circuito de recirculación de climatizadores de automóviles y vehículos de larga distancia (ómnibus y camiones). El producto neutraliza y elimina malos olores (incluyendo el de cigarrillos), repele bacterias e insectos, permite la elección de la fragancia y puede lograr efectos terapéuticos, relajantes, estimulantes o *antisueño*. También puede ser combinado con aceites esenciales naturales para aromaterapia. Actualmente, además, están experimentando la aromatización de espacios abiertos.

CAPÍTULO 10

ESTRATEGIA DE CULTIVOS ASOCIADOS

Me gusta tomar notas de ciertas curiosidades, atesorarlas en el fondo de mi mente, y sacarlas para fermentar un pensamiento o aclarar la presentación de una idea fuerza. De esa manera surgió la vinculación entre cultivos botánicos y la empresa, que inspira este libro. Recuerdo que, acompañado por Germán Schroeder, propietario de la Bodega Familia Schroeder, me llamó la atención que al lado de cada fila de viñedos había rosales; así conocí que el rosal tiene la virtud y el defecto de atraer insectos y parásitos, permitiendo anticipar ataques a la vid y resolver la arremetida.

Unir en una misma parcela cultivos complementarios o sinérgicos resulta una alternativa saludable y una técnica importante de la agricultura natural u orgánica. Es habitual utilizar plantas para biofertilización y mejora de calidades (color, aroma y sabor de muchas variedades vegetales), y como abono orgánico. Algunos cultivos permiten reducir la evaporación de agua y la erosión, cubren el suelo evitando la presencia de malezas y sirven para cortar vientos, mejorar y aprovechar los espacios, o estabilizar la tierra luego de una catástrofe climática (sequía o inundación). Otros actúan como *plantas trampa* (variedades inmunes, resistentes o refractarias), permitiendo controlar biológicamente microorganismos nocivos, insectos y plagas; previenen ciertos ataques, y cortan y evitan la propagación del daño. También hay cultivos secuenciales, que permiten que los nutrientes que una planta absorbe sean compensados con lo que libera la otra. Asociar ajo permite potenciar el crecimiento y las virtudes de rosales y frambuesas; la albahaca mejora el desarrollo y el sabor de las plantas de tomate, y repele moscas y mosquitos; la petunia protege al poroto: la caléndula ahuyenta las plagas de los huertos; la achicoria contribuye a desarrollar el tomate y la cebolla; y el lino protege a las papas y las zanahorias, potenciando su evolución y sabor. Dentro de los casos de remediación de suelos, la soja se rota con maíz, calabazas y arveja amarilla; en América Latina se combinan porotos (o frijoles) con yuca, maíz, sorgo, mijo y trigo o arroz de secano; y el trigo, maíz, soja, cebada o avena con forrajes y leguminosas; también se establecen huertos de nueces y frutas con pastizales y leguminosas. Asimismo, se combinan árboles valiosos por su madera con cocoteros y cítricos. Las paltas se pueden implantar en los espacios que dejan entre sí los cafetos, cacao, yuca, maíz y otras leguminosas. Además, la lombricultura mejora la feracidad de la tierra y la apicultura poliniza los cultivos. También hay cultivos que armonizan con la cría de animales.

Los policultivos brindan beneficios a través de la mayor eficiencia biológica en comparación con los monocultivos. Generan estabilidad ecológica, económica, social y energética, impactan sobre la productividad del trabajo y, en consecuencia, sobre la posibilidad de generar una mejor retribución salarial. El objetivo final es mejorar la rentabilidad. Esto sirve para ingresar en una de las prácticas útiles para las empresas menudas: las *estrategias asociativas*.

Las enseñanzas de una mente brillante

En el orden humano, es una clara enseñanza de la Antigüedad que, ante las acechanzas de la naturaleza que hacían inviables las epopeyas particulares, nuestros ancestros *cooperaban* para sobrevivir. Me animo a proclamar que un gesto significativo de unión de esfuerzos es la empresa, mixtura inapreciable de inteligencia y colaboración, que apela a una base de datos acumulada y a la capacidad de actuar a partir de dicha información.

John Forbes Nash nació en 1928 y pronto mostró su afición por las matemáticas. En 1994 elaboró una tesis a partir de la *Teoría de los Juegos,* que mereció el Premio Nobel de Economía y fue conocida como "el equilibrio de Nash". El matemático simuló las interacciones de la vida real de manera de facilitar y mejorar la toma de decisiones económicas. El enfoque tradicional estimaba que era imposible que los participantes pudieran ponerse de acuerdo para fijar las cantidades a producir, establecer precios o definir el espacio de mercado que ocuparán. Así, cada cual debería dejar que el mercado regule y seguir sus inclinaciones personales para maximizar su posición, sin detenerse a considerar el impacto de sus actos sobre terceros porque, a la larga, se produciría un derrame de riqueza que haría que todos salgan beneficiados. Hasta ahí, la *Teoría de los Juegos* y sus mayores cultores (Von Neumann y Morgenstern) habían trabajado en operaciones de suma cero; en contraposición, Nash dio a la simulación más posibilidades y un mejor acercamiento a la realidad. Poniendo a las personas en igualdad de condiciones para elaborar una estrategia, demostró que el interés general se maximiza si se logran compensar los individualismos y se buscan instancias de cooperación. De esa forma, el recientemente fallecido matemático contradijo el *principio económico fundamental,* que ensalza el egoísmo y sobre el cual se asienta el sistema capitalista.

Los postulados del célebre filósofo y economista Adam Smith tuvieron lógica en tanto los mercados eran *perfectos,* y la multitud de oferentes y demandantes poseía poderes equilibrados y actuaba con ética. Pero todos sabemos que esas condiciones perdieron realidad. Lejos de las conductas virtuosas, la oferta se concentró, en tanto la demanda sigue polarizada; eso significa que el poder condensado de la oferta, motorizada por impulsos egoístas y salvajes, impone condiciones a la demanda. Como resultado, dos siglos y medio después de *La riqueza de las naciones*, los ricos son cada vez más ricos y las multitudes de pobres no reciben una gota de derrame. Estoy admirado de que lo anterior haya sido escondido y los desposeídos del mundo –amplia mayoría– sigan debatiéndose en un ambiente de indolencia, desidia y agobiantes reglas egoístas; al punto que si alguien reconoció a John Nash, no es por el impacto de sus estudios sino por la película *Una mente brillante* (Russell Crowe).

Por mi parte, agradezco la contribución teórica para demostrar que la maximización de los beneficios individuales y del conjunto no se logra confrontado u operando aisladamente sino a través de la colaboración con otros de los actores, lo que me permite hacer un llamado a las PyMEs para coordinar estratégicamente acciones y decisiones con sus pares.

En las décadas del '80 y '90 tuvo auge a nivel corporativo la unión de esfuerzos para aumentar la competitividad y el control del mercado (ola de *mergers and acquisitions*). A pesar que la colaboración interempresaria permite resolver varias de sus limitaciones, son exiguas las alianzas estratégicas constituidas por PyMEs.

Un caso orientativo

Entre los años 2012 y 2014 estuve involucrado en el armado estratégico de un proyecto que me servirá de guía en este capítulo, porque tiene aristas que cubren un enorme terreno de posibilidades y deja abiertas nuevas instancias de análisis. Por una razón del destino y el entusiasmo de un joven santafesino, Mariano Viroglio, me involucré con las PyMEs lácteas de las cuencas de Entre Ríos, Santa Fe y Villa María (Córdoba). Al estudiar su cruda realidad, encontré algunos puntos interesantes sobre los que armamos una propuesta que, en el caso de Santa Fe, tuvo principios de ejecución.

Las industrias lácteas de pequeño porte son islotes que juegan como colchón de las circunstancias que acontecen por arriba y por debajo. El precio que pagan los consumidores de quesos en Argentina varía alrededor de un tercio de lo que perciben los industriales en puerta de fábrica (esto incluye la producción de leche en los tambos y su manufactura). La primera visión es la clásica: aumentar el ingreso y mejorar los costos para que la actividad entre en zona de comodidad; el tema era: ¿cómo lograrlo?

Mariano venía intentando que los industriales se convirtieran en un colectivo, coincidiendo conmigo en que había que fortalecer tal impulso y llevarlo a nivel de formalización[58]. Juntos elaboramos una propuesta que consideraba en qué parte del proceso la cooperación permitiría mejoras y en cuáles convenía mantener la autonomía. Las decisiones debían ser tomadas a la luz de aspectos económicos y culturales. Los considerandos mostraron la conveniencia de mantener independiente la actividad industrial y cooperar en los asuntos logísticos y comerciales[59].

El camino asociativo se abrió con la invitación a la comercialización conjunta del producido. La idea fuerza era llegar al público eliminando la nefasta intermediación a la que están sometidos, lo que permitiría aumentar los ingresos y, a la vez, lograr la visibilidad de los compradores finales (hoy las queserías no tienen trazabilidad ascendente)[60].

---

58. El tema ya había sido tratado por mí en dos libros anteriores.
59. Algunas cuestiones industriales podrían ser mejoradas por la vía de la cooperación, pero –conociendo la mentalidad piamontesa de la mayoría de los intervinientes– esto habría generado resistencia. Tal vez con la evolución de la confianza sea posible intentar algunas variantes en la etapa de manufacturación.
60. Comprobé esto cuando le consulté a un industrial dónde podía adquirir sus quesos en la ciudad de Buenos Aires y me dijo que no sabía. Es casi imposible identificar un queso PyME en una góndola argentina.

El otro mojón fue proponer hacer quesos duros, que son mejor apreciados y pagados por el mercado, cambiando la historia de seguir a los grandes en la fabricación de quesos blandos, masivos y de rápida realización, cuya oferta saturada reduce los precios. Algunas queserías, de manera incipiente y tímida, como Cassini y Cesarato de San Carlos (Santa Fe) y Establecimientos Don Santiago de Calchín (Córdoba), dieron pasos en este sentido con resultados incitadores; pero aun así la generalidad no se anima a avanzar. A pesar de que los quesos *premium* requieren más leche y tiempo de estacionamiento, es menor su sensibilidad a la escala (la estandarización y el volumen favorecen a los grandes), y el mercado acepta que las usinas de menor porte ponen constancia y sabiduría.

En consecuencia, propusimos orientar la oferta hacia el segmento de consumidores exigentes y de altos ingresos, especialmente los que están acostumbrados a iniciar sus comidas con entradas que incluyen quesos, embutidos y encurtidos, regados con buenos vinos tintos o vermut. Para eso se proyectó un plan de apertura de locales especializados y boutiques de *delicatessen*. Sobre febrero de 2014 se abrió en la ciudad de Rafaela el primer local y, a los pocos días, otro en la Ciudad de Santa Fe, y luego en Venado Tuerto, Casilda y Rosario. La proyección incluía regar de almacenes la provincia, reconvertir locales que eran propiedad de los asociados, abrir una unidad en cada plaza donde se encontraban localizadas las industrias asociadas, y cubrir con *franchising* los puntos de venta estratégicos del país, integrando al modelo aquellos locales preexistentes que operaban de manera independiente y solitaria[61]. Finalmente, se planificó convertir la alianza en un verdadero

---

61. Estos establecimientos se encuentran regados en los principales centros de consumo sofisticado. El ingreso a la cadena permitiría a sus propietarios reducir los dolores de cabeza de tener que negociar con muchos proveedores al ver asegurada la provisión en tiempo, precio y forma.

consorcio de exportación para avanzar hacia países vecinos que carecían de oferta propia de quesos de calidad.

El punto crítico (y fundamental) era convencer a los potenciales participantes de especializarse en determinadas variedades. Eso permitiría alcanzar mayor volumen de producción y atención a cada queso y, fundamentalmente, evitar la competencia entre socios. Para completar el proyecto, se proponía localizar estratégicos depósitos logísticos desde donde se aprovisionan los locales cercanos y se realizan acciones comerciales puntuales (atención a restaurantes, *delivery* de quesos y picadas completas, etc.). Por otra parte, los almacenes no solo ofrecerían quesos, sino también productos de consumo complementario tales como vinos, espumantes, vermuts, encurtidos y embutidos de alta calidad, preferentemente suministrados por PyMEs productoras que sopesaban idéntico problema para alcanzar la demanda. El emprendimiento daría preferencia a la provisión de la provincia en respuesta al apoyo gubernamental recibido. Cabe agregar que, en el origen, no se trató de crear una unidad de negocios con objetivos de renta, sino que el consorcio actuaría como unidad de servicios para aumentar los ingresos de los socios, lo que permitiría alcanzar sustentabilidad y asegurar la tranquilidad de propietarios y trabajadores.

Para disminuir las dudas, buscamos presentar el proyecto como un experimento que tomara una pequeña parte de la leche que transformaban, asignando el resto a la operatoria tradicional; si se demostraba que la rentabilidad era superior y la demanda creciente, se asignarían mayores proporciones, hasta la transformación integral. Quiero hacer notar que la propuesta estaba guiada por el principio de que *las PyMEs deben tratar de eliminar la intermediación costosa, absurda y antinatural.*

La idea común era aprovechar los resultados y la confianza entre socios para avanzar sobre otros aspectos críticos. El siguiente punto era unificar el sistema de distribución, recuperando las experiencias particulares valiosas y adosando nuevas ideas: lograr eficiencias de volumen, localizar depósitos comunes en los mercados de destino, unificar corredores y poseer una flota de camiones propia. Todo esto sería posible de lograr con apoyo gubernamental.

También se pensaba intentar aprovechar integralmente la materia prima (leche). El proceso actual desperdicia el lacto-suero, cuya puesta en valor económico mejoraría singularmente la ecuación de cada empresa participante; o sea que, con el mismo costo de insumos y una adecuada inversión, se lograría aumentar el ingreso. Para la explotación económica de las proteínas del lacto-suero se requiere operar sobre un volumen superior al que manejan hoy las unidades, y demanda una elevada inversión para aislar, concentrar y poner en valor la proteína. Nuevamente aparece la colaboración como posible solución: las firmas unirían los desechos actuales para alcanzar escala y, paralelamente, se convertirían en mejores sujetos de crédito y receptores de estímulos gubernamentales, ante la conformación de *clusters*. La proteína tiene un mercado internacional con necesidades insatisfechas.

Mi búsqueda obsesiva por sacar el máximo valor del insumo de cada industria está inspirada en la experiencia del sector avícola en Argentina, que hoy compite con éxito en el mundo a través de haber alcanzado extraer máximo valor de los pollos[62]. Cuando todo tiene valor y el desperdicio es cero, la ecuación que mide el beneficio se enaltece. En el otro extremo, o sea yendo hacia atrás, encontramos que se pueden mejorar costos a través de unificar la adquisición de insumos y partes (*pool de compras*), y también acceder a innovaciones tecnológicas que no se pueden amortizar con bajos volúmenes. Además, hay partes del proceso que se mejorarían (en calidad y costos) si se realizaran en conjunto; por ejemplo, la localización estratégica de galpones co-

---

62. El caso de Cresta Roja es un accidente relacionado con problemas de conducción.

munes de maduración de quesos dotados con tecnologías avanzadas.

Un riesgo inminente que tienen las pequeñas y medianas queserías radica en cómo lograr que se les garantice en el tiempo la provisión de leche. Si bien algunos industriales se abastecen parcialmente con leche propia, en general dependen de productores independientes. Actualmente, el negocio se enfrenta al creciente cierre de tambos debido al costo de oportunidad frente a la producción de soja, y al hecho de que los jóvenes herederos no quieren asumir la exigencia de una actividad que obliga a vaciar las vacas los 365 días del año y a la madrugada. Por otra parte, la unidad económica de subsistencia va en aumento; en tiempos de mi padre, las unidades podían sobrevivir con 300 litros diarios, hoy apenas subsisten con 2.500 litros. Aunque la confianza y los años han logrado establecer fidelidades, el achicamiento del espacio de comodidad que tienen las usinas lácteas les impide transferir mejores precios al productor.

A medida que el mercado mundial requiera mayor provisión de leche y derivados (leche en polvo, proteínas lácteas), los precios subirán y superarán la capacidad de pago de las PyMEs queseras que no exportan. Ante una capacidad de negociación despareja, la producción irá a manos de las corporaciones (Danone, SanCor, La Serenísima/Mastellone, Molfino/Saputo y Willoner/Ilolay), que en conjunto representan más del 60% del total de la producción láctea argentina. Esto lo visualicé en 2011 y lo hice evidente a los productores, indicando que la leche seguiría el mismo camino que la producción de carne (*feedlots*) y los tambos se convertirán en *megatambos*. Pero parece que todo se precipitó.

Lamentablemente, el proyecto sucumbió ante el egoísmo y la desconfianza entre participantes; los locales abiertos pasaron a ser manejados individualmente y quedaron vinculados, hasta el próximo ataque de histeria individual, por la asociación que los agrupa (APYMIL)[63]. De esta forma, se perdió toda la esencia creativa y potencial. Por otra parte, el resto de los proyectos están paralizados. Va a ser difícil superar la tradición chacarera de desconfiar de todo y de todos. Mi experiencia indica que solo con la intervención de una entidad poderosa y reconocida, como el Estado, se lograría morigerar los vicios, justamente lo que le faltó a nuestro proyecto porque las autoridades que conducían el tema en ese entonces en el Ministerio de Agricultura estaban empeñadas en desperdiciar el presupuesto en prebendas a viejos actores y en fracasadas recetas.

Por qué es necesaria la colaboración

Comencé a valorar las *alianzas* en la época en que cursé mi posgrado de Especialización en Comercio Internacional, que organizó la Federación de Colegios de Graduados en Ciencias Económicas por cuenta y orden del Ministerio de Economía en el año 1974, y que me abrió las puertas para ingresar al Servicio Económico y Comercial de mi país. Por esa época se había popularizado que era esencial para el desarrollo del Tercer Mundo que sus PyMEs se abrieran al comercio internacional. La traba, naturalmente, era el volumen, sensiblemente superior al requerido en el mercado interno, dados los elevados gastos comerciales, puertos, fletes y seguros internacionales, y los elevados gastos de ventas.

El Centro de Comercio Internacional de UNCTAD-GATT (hoy OMC) encontró en los *consorcios de exportación* el instrumento para superar el brete. Los consorcios son un clásico

---

63. Los pigmeos pueden mirar hacia arriba o hacia abajo, es una elección; pero si eligen agachar la cabeza no verán las escaleras que les permitirían ver las cosas desde arriba. En el caso considerado, la mezquindad y miopía le ganó al deseo de lucro y aún más al de supervivencia, demostrando la relatividad del principio de racionalidad en las decisiones económicas.

joint venture que suma excedentes para alcanzar el nivel en el que los costos de la *distribución física internacional* (DFI) no inviabilizan el intercambio. Veamos una simulación: para exportar hay que conformar una estructura profesional que exigirá una inversión de no menos de 150.000 dólares/año (haciendo una lista corta: honorarios de un especialista con vínculos internacionales y experiencia, expensas por viajes y estadías en el exterior, participación en ferias, exposiciones y misiones comerciales, y *back office*). Si asumimos que estos expendios no deberían superar el 5% del precio de venta, estamos estableciendo un piso de ventas anual de 3 millones de dólares. Los entes que operen con volúmenes inferiores, o están cubriendo el déficit con superávits internos, o lo que están vendiendo posee tal ventaja competitiva que admite gastos comerciales inusualmente elevados. *Como corolario, puedo recomendar que quien no tenga la capacidad para superar el mínimo señalado se aleje del tráfico internacional o busque socios para su abordaje.*

Estudié el instrumento y, como director nacional de Promoción de Exportaciones del Ministerio de Economía, incluí el tema en la (olvidada) Ley 23.101/84 de Promoción de Exportaciones. Junto al embajador Carlos Faustino García hicimos un trabajo de promoción cámara por cámara, empresa por empresa, ciudad por ciudad. Junto a la promoción de *compañías de comercialización internacional* (*tradings companies*), fueron instrumentos estratégicos de la política comercial exterior. Ya alejado de la función pública, seguí el tema con el mismo afán desde el Instituto de Comercio Exterior del Banco de la Ciudad de Buenos Aires, y como consultor ayudé en la formación de más de una decena de *consorcios de exportación*.

Como efecto de mi evolución, fui tomando conciencia de que los problemas de volumen que aquejan a las PyMEs no se encuentran solo en la operatoria internacional sino también en el mercado interno. Dejando a un costado los *mergers and acquisitions* de las corporaciones, asumí repensar el tema para que fuera aprovechado por las PyMEs de los arrabales del mundo, y condensé el resultado de ese trabajo en dos libros. Coincido con Ohmae en que "Un pacto –o punto de partida de una alianza– es una parte esencial del repertorio de todo buen estratega". *Para las PyMEs, la decisión de asociarse es estratégica.* Con esa convicción, inicié una cruzada para que las PyMEs adopten el instrumento. Sin embargo, tengo que admitir que hemos avanzado poco, debido a aspectos culturales, miopía de prospectiva, individualismo, egoísmo y falta de audacia. En la mayoría de los consorcios PyME reconocidos priman propósitos defensivos; se puede decir que dado el comportamiento "autista" de la mayoría de propietarios de pequeñas y medianas empresas la decisión de perder individualidad solo es aceptada cuando no queda más remedio; asimilado a los estudios de Kahneman, la aversión al riesgo supera la costumbre de no compartir. Pero hay que tener presente que las resoluciones extremas, asumidas en momentos de peligro intenso, bajo presión y estrés, no son el mejor punto de partida. Por eso, además de servir como estrategia defensiva (para sobrevivir), la posibilidad de asociarse permite desatar efectos sinérgicos, sumar habilidades y llenar vacíos; en suma, vale para hacer que objetivos difíciles se tornen factibles, abrir cuellos de botella y hacer que lo *casi* imposible sea posible. *Si las exigencias del mercado superan las capacidades de la firma, la salida es encontrar con quién combinar cualidades y eliminar insuficiencias. El desafío es efectuar una unión que se adecue a la estrategia y cultura organizacional. Se trata de hallar la pieza que encaje exactamente en los espacios vacíos del rompecabezas de la empresa.*

De la misma forma en que se encara cualquier tipo de aplicación de fondos, la decisión debe surgir de un simple análisis de *costo-beneficio*. Por eso, las entidades que analizan la posibilidad de cooperación deben precisar claramente los costos en energía y recursos, a lo que hay que sumar el tiempo que demoran los acuerdos, los renunciamientos y la pérdida de independencia; y compararlos con los beneficios futuros esperados.

Las asociaciones involucran naturalezas de diverso carácter: a) *estratégicas* –la asociación es una decisión que se toma para alcanzar un propósito trascendente–, b) *culturales* –todo proceso de complementariedad significa un mestizaje cultural–, y c) *operativas* –porque operan en la práctica–.

Razones y objetivos de las alianzas

Ampliar el volumen operativo

Un primer aspecto que convoca a las pequeñas empresas a ejecutar un movimiento asociativo es superar la estrechez de volumen. Esta limitación deriva de diferentes razones y la solución deberá estar focalizada en superar las causas originales. Puede ser que el determinante del tamaño se origine en la carencia de capital, y es posible que haya más de una empresa en idéntica situación.

Veamos los casos de los *pools de siembra*: la iniciativa surgió a partir de estudiar la rentabilidad que se podría lograr utilizando maquinarias potentes operando sobre superficies extensas. Para ello solo se necesitaba capital para adquirir los equipos y arrendar campos. Pero se habría logrado el mismo resultado si los propietarios, en lugar de convertirse en rentistas urbanos, hubieran juntado sus recursos y sus parcelas para operar en conjunto; es más, habría sido suficiente comprar las máquinas y, con un sistema de rotación, utilizarlas privadamente en sus campos. Recuerdo haber defendido esta posición en foros rurales antes de que aparecieran los *pools de siembra*, y la respuesta era que había un importante beneficio al ingresar a laborar el campo inmediatamente después de la lluvia. Esta estúpida negativa se resolvía con la elaboración de una lista y el envío a cola de quien usara primero las máquinas. La visión miope, egoísta y autista de los chacareros les operó otra vez en contra.

Uniones de carácter comercial

Puede ocurrir que el producto o servicio posea calidad y precios competitivos, y el producido estar por debajo de la economía de alcance. La unión de esfuerzos de quienes producen la misma mercancía u operan sobre un mismo canal puede neutralizar ese factor anticompetitivo. Esto es adecuado para empresas a las que les conviene mantener la individualidad al momento de producir y juntar su producido para comercializar.

En el año 2013, el ministro de la Producción de la provincia de Río Negro, Alfredo Palmieri, me solicitó opinión para plantear una estrategia de sobrevivencia a los algo más de 2.000 pequeños productores de frutas del Alto Valle. En el año 2006, siendo yo jefe de Gabinete del Ministerio de Economía, había recibido una solicitud parecida de un ministro radical de la misma provincia, solo que en ese momento había que ayudar a 6.000 productores. La respuesta fue igual en los dos casos: crear una infraestructura común para independizarlos de los pulpos del sector. El escenario era muy parecido al caso testigo de los quesos, por eso le pasé el *Power Point* de la propuesta láctea y me lo devolvió luego de cambiar algunos términos para adaptarlo a la fruticultura. La solución era la misma: asociativismo. El ministro fue removido de su cargo, y aunque presentó la propuesta a su sucesor, el síndrome de "todo lo que viene de antes es malo" hizo que la propuesta se desestimara, mientras que las crisis se suceden cada vez con mayor virulencia[64]. Un dato interesante es que, en el caso de la fruta, las grandes superficies se han mostrado ineficientes frente a las fincas menores; la unidad óptima estimada es de 50 hectáreas.

---

64. En el primer caso, habíamos aprobado el uso de parte de los derechos de exportación del sector para localizar estratégicamente un grupo de plantas de empaque y un frigorífico en San Antonio Oeste; con Palmieri se usarían recursos con que se subsidia al sector en épocas de crisis y que nunca terminan por resolver el problema de fondo.

También puede ocurrir que el bajo nivel operativo impida la incorporación de personal altamente calificado (experto estratégico, viajante internacional, ingeniero con conocimientos tecnológicos avanzados, técnicos). La contratación compartida, formal o tácita, puede solventar la limitación.

La internacionalización obligó a muchas empresas a conformar sistemas asociativos de diverso tipo: absorciones, fusiones, *joint-ventures*, subcontratación o simples acuerdos parciales. Es probable que los productos de una empresa tengan demanda asegurada en el exterior, pero ésta no posea capacidad (tiempo, capital y esfuerzos) para posicionarlos. Una alternativa es hallar un socio comercial en el país objetivo. La necesidad de conocimiento en un ámbito ajeno no es privativa de las PyMEs, sino que grandes corporaciones también la padecen. Antes que florecieran los acuerdos de *asociación estratégica integral* entre China y Argentina (2015) colaboré con un coloso asiático de la construcción para encontrar socios locales que le permitieran resolver rápidamente la carencia de conocimiento de la forma local de operar en el sector.

Un caso especial de asociación con fines comerciales es la integración hacia adelante por la vía de la constitución de un *joint venture* dedicado a la comercialización conjunta de los bienes y servicios provistos por varios socios. Este es el caso de los *consorcios de exportación* aludido más arriba o la creación de una compañía de comercialización internacional (*trading company*) que acuerde tomar a su cargo la venta al exterior de los productos de elaboradores diversos.

En el segundo lustro de los '80 fui parte de la organización de consorcios de exportación de marroquinería, calzado, equipos médicos, válvulas, autopartes, anteojos, maquinaria para la industria alimenticia, máquinas herramientas, editoriales y otros. La inmensa mayoría terminó sucumbiendo al retraso cambiario y la elevación de los costes que en los '90 destruyeron a las PyMEs argentinas. Más tarde, con la ayuda de Juan Manuel García Valverde, en el Instituto de Comercio Exterior y Apoyo a las Pymes del Banco Ciudad, hicimos una recopilación de casos exitosos de uniones comerciales, y aunque no he hecho su seguimiento, cabe considerar los principios que motivaron las uniones.

Artesanos para el Tango estuvo constituido por cinco empresas vinculadas con la música ciudadana (2ª Generación, fabricante de ropa de tango para mujer; F. y G. Joyas de Tango; La Fundamental, sombreros; Villarroel, zapatos de hombre y mujer, y Chamote, artesanías), que decidieron presentar su oferta en conjunto. Con el padrinazgo de Juan Carlos y Johanna Copes (el bailarín de tango más célebre de Argentina y su hija, heredera del mismo arte) ofrecieron "lo otro del tango". El objetivo del agrupamiento fue facilitar al turista un lugar donde encontrar lo que busca, evitando deambular por las calles de Buenos Aires y ser sorprendidos con precios incorrectos. El aprendizaje de trabajar en conjunto fue arduo, pero lograron complementarse y agilizar las decisiones. Manteniendo individual la actividad productiva, lo que se unifica es la acción comercial y logística. A través de un fondo común, enfrentan los gastos de publicidad y participación en muestras, ferias y exposiciones, vinculándose con los clientes a través de acciones coordinadas con hoteles y organismos públicos. Y cada integrante hace esfuerzos para referenciar los productos de sus socios.

RedFarm va en el mismo sentido, aunando un grupo de farmacias. Nacieron a principios de los '90 como respuesta a la aparición de cadenas farmacéuticas (Vantage y Farmaplus). Jorge Guevara, más por intuición que por moda, asumió que *quien no se asociara o tuviera un vínculo de alianza de algún tipo, no sobreviviría.* El grupo inicial partió desde Quilmes y Capital Federal, con ocho farmacias asociadas, y se extendió a toda la Ciudad de Buenos Aires y parte de la zona Sur, Noroeste y Oeste del Gran Buenos Aires, sin que mediara un requisito de tamaño. La empresa es conducida por una Comisión Directiva, que toma las decisiones comunes y se sostiene con una cuota mensual, operando bajo la forma legal de *Asociación de Cooperación Empresaria* (ACE). El modelo es el de boticas que aseguran el consejo y la supervisión en la atención de los clientes, operando en el circuito sanitario preventivo y la asistencia a la salud. La propuesta incluía la oferta conjunta de fármacos y perfumería (diversificación relacionada). La aparición de los modelos de *drugstore* (especialmente la cadena Farmacity) fue un duro revés, y generó una depuración que redujo a 27 las farmacias activas asociadas.

Actúan bajo el lema "es mejor trabajar con otros que contra todos". Como grupo, las mayores dificultades fueron aprender a gestionar volumen y el hecho de que solo un pequeño grupo tuviera participación activa, mientras que la mayoría recibe pasivamente los beneficios. Aunque la crisis de 2001 frenó los avances, los logros fueron importantes. Los beneficios se vieron especialmente en la planificación de compras conjuntas, logrando mejores condiciones comerciales, y la resolución de problemas de stock ("te presto hasta que llegue el pedido de la droguería") que se opera utilizando una intranet. Hay conciencia del valor de capacitar a dueños y empleados en temas de gestión, dado que la carrera farmacéutica no se ocupa de esos aspectos. El consorcio incorporó el concepto de *delivery*. Cada farmacia mantiene su independencia, y fija su política de mostrador dentro de un marco de lineamientos y consensos básicos (entre los que se incluye la atención profesional personalizada y no operar sobre la base de descuentos y bonificaciones). Los grandes desafíos son la identificación de imagen de marca, la creación de una tarjeta y el aumento de la integración de nuevos partícipes a nivel nacional e internacional (el objetivo es Uruguay).

En la misma línea aparecen las siguientes redes: Red de Hogar, Red Megatone y Grupo Márquez, familiares proveedores de electrodomésticos.

También se han conformado clubes de camaradería. El *Grupo Líder de Fabricantes de Maquinaria para Packaging* es un ejemplo potente. Se organizó en la década del '90, en el marco de la más triste *epidemia* que arrasó con los fabricantes argentinos de bienes de capital. Luis Persiani fue su coordinador inicial, bajo el auspicio de la Asociación de Dirigentes de Empresa, entidad presidida por Gabriel Herrero. Participó un grupo de empresas con importante trayectoria productiva y comercial de diferentes provincias (EDOS SA, Blipack SA, Metfree SA, Fripack SA, Bisignano SA, Cramsa SA y el Grupo Micro SA –más conocido por su nombre original: Automación Micromecánica, firma que provee equipos a los integrantes del grupo y que posee una trayectoria internacional dilatada–). Los participantes fabrican equipos de mediano y alto rendimiento y son proveedores de firmas alimenticias del país y del exterior (a donde destinaron el 70% de su producción, aun con la desventaja cambiaria de los '90). Las empresas lograron familiaridad en los '80, al participar individualmente en diversas ferias de América Latina. En 1996 decidieron hacer una presentación conjunta, logrando el apoyo del gobierno de la provincia de Buenos Aires; a partir de ahí comenzaron a decidir el calendario de misiones, ferias y exposiciones. Las empresas mantienen independencia operativa y comercial y no existe estructura legal que las una, sino una afinidad y un nombre de fantasía que actúa como paraguas y les da imagen corporativa. La amalgama fue la confianza, primando el espíritu de grupo por encima de las ocasionales diferencias.

Las firmas gozan de estructuras ágiles que facilitan la operatoria. El responsable del conglomerado se comunica directamente con los propietarios y no se requieren reuniones de directorio o mecanismos de consulta complejos para tomar decisiones; todo es ágil, la burocracia está erradicada y prevalece la confianza mutua y en el coordinador. También lograron contrarrestar la diversidad geográfica, aunque reconocen que si fueran vecinos aumentaría la sinergia. El grupo coopera en todo lo que se puede: cuando salen a vender no piensan en sus propios productos sino en los de todos, se pasan información cuando detectan alguna necesidad que pueda ser solventada por algún colega y actúan juntos ante organismos nacionales e internacionales. De esa manera, lograron cerrar operaciones importantes. Reconocen que la imagen conjunta y el apoyo oficial elevan la confianza de los compradores. Como las empresas utilizan muchos insumos en común, conformaron un *pool de compras*: a partir de un análisis profundo de las materias primas y componentes utilizados, se consideraron los proveedores que tenía cada empresa e incluso se evaluaron nuevos abastecedores, se negoció en grupo y se eliminaron intermediarios. También lograron menores costos en publicidad, fletes y facilidades bancarias, y les rondaba la idea de unificar los representantes y servicios de posventa en el exterior.

El funcionamiento como grupo se solventa con una cuota mensual que sirve para pagar los honorarios del coordinador y pequeños gastos del "club". En caso de requerirse erogaciones extraordinarias se recurre a contribuciones especiales. La imagen de grupo se fomenta a través de folletos y tarjetas que, aun siendo individuales de cada empresa, incluyen el logo del conglomerado. Deben remar contra la falta de estímulo y los vaivenes de la política gubernamental, especialmente las dificultades para financiar a los compradores, facilidad que poseen los competidores y que alguna vez existiera en Argentina (OPRAC).

Patricia Marino es una persona que aprecio mucho por su capacidad y dedicación al frente del *Centro de la Industria Textil del Instituto Nacional de Tecnología Industrial* (INTI). La recuerdo contándome entusiasmada que todo comenzó en el año 2000, un momento difícil para el sector, que obligaba a ser audaces. Los primeros grupos se formaron al abrigo de la asistencia a los Grupos de Exportación SEPYME. El Centro es un punto de referencia para las empresas del sector; en sus reuniones se mezclan opiniones, catarsis y sueños. Los primeros encuentros eran masivos, pero en la trayectoria, y ante la necesidad de asumir compromisos crecientes, las filas se fueron raleando. Muchas empresas poseían equipamiento moderno, al que agregaban el poder creativo de diseñadores universitarios.

En los agrupamientos se tuvieron en cuenta las relaciones comerciales preexistentes para evitar conflictos; por ejemplo, cada agrupamiento estaba relacionado con un mismo hilandero, proveedor que era invitado a integrar el proyecto[65]. El Centro brindó apoyó sin mezclarse en los aspectos comerciales. Su acción estuvo relacionada con ayuda tecnológica, diseño, impulso al desarrollo asociativo, búsqueda de oportunidades, armado de programas de orientación y formación, acercamiento de diseñadores internacionales. La acción se completó con el apoyo del Banco Ciudad, que aportó fondos de crédito fiscal para la realización de cursos de asociatividad. En el año 2000 se lanzó el primer grupo: *Sweater's prendas de punto*, formado por grandes empresas, PyMEs familiares, y grupos de indumentaria profesional y *outdoor*, lencería y corsetería. Todos tratan de realizar colecciones conjuntas, combinando productos y sin encimarse. Las cosas se hacen a pulmón, a tal punto que a nadie lo turban las distancias: viajan kilómetros para acercarse a las reuniones. Los nuevos ingresos son acordados entre todos. Entre todos los participantes contribuyen a pago del gerente del consorcio, que es externo al INTI (aunque pasa por el filtro del CIT) y asume la elaboración del Plan de Negocios además de atender la operatoria de comercio exterior.

En momentos en que me desempeñaba en el Ministerio de Economía, nos estalló un aumento llamativo del precio de las verduras y hortalizas. Cuando iniciamos el estudio de la

---

65. Siendo que en la cadena textil los primeros eslabones son más grandes que los últimos, su participación da fuerza a los consorcios y asegura la provisión adecuada de la materia prima.

situación nos encontramos con una pluralidad de causas: a) problemas climáticos coyunturales (inundación del Litoral); b) reconversión de los cordones verdes que abastecían a las grandes ciudades en *countries* y barrios privados, c) el hecho de que aproximadamente el 50% de las frutas y verduras que ingresan en el Mercado Central de Buenos Aires (MCBA) se tira porque pierden calidad visual para ser comercializadas, lo que hace que lo que se vende cueste el doble (el uso del parámetro deja afuera lo que se pierde antes de ingresar al mercado concentrador); d) hay un proceso de intermediación feroz, que hace que el productor perciba poco y el comprador pague mucho. A través de un puestero importante del MCBA, que recuperó una cooperativa fundida de productores cercanos a La Plata, analizamos reducir el proceso de intermediación operando a través de abastecimiento directo a verdulerías boutiques en las zonas de ingresos altos y de ferias francas en los barrios populosos. El sistema operaría vía mensajes de correo electrónico que serían enviados al atardecer y, a la mañana temprano del día siguiente, los puesteros consolidarían camiones frigoríficos –asegurando la cadena de frío– con los pedidos. La mercadería se dejaría directamente en los locales adheridos, que deberían vender a precio fijo. Al mismo tiempo, se recogería lo que perdiera estética visual pero mantuviera sus dotes organolépticas, reconociendo así algo de valor que incluso se descontaría de la facturación. En el MCBA estas frutas y verduras serían recibidas, procesadas y convertidas en productos deshidratados para abastecer a los comedores escolares y populares (se había conversado sobre el tema con el Ministerio de Desarrollo Social). El proyecto quedó trunco por cambios en el Ministerio y el desinterés por la iniciativa que mostró el equipo del ministro Lousteau.

Lamentablemente no encontré en su momento ni apoyo oficial ni inversores privados para hacer frente al proyecto, pero es bueno que se haya avanzado habilitando un local de venta al público en el mismo Mercado Central. *Al Central* es una feria frutihortícola y paseo de compras, que incluye la comercialización –con precios significativamente reducidos– de frutas, verduras, productos hortícolas, pescado, productos de granja, fiambres y almacén (dejo de lado el sector de poli-rubros). El intento es bueno, pero tiene poca visibilidad, en primer lugar porque la clase media de la ciudad de Buenos Aires y de localidades importantes del GBA (principal target de los medios de comunicación) prefiere pagar más sin tener que desplazarse. Por eso nuestra propuesta era ir a buscar la demanda donde ella se encontrara. Pero, además del *súper* del Mercado Central, algo se está intentando en el marco del Programa Precios Cuidados, a través de comercios de proxi-midad adheridos, ferias populares, centros logísticos y la Red ComPrAr, que tiene locales en las provincias de Mendoza, San Luis y Chaco. En ese aspecto, cabe remarcar que se en-cuentra bloqueado por el Gobierno de la Ciudad de Buenos Aires y el sistema judicial porteño un local en Colegiales que expondría, a los capitalinos, la codicia de los intermediarios y, en especial, de los grandes supermercados.

Al inicio relaté la experiencia de los hermanos Iaccari-no que, eliminando la intermediación, generaron un golpe a la codicia en el mercado de la ciudad de La Plata. Ac-tualmente, según el Índice de Precios en Origen y Destino (IPOD) del Departamento de Economías Regionales de la Cámara Argentina de la Mediana Empresa (CAME), los consumidores pagan en promedio ocho veces lo que perci-be el productor de una serie de 20 productos primarios de consumo clave. La brecha distorsiva llega a casos insólitos. Por ejemplo: en el mes de agosto, el consumidor pagó 48,9 veces el precio que recibió el productor de uva de mesa, 14,7 veces el costo de la naranja, 13,4 veces la manzana, 12,9 veces la pera, 11,64 veces el arroz y 9,8 veces el limón. Señores productores y funcionarios públicos: es hora de utilizar la cabeza a favor de los productores y la comunidad;

ese es el primer principio de la lucha contra la inflación; y todo pasa por darles formación en gestión y herramientas financieras a los productores, que deben organizarse bajo los principios cooperativos.

Networking

Las redes de contactos se han popularizado en el mundo. Podríamos traducir literalmente el término *networking* como "trabajar la red de contactos". En otras palabras, establecer encuentros y relaciones ampliando la trama de vinculaciones, para lograr aumentar el volumen de negocios. Introduzco un caso con la ayuda de Gabriel Trajtemberg[66], quien con un grupo de socios posee la franquicia de Business Network International (BNI) en Argentina. BNI es una red mundial que junta a empresas que profesan actividades diversas y no relacionadas, organizándolas de forma que cada participante se convierta en un promotor de los negocios de sus pares. Actualmente es la networking más grande en su tipo, con operaciones en 55 países, más de 6.500 equipos que incluyen a 160.000 miembros, que llevan operados varios millones de referencias y miles de millones de dólares.

La única competencia (amistosa) aceptada en la red es la de quién hace mayor bien a los demás. Como explica su fundador, Ivan Misner, el sistema está más relacionado con cultivar que con cazar. En la mente de los participantes está grabada la idea de "ganar, dando", que en la práctica se traduce como proveer primero para beneficiarse después, y lo que se brida tiene relación con lo que se recibe. Así, las posibilidades de toparse con miembros egoístas, absortos en sí mismos o escépticos son prácticamente nulas, porque no se cuadran en organizaciones de este tipo. Tampoco existe ri-

---

66. Gabriel es uno de mis mayores interlocutores porque nos une la visión humanista, la búsqueda de lo trascendental y el estudio de la evolución de las ciencias.

validad temática, porque solo se integra una persona por categoría, y si alguien recurre para una posición tomada debe esperar la formación de un nuevo grupo. Las reuniones semanales tienen un régimen riguroso: se comienza con un "comercial" de sesenta segundos, donde cada miembro de la red describe su oferta y declara la ayuda que desea recibir de sus colegas; después se presenta a los invitados o visitantes: sigue con una presentación de 10 a 15 minutos sobre un tema relacionado, a cargo de un participante; y finalmente se comunican las referencias útiles para los demás. La organización se remodela a sí misma, porque cuando se encuentra algo que funciona en un equipo se lo prueba en otros y, si éste convalida su utilidad, se lo integra al sistema de funcionamiento y es comunicado a todos los grupos.

¿Por qué se parece al proceso de cultivar? Porque las relaciones se siembran y se alimentan con referencias; siendo firmes y pacientes los esfuerzos, son recompensados con creces por las oportunidades referidas por los compañeros. Los miembros de cada grupo funcionan como una fuerza organizada que va por el mundo promocionando lo que ofrecen sus compañeros. Todos se interesan realmente por los copartícipes y predican con el ejemplo, preocupándose por traer reseñas de necesidades detectadas o visitantes, y son solidarios en la construcción de una red de relaciones que referencian negocios. Existe, además, un compromiso con la formación; los líderes transfieren su conocimiento y experiencia, evitando que los miembros cometan los mismos errores, lo que además permite preservar la cultura. El sistema de capacitación es "en cascada": se prepara a los directores, que forman a los *Equipos de Liderazgo,* que son el eslabón principal de la cadena. También contribuyen los otros participantes, que ayudan con su testimonio a mejorar el funcionamiento de sus colegas. Dentro de las prácticas está poner en una canasta las tarjetas de los presentes; luego cada participante saca una y toma el lugar del dueño de la tarjeta presentando su negocio; de esa forma se van perfeccionando las formas de referenciar. Los miembros de BNI se divierten, porque piensan que quien no disfruta el viaje no goza el destino; y saben que la membresía no es una garantía sino una oportunidad, una inversión que hay que pulir entre todos.

El éxito internacional del modelo está demostrado y la experiencia argentina marcha en el mismo camino, constituyendo una opción sobre la que vale la pena reflexionar. Darío Ezernitchi es escribano y, a diferencia de la mayoría de sus colegas, no tiene una tradición familiar en la profesión, por lo que ha debido armar su propia clientela. Decidió hacerlo por vía del boca a boca, a partir de brindar una atención personalizada, atenta y ejecutiva. Encontró en BNI un refuerzo fundamental para su objetivo. El profesional me comentaba que detrás del sistema hay una cultura subyacente diferente al centrismo con que se opera habitualmente. No es una tarea fácil *cambiar el chip* y tener listas las referencias de los colegas ante cualquier oportunidad, aunque sea lejana. Por eso, muchos interesados terminan retirándose o siendo raleados; en tanto, los que persisten se benefician significativamente.

En una charla dictada en el interior del país, durante la crisis de 2002, se me acercaron dos representantes de una *asociación de emprendedores* solidaria, que me plantearon sus problemas. Les propuse conformar dos asociaciones informales bajo los criterios de ayudarse mutuamente (por esa época no estaba en mi razón la palabra *network*). La primera integraba a las actividades gastronómicas (microempresas que ofrecían empanadas, pizzas, tortas, productos de campo, miel y pastas artesanales) para promover conjuntamente sus productos, usando un teléfono común de base y folletos mediante los cuales presentaban su oferta agrupada. El mecanismo de promoción era pasar los panfletos por debajo de la puerta de las casas, colocarlos dentro de los diarios de los domingos y dejarlos en los mostradores de los negocios más representativos. La otra experiencia, con idéntico modelo comercial, unió a servicios domiciliarios básicos (electricidad, plomería, gas, jardinería, pintura, desinfección, servicios de mecánica para el automotor, y puede que me olvide algún oficio). Hasta que estuvimos en contacto, la idea había prosperado y los resultados habían sido muy positivos. Creo que, con independencia de las crisis, este modelo estaría vigente en ciudades medianas y barrios.

Búsqueda de eficiencia productiva

Pasé parcialmente revista a este tema cuando aludí a la carencia de recursos para incorporar equipamiento sofisticado y costoso. Para complementar, es preciso hacer referencia de una de las formas que se conoce como "modelo italiano", "distrito" o "asociación flexible". El esquema opera a partir de competidores directos que acuerdan distribuirse la fabricación de sus componentes para luego ensamblarlos y comercializarlos. Podríamos incluir este esquema presentado como propuesta para las PyMEs queseras; la variante es que en lugar de dividirse por partes integrantes de un bien final, en este caso los partícipes se reparten la producción de quesos que, luego, son comercializados en forma conjunta. Acá juega, además del mantenimiento de la independencia productiva, el aseguramiento de la calidad, la mejora de costos (especialmente de comercialización y distribución física) y, principalmente, la eliminación de la competencia entre participantes. En Latinoamérica, a pesar de la promoción del sistema, no se ha copiado mucho, porque no existe la tradición productiva ni la cultura asociativa que sí son fluidas entre parroquianos de los pueblos y ciudades italianas. Sin embargo, con adaptaciones y creación de conciencia (vía orientación pública) se deberían intentar mecanismos similares para lograr mejoras sensibles de competitividad en algunas industrias del interior, por ejemplo, en maquinarias agrícolas, herramientas o bienes de consumo durables.

Hay otras formas de racionalización. A veces se producen competencias estériles entre empresas, que pueden evitarse con acuerdos de división por región, especialización o por vía de la fabricación conjunta de componentes, insumos o partes comunes de sus respectivos procesos productivos; éstos pueden elaborarse en conjunto para alcanzar economía de escala.

Acceso a insumos y materias primas

Otro problema a solucionar es el acceso a materias primas, partes y piezas. Los acuerdos para mejorar la interfaz entre una PyME y sus proveedores pueden favorecer la obtención de los insumos necesarios. La tercera opción es la conformación de *pools de compras*. Otra forma es la alianza con rivales, sacando del ámbito competitivo el *input* en cuestión. La creatividad, solidaridad, comunicación y colaboración producen milagros.

Adquisiciones reducidas o una posición de difícil acceso pueden constituir una debilidad insalvable para una empresa, situación que puede ser remediada con una alianza para aumentar los volúmenes de compra. Los *pools de compras* son una forma efectiva de alcanzar una capacidad de negociación que permita lograr precios razonables. Un ejemplo es MegaRed, que nació para disminuir la intermediación que existe en la cadena de provisión de las librerías técnicas, escolares, artísticas, de artículos de oficina, fantasías y, en algunos casos, complementos de venta de libros. La idea nació para atender los casos de locales pequeños que no podían acceder a los fabricantes o importadores, por lo cual debían recurrir a un complejo sistema de intermediación que incluía a mayoristas y distribuidores locales. Estos pasos significaban un encarecimiento derivado de los impuestos directos por pase de manos (ingresos brutos), seguros adicionales, fletes, personal, comisiones de corretaje y de cobranzas, que elevaban el costo por encima del 50% del precio FAS. José Ascorti, presidente de MegaRed al momento de la entrevista (2004), señaló que el objetivo era llegar directamente al fabricante o importador, para conseguir el mismo precio que obtiene un mayorista, aun comprando pequeños volúmenes. La empresa se conformó como sociedad anónima, con un directorio constituido por siete miembros que representaban a las diferentes modalidades de las librerías con que operaban los cuarenta socios, y que en la conformación poseían el mismo porcentaje de participación. A partir de allí se abrió al ingreso de adherentes que, aunque no poseen participación accionaria, tienen los mismos derechos y obligaciones que los socios.

La semilla se basó en la experiencia de un agrupamiento similar que Ascorti conoció en San Pablo, y el nacimiento se materializó en uno de los peores momentos que pasó la economía argentina (año 2000). MegaRed hace una intermediación prácticamente neutra; transfiere a las librerías el precio obtenido más un 3%, que se agrega a una baja cuota social (algo así como 50 dólares mensuales) para financiar su funcionamiento. Las empresas están conectadas a través de una intranet. Manejan 1.700 productos y periódicamente se juntan los pedidos de los socios, se los consolida y se los pasa, pero se envía también la información por empresa para que las facturas salgan a nombre de cada unidad. Los pedidos se reciben en el depósito de la red, se los separa por empresas y se distribuyen con un vehículo propio en no más de 24 horas. En los casos de los más pequeños, pasan a retirarlo por el local.

MegaRed superó el rol de compras para incluir acciones de marketing, y también forjó una imagen corporativa con marquesinas, bolsas, *stickers* en las vidrieras, folletos y publicidad conjunta. La sociedad tiene un reglamento interno que establece zonas: microcentro de Buenos Aires, macrocentro y barrios. En el centro porteño no puede haber competencia a 300 metros a la redonda, a 600 en el macrocentro y a 1.000 metros en los barrios. Fuera de la *city*, se toma como parámetro la atención a 10.000 consumidores. El perfil de los asociados es parejo: se trata de libreros pequeños y medianos, y no se aceptaron grandes librerías porque desequilibrarían políticamente al grupo. Habiendo partido desde una pequeña oficina, en dos años el grupo pasó a tener un depósito con logística y distribución propia, oficinas administrativas y *show room*.

Ascorti reconoce que la asociación ha sido vital para la supervivencia de los socios. El Directorio asume la función estratégica y decide sobre temas que afectan al 100% de los integrantes. La operatoria es ejecutada por cinco departamentos: Compras, Marketing y Publicidad, Nuevos Socios, Nuevos Emprendimientos y Administrativo-Contable. Han tenido que vencer la fidelidad de los socios a marcas y productos determinados, adecuarse a la estacionalidad de los productos –que obliga a montar y desmontar estructuras continuamente– y generar el acceso al financiamiento.

La otra forma de superar los problemas de provisión es la integración hacia atrás en la cadena productiva, a través de unificar esfuerzos con otros que enfrentan la contrariedad compartida. Lo que se conforma es un *joint venture* que aúna esfuerzos para la producción, desarrollo o adquisición de insumos. En estos casos, las empresas asociadas pueden seguir compitiendo río arriba pero eliminan la rivalidad aguas abajo, por lo menos para componentes estratégicos; en otras palabras, todos ahorran y pagan igual las materias primas, y luego se disputan a los compradores con otras diferencias. En el mismo sentido pueden lograrse uniones de empresas para desarrollar nuevos insumos (I+D) que reemplacen a otros que son comercializados de manera monopólica u oligopólica, o cuyo acceso sea difícil.

Uniones con propósitos de innovación tecnológica

Hace un tiempo que se suceden los acuerdos para I+D con objetivos diversos, al punto de ser este ámbito el principal inductor de acuerdos de colaboración a escala mundial. En la mayoría de los casos, estas uniones se han establecido entre grandes organizaciones, pero también hay acuerdos entre pequeñas, y entre grandes y pequeñas. Los principales provocadores han sido:

a) *Búsqueda de mejores formas de producir un bien*, de manera que resulte más barato, con mayor calidad o mejor prestación. Acá operan *acuerdos de patentes o de transferencias de tecnología* desde firmas adelantadas hacia seguidores, normalmente de países menos desarrollados. Por lo general, se trata de conocimientos relacionados con los productos, porque transferir tecnologías de procesos es más difícil, ya que son inherentes a la cultura organizacional.

b) *Acuerdos de inversión conjunta* para el desarrollo de un producto que brinde liderazgo. Las asociaciones se realizan entre empresas, fondos de capital de riesgo, instituciones gubernamentales o académicas, y centros científicos y tecnológicos.

c) *Pactos para la difusión* de tecnologías, conocimientos, novedades o estandarizar un producto en la difusión de una tecnología. Mover primero es una gran ventaja, porque convertida en estándar, obliga al resto a seguir el camino pagando por ello.

d) *Colaboración entre proveedores y clientes*. En los encadenamientos productivos, las relaciones pueden ser competitivas o cooperativas. Conseguir que la interfaz sea colaborativa, es decir, fabricar el insumo para que calce perfectamente en el proceso productivo de quien lo adquiere, beneficia colectivamente a la cadena y particularmente a sus participantes.

Acuerdos para mejorar la logística e infraestructura

Todas las empresas requieren de infraestructura y una base logística que facilite su actuación. Es más, para muchas empresas estas cuestiones son o bien una importante fuente de ventaja competitiva, o bien pueden resultar aspectos que debiliten su sostenimiento. Este cariz es tan vital que, una vez detectados los nudos críticos, deben resolverse con solvencia. Las erogaciones a enfrentar pueden estar alejadas de las capacidades de una PyME, pero puede ser que existan otros actores con necesidades parecidas, incluso competidores, cuyos aportes agrupados pueden resolver la contrariedad. Dentro de las cuestiones consideradas pueden estar la construcción de caminos, un espacio para localizarse, la adquisición de inmuebles, depósitos, plantas de tratamiento de efluentes, generadores de electricidad, locaciones para destino de residuos peligrosos, y otras. Estos acuerdos están insertos en los procesos de construcción de *clusters* y pueden ser inherentes a polos productivos, parques industriales o tecnológicos, y hasta de los *shoppings* que sigan la lógica de los usuarios y no la del desarrollador inmobiliario.

Los agrupamientos por necesidades logísticas y de infraestructura se hacen normalmente para lograr ahorro dc costos opcrativos, pero también pueden ser necesarios para cumplir con exigencias legales y hasta como barreras defensivas para el ingreso de competidores. Rodolfo Zoppi, gerente general de la mencionada Cooperativa Obrera Limitada, me comentó que como la ciudad de Bahía Blanca quedó en una segunda línea en la estrategia de ataque de los hipermercados (extranjeros), eso les dio tiempo para estudiar sus formas de desembarco. Fue así como compusieron y ejecutaron una estrategia defensiva. Una de las cuestiones que consideraron fue el daño que les provocaría que se abriera un centro comercial con la presencia de un supermercado foráneo, por lo que decidieron mover primero y proponer una alianza a la familia mendocina Pérez Cuesta, pionera en este tipo de desarrollos. El proyecto fue por demás exitoso y se constituyó en una barrera de entrada que no pudieron sortear los competidores. Con el tiempo, y habiendo ya adquirido capacidad de manejo, aprovecharon una oportunidad para quedarse como únicos propietarios del más exclusivo paseo de compras de la ciudad.

En los desarrollos inmobiliarios, el agrupamiento de esfuerzos, recursos y capacidades se repite a diario. Horacio Miceli, un emprendedor movedizo y gran persona, ligado a la industria farmacéutica y de cosméticos, aporta un caso que sirve de ejemplo. Junto a un grupo de socios, estableció una alianza con la familia Guerrero, que aportó un espacioso terreno en la calle Avellano, frente al coqueto y diferente centro comercial a cielo abierto de Cariló, en la Costa Atlántica. Allí se construyó el complejo Agua Calma, un lugar recomendable y paradisíaco.

Tercerización (*outsourcing*)

La práctica de la tercerización consiste en el establecimiento de un acuerdo mediante el cual una empresa abandona ciertas funciones para derivarlas a otras compañías que tienen dichas tareas como objetivo principal y, por lo tanto, las llevan a cabo de manera profesional y efectiva. Justamente por eso, lograr un buen acuerdo puede permitir importantes ahorros de costos. Dentro de la gama de servicios, el *outsourcing* ya ha llegado incluso a la contabilidad y administración. En esta línea se cuentan los casos en que se contrata a expertos o especialistas, y que abarcan tópicos complejos, tales como la provisión de servicios informáticos, limpieza, transporte, mantenimiento, mensajería, etc.

Un ejemplo que me impactó desde el momento en que lo conocí es el caso de Interbook SA, firma dedicada a brindar logística a medida a las empresas que publican y distribuyen libros. Dos editoriales, Editorial Troquel SA y Ediciones Granica SA, se reunieron durante un año para encontrar alternativas que mejorasen la distribución comercial de sus obras, incluyendo la idea de bajar costos operativos de almacenaje, stocks, transporte y entrega. La propuesta mudó hacia la logística de distribución física como servicio a los socios y otras empresas, alumbrando la empresa en el año 1995. El corazón del sistema es un poderoso software (Infobook) desarrollado por la unión. Justamente, Mariano Rozenblum es un experto informático que, desde la Gerencia General, gestiona integralmente la organización.

El sistema funciona así: las imprentas envían los libros de las editoriales clientes al depósito de Interbook, que procesa informáticamente los ingresos y los deposita en sus góndolas. El sistema sigue la lógica de rotación, de manera que los textos que más circulan se localizan en los lugares más accesibles del almacén. Luego, cada editorial solicita entregas a diferentes librerías, con lo que se inicia el proceso de preparación y consolidación de los pedidos, juntando las demandas de diferentes orígenes que son destinadas a un mismo librero. En las cajas se hace un control por escaneo y peso; en caso de que no coincida lo que la computadora dice que debe pesar el envío, un alerta en rojo indica que hay una diferencia o error, llamando a su revisión y reparación. Luego, salen las cajas en vehículos propios para Capital Federal y el GBA y, a través de sendos acuerdos con importantes empresas de servicios expresos, al resto del país. En el medio se hace una gestión precisa de los stocks. La firma brinda además servicios especiales de *finishing*: armado de kits, packs, embolsado, incluso salen con etiquetado de precios en los casos de envíos a ferias del libro y ofertas especiales. También hacen destrucción de material cuando es requerido por alguna editorial. Operan además en casos de urgencia y reclamos. Quienes contratan el servicio pueden hacer un seguimiento al instante de cada libro que se mandó a publicar.

Algunos datos significativos: en Interbook trabajan más de 100 personas, además de fleteros y personal eventual (la actividad tiene una exigencia estacional muy elevada sobre fines e inicio de mes, cuando se realizan los lanzamientos, luego decae). Ocupan más de 11.000 m² en dos depósitos diferentes (9.000 + 2000 m², que ya les quedan chicos), donde albergan más de 11 millones de ejemplares, pertenecientes a 25.300 títulos que provienen de más de 20 editoriales, y los números van creciendo día a día (la edición de libros es incremental). Entregan un millón y medio de libros por mes, una parte significativa del total de volúmenes que se mueven en el país. Un tema crítico es el manejo de las devoluciones, que están en el orden del 30 al 35% de las entregas y vuelven a stock en los depósitos de Interbook, lo que provoca un ida y vuelta vertiginoso.

Cada unidad puede ser seguida y ubicada al instante tanto por la empresa de logística como por la editorial; es así que un ejemplar determinado de un título específico puede estar registrado en el depósito de la empresa, en manos de una librería o haber sido devuelto a la editorial. Una vez por año se realiza un inventario general, aunque es casi imposible que existan diferencias entre depósitos y registros. Como parte del servicio, y actuando de hecho como una verdadera gerencia logística, la empresa entrega una serie de reportes. Hacen informes de la rotación de los títulos (entradas, salidas, stocks) y de los índices de devolución por productos. Los libreros, por su parte, receptan previamente un listado en el que se indica en qué caja está cada libro que vn a recibir. El ingenio y el conocimiento del oficio ayudan; Mariano me mostró que se tomó el trabajo de hacer el seguimiento de los mandatos recibidos por las editoriales contratantes, lo que derivó en un reporte especial que indicaba la irracionalidad de envíos puntuales (seguramente respondiendo a pedidos de las librerías grandes que reponen uno a uno los libros vendidos y así evitan tener que poseer depósitos para albergar stocks[67]). Esto comprueba que a la empresa le preocupa la salud de sus clientes y trata de evitar malgastar recursos. Las editoriales que han derivado su logística a la compañía han considerado el costo de operar depósitos propios y envíos (a escala inapropiada), mano de obra para manipuleo, servicios de entrega y recepción de las devoluciones, y además, los costos ocultos de robos, pérdidas y mermas por deterioro. Lo único que juega en contra de la tercerización en este caso es que al facturar (factura B por estar los libros exentos de IVA) el tributo actúa como costo, lo que obliga a costear al dedillo para hacer viable el *outsourcing*. Este caso no es solo atinente al punto en que lo he incorporado, sino que puede ingresar en varias de las recomendaciones que van en el presente texto: Interbook es un relojito que funciona con precisión, demostrando que una PyME especializada, actuando con ingenio, efectividad operativa y la ayuda de lo mejor de la tecnología, puede hacer una contribución valiosa.

Uniones para defender mejor los intereses sectoriales

Las gremiales empresarias son uniones que defienden los intereses sectoriales de empresas que resultan invisibles individualmente y no pueden destinar personas ni recursos para transitar pasillos oficiales o entenderse de igual a igual con sindicatos. Pero no siempre se encuentra una

---

67. Aclaro que las librerías reciben los libros en consignación y recién se hacen cargo del pago luego de ser vendidos, por lo que el costo del capital inmovilizado incide sobre los resultados de las editoriales.

respuesta adecuada, especialmente si se trata de PyMEs. La mayor parte de las gremiales empresariales tiene déficits de atención significativa para con las PyMEs. La más representativa desarrolla un monumental lobby para las grandes empresas, mientras que a otras entidades menores les falta nivel y profesionalidad para ser útiles a sus asociados. Consciente de esto, mi ex-alumno Luis Adur, un soñador práctico a quien mencioné por sus empresas Bombadur SRL y GEN SA, fundó ADEPIA (Asociación de Proveedores de la Industria Alimenticia), una agrupación de empresas que fabrican bienes de capital y equipamiento y brindan tecnologías y servicios a la industria alimentaria. El objetivo fue tener una voz potente frente a los organismos de gobierno y posicionar internacionalmente al sector. A través de la institución se organiza la participación en ferias y exposiciones sectoriales, se preparan giras de negocios al exterior y se reciben compradores (misiones comerciales inversas). La entidad también se ocupa de organizar jornadas de formación empresarial y profesional, generar materiales de comunicación e información, pesquisar los avances tecnológicos y realizar lobby ante el gobierno, organismos internacionales y entidades financieras. No siendo una gremial empresarial, el hecho de que desde hace muchos años más de 50 empresas sostienen a ADEPIA solo puede explicarse por los réditos que genera la comunicación horizontal con pares y contar con un espacio común para conformar planes comerciales.

Acceso a capital

Al estudiar casos de consulta por requerimientos financieros, especialmente vinculados a firmas que han decidido seguir una *Estrategia Bambú,* he advertido con una frecuencia llamativa que lo que en realidad necesitan no es un crédito sino un *socio,* un *partenaire* que les acerque capital para cubrir una demanda en crecimiento, ejecutar una inversión en I+D decisiva, producir una imagen corporativa o posicionar un producto. Las oportunidades florecen si las empresas consolidan su posición patrimonial en línea con la envergadura de sus ideas.

Existen alternativas de encontrar un accionista capaz de integrar capital de manera directa sin asumir el control o manejo de la firma, abrirse a la participación de un fondo de capital de riesgo profesional o aceptar un socio con quien compartir el compromiso de empujar juntos. Con respecto a los capitales de riesgo, advierto que deben ser materia de un análisis cuidadoso porque, además de que no está asegurado que las visiones y objetivos sean coincidentes, la mayoría tiene colmillos afilados y solo desea comerse empresas apetitosas. Son pocos los casos que escapan a tal voracidad; en Argentina solo he encontrado una filosofía solidaria con el desarrollo de la *gente con buenas ideas* en el fondo Ilex, que dirige Alicia Caballero y está inspirado por el empresario Sebastián Bagó. En el mundo han florecido este tipo de entidades, que deberían ser bienvenidas en tierras en las que casi todo está por hacerse y donde brotan como en ningún lado las quimeras que necesitan algún abono; sin embargo, no se han formulado desde el sector público ni por parte de las entidades privadas iniciativas nativas que potencien la mentalidad emprendedora. A mediados de 2015 recibí con agrado un mensaje de mi amigo Marcos Eguiguren, quien me informaba que había sido nombrado director ejecutivo de la Alianza Global para una Banca con Valores (*GABV - Global Alliance for Banking Values*). Se trata de una red independiente de bancos, cooperativas de créditos y sistemas de microfinanzas, comprometida con promover el desarrollo económico, social y ambiental sostenible. La red opera en Asia, África, América Latina (no hay asociados argentinos), América del Norte y Europa. Es atendida por 30 mil personas, que sirven a 20 millones de clientes, con una capacidad operativa de 100 mil millones de dólares.

Utilizo esta parte del texto para dar entrada a una particular forma asociativa que tiene por objetivos resolver cuestiones financieras. Las *sociedades de garantías recíprocas*, a nivel general, y los *fondos de avales*, se basan en un *fondo* que actúa como contra-garantía a las solicitudes financieras de las PyMEs asociadas (socios partícipes), y cuyos recursos son aportados por el Estado o instituciones privadas (ONGs, entidades financieras, cámaras empresariales, compañías, etc.). En el caso argentino conforman un sistema de apoyo a las PyMEs que se alimenta de las ganancias de empresas o personas (socios protectores), que resuelven aportarlas a una SGR por dos años para beneficiarse con la exención de pago del impuesto a las ganancias. La presencia en la sociedad de PyMEs diversificadas permite la dispersión del riesgo, lo que da seguridad a los aportantes. El secreto del sistema es lograr fortalecer la comunidad entre los socios partícipes, los administradores de los fondos y los socios protectores.

Vivir a la sombra de un árbol frondoso

Otra forma de mantenerse pequeño, en un marco de relativa seguridad, es establecer una alianza con alguna empresa o grupo de gran dimensión, que requiera de alguna provisión especializada y que no le resulte conveniente encararla en forma directa. Están incluidos en este punto los casos de subcontrataciones donde pequeñas firmas entregan su producción a corporaciones; también situaciones donde al amparo de algún desarrollo tecnológico se hacen acuerdos para su explotación específica en un ámbito local, y los clásicos *franchising,* mediante los cuales pequeñas unidades comercian en ámbitos locales la producción de una marca reconocida.

Los pequeños operadores deben elegir con cuidado a su paraguas protector. Es común que las corporaciones voraces, aprovechando su poder de negociación, impongan condiciones negativas. Siempre se ha utilizado como botón de muestra de esta relación desigual la que une a las terminales automotrices con las autopartistas, aunque la aparición de Toyota ha mostrado las buenas consecuencias de respetar a los proveedores y brindarles soporte. La relación debe generar un espacio donde todos ganen.

Y también…

El abanico presentado es incompleto, además de que cada día aparecen nuevos campos de colaboración. Insto a los empresarios PyME a abrir sus mentes y explorar alternativas; y al Estado, las organizaciones empresariales y ONG, a ser más activos en la formulación, promoción y apoyo a la cooperación. De esa forma, la sociedad se beneficiaría con firmas más sólidas, con mayores posibilidades de supervivencia y mejores contribuyentes fiscales.

Aspectos a considerar al momento de realizar una alianza

Hay que tener claro que la asociatividad es, fundamentalmente, un agente de cambio. En las alianzas es necesario que existan una *visión, valores* y *objetivos* compartidos y *misiones* convergentes. Por otra parte, debe primar el equilibrio y la solidaridad entre los socios, que deben compartir equitativamente los riesgos, costos y logros del proceso. Si los costos y beneficios corren desparejos, por más estratégica que sea, no habrá alianza que resista por mucho tiempo.

Al ingresar en un acuerdo de este tipo los actores deben hacerlo convencidos, con compromiso, apertura mental y decisión de aportar todos los esfuerzos posibles para su ejecución, dejando de lado los propósitos individuales para pasar a primar el beneficio conjunto y de largo plazo. Estas cuestiones implican un rotundo cambio cultural, que será recompensado. Dentro de los cambios es vital anular los comportamientos individualistas, clásicos en el carácter dominante y autocrático de los empresarios. Está demostrado que cooperar brinda más provecho que las actitudes egoístas que, aunque sirvan en el corto plazo, anulan el futuro. Los inicios son muy complicados, porque los esfuerzos son más intensos y los logros están difuminados en el futuro. Salvo en los casos en que la colaboración adopte una finalidad muy específica y precisa (uniones transitorias), los beneficios no deben ser mezquinos, oportunistas, ni inmediatos. Es valioso mover primero; el adelantado tiene ventajas y, generalmente, obliga a los demás a seguir un camino que ya ha pisado. Es importante tener en cuenta que, como el proceso de establecimiento efectivo en una plaza es lento, los acuerdos con alguien que ya está instalado ahorran costos y tiempos que se traducen en mayores y más rápidos beneficios.

Todos los procesos de colaboración deben ser operados con cuidado, flexibilidad y diplomacia. Como en todo vínculo humano, los roces o actitudes inoportunas ponen en peligro una sociedad venturosa y rentable. Los compromisos que se asumen deben ser honrados, sin opción. Lo peor que se puede hacer es incumplir la palabra; si eso sucede, se pierde la confianza, que es el ingrediente fundamental de las alianzas. El *timing* es vital: las relaciones deben ser manejadas con mucho respeto por los tiempos. Es conveniente iniciar con responsabilidades limitadas y concretas para ir avanzando hacia formas más profundas. Los actos deben medirse, por eso hay que vigilar celosamente los resultados de las acciones y mantener un *feedback* permanente[68]. Solo el transcurrir es capaz de generar las emociones necesarias para progresar en el compromiso; cada día aparecerá algo que demuestre el valor de ir a la par. En el tránsito hacia una identidad conjunta, la confianza aumentará y se afianzará el vínculo a medida que se produzca la convergencia, lo que permitirá asumir mayor carga y proponer objetivos más ambiciosos. La unión debe ser alimentada continuamente.

Hasta los '90, las alianzas privilegiaban los aspectos legales y contables. Pero no son esas las cuestiones vitales para la construcción o deterioro del empeño, sino los ingredientes intangibles. Hay que prestar mucha atención a los aspectos que no se ven, enfocarse en lo esencial. Lo trascendente es la compatibilidad de las partes, que se expresa como sensación de piel o reacción química positiva entre los integrantes. La armonía es necesaria para todo tipo de unión constructiva. Los acuerdos no pueden armarse entre quienes tienen diferencias insalvables en su cultura y carácter, porque a la larga las discrepancias aparecen en la superficie y terminan minando la voluntad asociativa. Las alianzas son inestables por naturaleza, ya que durante el proceso aparecerán innumerables conflictos; pero cuando existen buenas intenciones, los inconvenientes se solucionan rápidamente. Los focos de diferendo deben ser puestos bajo observación y control, sacados a la superficie, mensurados y solucionados antes que debiliten la voluntad. Los problemas no aquejan a los participantes por separado, son cuestiones colectivas y deben ser ataca-

---

68. Entendemos feedback como cualquier tipo de noticia (verbal, gestual, acciones derivadas...) que brinda información sobre cómo influyen las acciones, actitudes, hechos y relaciones que importan y quieren ser medidas. Damos y recibimos a nivel implícito este tipo de comunicación. El feedback puede ser explícito o implícito, descriptivo o valorativo, individual o grupal, cualitativo o cuantitativo.

dos por todos. Es útil encontrar un punto donde la unión produzca un beneficio rápido; normalmente sugiero, por su velocidad y fácil visualización, el abastecimiento conjunto de insumos o servicios costosos y sensibles a la negociación por volumen (*pools de compras*). Es ésta una forma de lograr la amalgama inicial.

Como las personas son factores nucleares de los procesos asociativos, hay que ser muy cuidadosos en su selección. Es preciso elegir con conciencia plena a los acompañantes (socios) con quienes se emprenderá el camino hacia el futuro y también a quienes manejarán las relaciones. "Partners", socios o "parceros", expresan una trama de intereses comunes, compatibilidades, reconocimientos, confianza, cordialidad, química, lealtad, compromiso… Es vital entrar a la alianza con conocimiento de las causas que motivan a cada uno de los socios, el porqué de la unión, qué persiguen, qué ofrecen. Considerar las identidades culturales, los estilos empresarios y toda la gama de aspectos intangibles hace a la real convivencia. Las partes que se integran deben ser equilibradas, y si no lo son, hay que vigilar la disparidad para que no genere inequidades de esfuerzos o captación de beneficios. Se debe eludir a los oportunistas, aprovechadores e inestables. En el mundo de los negocios, el historial empresario es fácilmente reconocible. Uno puede adelantarse y reconocer anticipadamente –y por muchos medios, especialmente el boca a boca– una honestidad manifiesta o la constancia en la deshonra de los compromisos. Los compromisos no honrados son una bomba que puede destruir la maqueta del edificio antes de iniciar su construcción. El objetivo de la unión será lo que dicte la orientación de las características empresariales que se debe salir a buscar. Para asegurar la existencia de compatibilidades, es necesario estudiar las particularidades de los potenciales socios. Se debe programar en conjunto el tránsito desde la práctica individual hacia la cultura asociativa.

En Garantizar SGR, Claudio Pietrantueno –hijo de Rolando, un prestigioso dirigente empresario que perdimos hace algunos años– tenía a su cargo analizar el *background* personal y de la empresa de los solicitantes de avales. Su efectividad fue uno de los secretos del funcionamiento de la SGR y me permitió internalizar el valor de estudiar a fondo con quiénes establezco cualquier tipo de relación económica. Un socio experimentado siempre ayuda, puede evitar errores y pasos en falso. La asociación con alguien que conoce el rumbo de los procesos asociativos contribuye a viajar más rápido.

Las colaboraciones inter-empresarias pasan por las siguientes etapas: a) *Concepción*. La idea surge a partir de una semilla sembrada por el Estado, una entidad, consultora o un visionario, que es tomada por una empresa como resultado de la siguiente cadena de preguntas: ¿Cuál es el problema? ¿Cuáles las alternativas? ¿Cuál es la mejor opción o solución? b) *Sensibilización*. Se busca interesar a otros para acompañar el movimiento. c) *Conocimiento*. Detectados los potenciales participantes se inicia la fase de generación de confianza y camaradería entre las partes. Hay que desconfiar de quienes eluden mostrarse como son o no les interesa conocer a su socio. La confraternidad no se logra sin conocer a los socios; solo la compenetración profunda permitirá superar los momentos difíciles que aparecerán. d) *Reconsideración*. Las partes deben definir el proyecto en consonancia con la satisfacción de sus expectativas individuales. e) *Negociación*. Incluye la selección del tipo de asociación, cómo se afrontan los costos, de qué manera se establecen los compromisos, cómo se valoran los aportes, de qué forma se asumen las obligaciones y la responsabilidad administrativa; también se deben elegir los sistemas de solución de controversias, castigos por incumplimientos, personas que se harán cargo de la gestión, acompañamiento (facilitadores, asesores, etc.), reparto de los beneficios y búsqueda de financiamientos complementarios. Todo debe quedar establecido en un Código de Ética y de Conducta, que los participantes deberán asumir y honrar como un dogma.

Para lograr confianza se requiere que, por lo menos al inicio, los grupos no sean numerosos, para que los participantes puedan compartir y reconocerse más rápidamente; de esa forma, se alcanza un adecuado nivel de familiaridad entre los socios y las reuniones sucesivas crearán el ambiente de camaradería adecuado para estimular la credibilidad y confidencia. Un aspecto que no se debe soslayar es que quienes representen a las empresas en las reuniones deben tener poder para comprometer a la empresa, especialmente en las que se necesitan tomar decisiones rápidas. Cuesta mucho hacer que los propietarios pongan tiempo en la mesa de trabajo de una unión, pero deberían tomar conciencia de que esta cuestión es muy importante; la presencia directa evita las cavilaciones inútiles y las largas y peligrosas catarsis. También es vital el intercambio de información entre los participantes, y nadie mejor que los responsables de las empresas para percibir de primera mano esas revelaciones.

Las decisiones deben ser horizontales, participativas y tomadas por consenso en un marco de efectividad empresarial. Es conveniente que la coordinación del grupo sea descargada en profesionales capacitados para mantener el equilibrio, interés y espíritu de unidad. Es probable que el movimiento realizado provoque el deseo participativo de otros socios; en este caso deberá analizarse: a) el real aporte que pueden forjar; b) la conveniencia y oportunidad, dado que, a veces, es necesaria una previa consolidación del núcleo original antes de realizar una apertura; y c) la imprescindible anuencia de todos los integrantes originales.

Tipos de alianzas

Hay un abigarrado abanico de posibilidades asociativas. Los acuerdos pueden ir desde compromisos simples e informales (acuerdos de palabra o pacto de caballeros), hasta procesos complejos de unificación que pueden llegar hasta las fusiones, máximo exponente de asociación.

Los acuerdos de palabra

Son modelos simples que se realizan a nivel de directivos y, generalmente, tienen carácter secreto, porque su exteriorización no sería bien vista por la comunidad, ya que normalmente contradicen su denominación ("acuerdo de caballeros" o "gentleman agreement"). Por ejemplo: reservar jurisdicciones, evitar guerras de precios, dividirse por especialidades, evitar robarse trabajadores calificados, y tantas cosas que puedan aparecer en el radar de los inescrupulosos. Pero no todos los acuerdos de caballeros tienen objetivos dudosos, también hay colaboraciones virtuosas como el comentado club de fabricantes de maquinarias de empaque y envasamiento.

Acuerdos contractuales

En cstos casos, se asume un compromiso mayor que queda registrado en un contrato. Hay tratados por los que se ceden los derechos de uso de marcas, patentes o tecnologías; otros regulan la relación de provisión a largo plazo de productos y servicios (subcontrataciones). Cuando se trata de partes que tienen potencias diferentes, y la parte poderosa es madura y responsable, el arreglo deriva normalmente en una sólida mixtura de intereses que hace perdurable la alianza; un claro ejemplo es el que establece Toyota con sus abastecedores ("vivir a la sombra de un árbol frondoso"). En esta misma longitud de onda aparecen los acuerdos de extensión (usuales en las industrias láctea, avícola o de software, por caso), donde una empresa consolidada colabora en el desarrollo de sus relaciones cercanas (abastecedores o clientes) facilitándole el acceso a tecnología, formación de personal, introducción de normas de calidad, o financiamiento.

Un modelo más complicado, pero muy ventajoso, es la adquisición financiada de equipamiento, con el compromiso de recibir como pago los productos que deriven de su uso. Las operaciones *buy back* constituyen una forma de intercambio compensado ("barter" o "counter trade"). El esquema es de gran ayuda para las empresas de países emergentes que tienen inestabilidad cambiaria, porque pone en la misma moneda los egresos e ingresos y ayuda a asegurar un mínimo de colocaciones que, a su vez, garantizan el cumplimiento del compromiso contraído.

Soy un confeso devoto de las operaciones de intercambio compensado. Cuando era funcionario del gobierno de Raúl Alfonsín redacté personalmente la normativa para la operatoria en sus aspectos comerciales y bancarios reglados, poniendo en funcionamiento un acuerdo bilateral (Programa de Intercambio Compensado - PIC, 1985) con México, que fue pionero a nivel mundial. En esa época de escasez de divisas era la mejor opción defensiva que teníamos; pero esta estrategia también puede tomarse de manera ofensiva. Así lo hizo Brasil, que aseguró la provisión externa de petróleo y, simultáneamente, ganó mercados en África y Medio Oriente para sus productos; mientras nosotros, durante el "menemato", recibíamos mercancías extranjeras a beneficio de inventario. En el año 2013, a través de mis relaciones y con el guiño de una provincia china, presenté a la Secretaría de Comercio Exterior un proyecto para establecer un sistema de intercambio compensado; tenía el objetivo de beneficiar exportaciones de manufacturas PyME, artesanías y productos de las economías regionales, que nunca encontrarían mercado en China por las vías comerciales tradicionales. Increíblemente, a pesar de que las PyMEs argentinas duplicarían sus exportaciones históricas, se me dijo que la unidad no tenía capacidad técnica para procesar un acuerdo de ese tipo (en el caso de México los registros eran manuales). Como empresario, tuve posibilidades de ejecutar interesantes operaciones de compensación para abrir mercado para productos elaborados con esfuerzo argentino pero no encontré en la administración de Cristina Fernández de Kirchner interlocutores interesados. Me encontré una y otra vez con el "no sabe, no contesta" llevándome a seguir compartiendo el relato y los objetivos del gobierno en turno pero desconfiar de su actuación.

Otra forma operativa interesante que debe incluirse en este punto es el *franchising,* que normalmente vincula a una empresa que ha desarrollado una marca exitosa con emprendedores que quieren manejar su propio negocio. Por el acuerdo, el *franquiciante* evita multiplicar inversiones en diferentes localizaciones y esquiva la dificultad que significa su atención; el *franquiciario* recibe los beneficios del reconocimiento de una marca impuesta y vigente, usufructúa la estandarización de las pautas comerciales y puede mantener entrenado y actualizado al trabajador. Es una pena que en Argentina, y otras partes de Latinoamérica, esta práctica no se haya asentado tan fuerte como en Europa o Brasil.

También en este encuadre se encuentran los contratos de *outsourcing*; los acuerdos entre empresas, y entre éstas y los centros de investigación, para pesquisa tecnológica; las uniones transitorias de empresas (UTE), alianzas temporales vinculadas a la ejecución de una obra o proyecto o el cumplimiento de una obligación de acción conjunta.

Hay también operaciones de mayor trascendencia. En los momentos en que estoy revisando el texto de este libro, me encuentro abocado a terminar un contrato asociativo entre China Machinery Industry Construction Group Inc. y la constructora argentina Perales Aguiar SA. El convenio asocia a ambas empresas para la realización de obras de ingeniería. El gigante chino tenía por delante todas las opciones imaginables de empresas argentinas; mi recomendación fue una empresa mediana, de 60 años de funcionamiento, muy profesional pero de carácter familiar y trayectoria transparente.

Acuerdos que modifican la propiedad de las empresas

Avanzando en complejidad, encontramos alternativas asociativas que provocan cambios de propiedad de las acciones. Para lograr compromisos, seguridad, información o presencia, hay empresas que se alían a través de la adquisición de parte del capital societario o se cruzan acciones (lo que es común en proyectos que vinculan entidades de diferentes países signatarios de acuerdos de integración regional o bloques económicos), lo que facilita la especialización y el intercambio. Por ejemplo, dos empresas de diferentes países se encuentran, de pronto, enfrentándose en los dos mercados nacionales. Lo común es que ambas partes terminen perdiendo en el esfuerzo de sostener su mercado; por lo que, para evitar la pugna, deciden especializarse, dejar de producir parte del portafolio y asumir recíprocamente la representación comercial. Para afirmar la relación a largo plazo, las partes pueden intercambiar acciones, sin perder el control de la unidad nacional; esto brinda seguridades a través del acceso a la información y los sistemas de control.

Otra modalidad que cambia la propiedad son las fusiones. Dejo de lado la fusión por absorción, porque en realidad constituye una compra y no una alianza, para tomar la forma de fusión efectiva, que es la forma asociativa más completa. Es habitual que firmas que se acoplaron en procesos menos comprometedores, con el paso del tiempo y el aumento de confianza terminen en una fusión plena. Para ello es necesario una visión, misión, valores y culturas convergentes. Esos procesos no son sencillos. Tienen la dificultad de que, más allá de la voluntad política de los propietarios, las culturas resisten, el personal se aferra a lo conocido y los trabajadores se sienten amenazados porque muchas tareas quedan duplicadas, iniciándose en consecuencia despidos o devaluaciones formales de cargo. Pero, con un buen manejo, se logran resultados potentes y se alcanzan cualidades impensadas en un devenir "isolado".

Creación de nuevas empresas

Podemos definir al *joint venture* como la creación de una nueva empresa a partir de la unión de esfuerzos de dos o más firmas, sin que éstas desaparezcan. La estructuración puede ser horizontal o vertical, hacia adelante o hacia atrás en la cadena productiva. En cuanto a las vinculaciones hacia adelante, sirven de ejemplo las entidades que se unen para crear una comercializadora (consorcios de exportación) o acoplar un nuevo eslabón de la cadena (curtidores que instalan una fábrica de zapatos, gráficos que encaran una editorial o fabricantes de telas que se ponen a confeccionar indumentaria). Entre las ligazones hacia atrás aparecen las integraciones para elaborar insumos claves (la situación inversa al ejemplo anterior). Hacia los costados aparece claramente el caso de Interbook, ya descrito en este libro, o el establecimiento conjunto de una empresa de transporte.

Los consorcios de exportación fueron un eje importante de la *Ley de Promoción de Exportaciones*, y luego se diluyeron para renacer de la mano de Elbio Baldinelli (Banco de Boston, Standard Bank, ICBC), figura señera del comercio exterior argentino, y de la Fundación Exportar. La iniciativa contó con fuerte apoyo de la hoy Subsecretaría PyME, alcanzando un grupo de más de 80 consorcios operativos.

Aunque son menos usuales, hay casos de confluencias que dan origen a una empresa desligada de la actividad original de sus patrocinadores, que tienen como objetivo no poner todos los huevos en la misma canasta. Siendo presidente de la Fundación Garantizar el Desarrollo, la empresa Pan American Energy nos contrató para llevar a Comodoro Rivadavia el *Curso de Propietarios PyMEs*. En el abordaje debíamos satisfacer dos solicitudes: desarrollar las habilidades directivas de un grupo selecto de proveedores y provocar la diversificación de sus negocios en actividades alejadas de los influjos del hidrocarburo. Sucede que la actividad es inestable, y en los momentos de reflujo muchos proveedores no pueden sostenerse; con lo que, al momento de la recuperación, las petroleras deben armar nuevos proveedores. Por eso, en mis módulos hice énfasis en los modelos asociativos, lo que dio nacimiento a varias empresas exitosas en otros sectores (energía eólica y tableros eléctricos, entre otras).

Una experiencia parecida había comenzado a florecer de la mano de Adriana Rivero, exdirectora del Observatorio PyME de la industriosa región integrada por el norte de la provincia de Buenos Aires (San Nicolás de los Arroyos) y el sur de la provincia de Santa Fe (Villa Constitución). Un grupo de empresarios lúcidos tenía la idea de diversificar la matriz productiva metalmecánica para evitar la dureza de sus caídas cíclicas, pero la acción no prosperó debido al desgaste de los interesados por falta de apoyo gubernamental.

Una recomendación final sobre el tema: elegir un buen agente facilitador

He mencionado que la mayor complejidad de las alianzas es la construcción de una cultura común que armonice con las idiosincrasias de los socios. Este proceso es una cuestión de expertos (no sirve que nos arregle el "bocho" un taxista), y es conducente que el proceso esté en manos de los interesados, porque tienden a tironear la nueva cultura hacia sus arquetipos o pueden producir roces directos que dañen la construcción. Me he dedicado a estudiar profundamente las experiencias y asigno los fracasos a tres factores: falta de apoyo externo (oficial, ONG), vaivenes de la economía argenprobable que haya casos exitosos manejados sin facilitador, pero sostengo que su presencia es de vital importancia.

Elvio Baldinelli fue el introductor de la figura del coordinador de consorcios de exportación subvencionado por un organismo público. Normalmente se buscan prácticos en comercio exterior para elegir a la persona que asuma esa función. Pero centrarse en ese *expertise* es un error, ya que es una cuestión necesaria pero no suficiente: lo importante es la capacidad de conducir un grupo humano, con todo lo que eso significa. He visto cometer el mismo error en casos de economía social, fomento de artesanos, etc. Por eso, sin renegar de la contratación de un gerente que conozca la temática que origina la colaboración, paso a detallar las destrezas que debe poseer un *agente facilitador* (AF), no sin antes advertir que la cantidad de destrezas necesarias disminuye la cantidad de candidatos[69].

Los facilitadores deben estar dotados de visión estratégica y global, y ser capaces de anticipar las tendencias del entorno para orientar a los socios. Como el proceso será

---

69. Disfruté por un tiempo el ejercicio de la práctica, hoy solo doy algún curso o charlas para transferir lo aprendido.

largo, es probable que los socios ingresen en estado de ansiedad, lo que hace necesario que el facilitador sea además un buen contenedor que no pierda de vista el interés conjunto de largo plazo. Deberá ser capaz también de pulir los pálpitos intuitivos de los postulantes, encontrar los puntos de enlace y las amalgamas que pueden fortalecer el proyecto. Ser visionarios, intuitivos, creativos, valientes, emotivos, pioneros, proactivos, consistentes, perseverantes y objetivos, expertos en mediación, psicología, sociología y diplomacia. Tener cualidades de administrador, organizador, formador; disponer de un razonamiento lógico, analítico. La tarea del AF es una especie de *coaching*, porque tiene que apuntalar la toma de decisiones, manejar con destrezas las relaciones interpersonales, reconocer las capacidades y defectos de los actores involucrados para potenciar sus valores positivos (creatividad, entusiasmo, visión, intrepidez, liderazgo, cooperación, proactividad), combinarlos adecuadamente y neutralizar las personalidades nocivas (oportunistas, sectarios, conservadores, negativos y personalistas). El AF debe ejecutar una tarea de asistencia. En el proceso, debe constituirse en referente de las partes pero nunca en actor principal; debe olvidar los provechos propios para velar por el interés del conjunto y estar al servicio de la causa. Su actuación debe quedar en sordina, tal como pedimos a los árbitros de fútbol.

Un tema central es que las decisiones deben surgir del consenso; lo que se hace puede ser presentado por algún participante, pero tener la anuencia y confianza de todos. Los avances deben hacerse con cautela pero con firmeza, y por la vía del debate analítico sobre las opciones puestas en debate. Por eso las tareas son ayudar a pensar, identificar las hipótesis y las fuerzas de amalgama, reducir los conflictos al mínimo, evitar la polarización y los enfrentamientos destructivos o estériles, ayudar a evaluar las alternativas y, una vez tomada la decisión colectiva, impulsarla.

No es necesario, e incluso es recomendable, que tenga poco contacto con el negocio y las partes comprometidas (si hay un conocimiento previo de algún socio no deberá influir en los actos). La razón por la que el conocimiento técnico es secundario radica en que eso no hace a la esencia de su función; se espera que el *know how* esté en la sapiencia de los directivos y técnicos que se asocian. Si el agente facilitador posee la aptitud y actitud requerida, pronto entenderá las raíces del negocio, o por lo menos operará con sus códigos. En mis prácticas de consultoría me aprovecho de la perspicacia, la visión prospectiva, *el ojo* para encontrar los puntos de apoyo, el conocimiento de los recónditos pliegues de la mente, la seriedad en el manejo de las relaciones personales y la capacidad para fomentar los vínculos interpersonales.

CAPÍTULO 11

ESTRATEGIAS FUNCIONALES

Son muchas las obras recomendables dedicadas a las diferentes áreas operativas, pero pido al lector estar atento a dos aspectos. El primero es no asumir el espacio funcional como un todo sino como parte integrante de un sistema superior: la empresa. Muchos especialistas se quedan en la manga por la que ingresan a la empresa, perdiendo sentido holístico. El segundo, es que los autores se dirigen a los funcionarios de segunda línea (gerentes) de grandes corporaciones. Mi propuesta estará orientada a los propietarios PyME. Por su contribución al quehacer de las empresas voy a considerar las dos estrategias básicas: *Producción* y *Comercialización*, a lo que voy a agregar dos funciones de soporte: *Desarrollo Humano* y *Finanzas*.

Producción / operaciones

El objetivo del área es dirigir personas y asignar recursos para fabricar productos o brindar servicios, con el objetivo de satisfacer necesidades de la comunidad, lo que lleva a considerar: a) *Planeamiento*. Definición de la oferta y el volumen, equipamiento, tecnología, calidad, personal, aplicación de recursos materiales, servicios complementarios, abastecimiento, mantenimiento, *stock*, *lay-out*; b) *Ejecución*; y c) *Control de gestión*.

El proceso inicia con la información que se posee sobre las necesidades del mercado, que puede provenir del área de contacto con el consumidor (Comercialización) o de la mente del empresario (intuición, tanteo, experiencia anterior). El paso que sigue es la confrontación de la demanda con las capacidades humanas y financieras de la firma. Si hay correspondencia, se pasa a diseñar el producto y planificar la forma en que será generado; los servicios también tendrán que ser delineados y planeada la forma en que serán prestados. La observación del mercado y el flujo de información deberán ser permanentes, para mantener consistencia entre lo que se brinda y lo que requiere el mercado. En el alistamiento será necesario programar la adquisición de los insumos, seleccionar a los proveedores, disponer la logística de compras, establecer los espacios de almacenamiento, definir el stock, considerar la pertinencia de las instalaciones, el equipamiento y la tecnología, determinar si la fuerza de trabajo está organizada y si posee la actitud y aptitud necesarias. También se deberá programar el sistema de aseguramiento de calidad, la gestión de inventario de bienes terminados (en los servicios, conformar el plantel y la estructura que los brindará), y la forma en que se ejecutarán las acciones productivas. En la boca de salida deberá constituirse un producto o servicio capaz de entusiasmar al consumidor por costo, calidad y velocidad de entrega.

Para el efectivo cumplimiento del propósito conviene recordar el aporte de Eliyahu Goldratt, que propuso dejar atrás el antiguo concepto de costos debido a su indiferencia por la calidad y la rotación de inventarios, y en cambio observar: a) el *Throughput* o velocidad con que el sistema genera dinero a través de las ventas; b) el *Inventario* (de insumos y productos terminados), que es dinero invertido; y c) los *Gastos de operación* requeridos para la transformación de insumos en oferta.

Es aconsejable mirar los siguientes aspectos.

Bajos inventarios

El concepto *zero-inventory* está basado en el modelo japonés de reducir el stock al mínimo. Esta decisión se toma con el objetivo de optimizar el impacto sobre la rentabilidad y el flujo de fondos sin que se produzca una parálisis de la línea de proceso o no se pueda responder, en tiempo y forma, a la demanda del mercado. El ejercicio antiguo requiere que recién al terminar una operación se pase a la etapa siguiente, trabajando con lotes grandes que se mueven en bloque, lo que lleva a que el almacenamiento de materiales en curso sea cuantioso. Su práctica origina costos y tiempos que podrían evitarse si se achican y traslapan los lotes, y no habría que esperar que cada fase se cumpla para pasar a la siguiente; así se logra continuidad y simultaneidad. El cambio viene de la mano de una planificación sectorial que componga los eventos dependientes (secuencia) y reduzca el inventario para evitar sobrecostos sin afectar el *throughput*.

Teoría de las Restricciones

Una mirada ortodoxa exige que todo el equipamiento funcione al máximo de su capacidad[70]. Pero no todas las máquinas están sincronizadas para suministrar el material requerido para la elaboración del bien final; por ejemplo, mientras la máquina A produce durante una hora para obtener el insumo necesario, B necesita dos horas y C cinco. Seguir la ortodoxia significaría que A y B escupirán piezas que no serán utilizadas y se acumularán, generando costos ocultos de inmovilización. Para un funcionamiento efectivo se debe buscar la restricción principal del sistema (o sea, la operación más cargada o la que tarda más tiempo, en este

---

70. Podemos incluir en la práctica nociva eso de "hay que mantener a los trabajadores ocupados (…), si un trabajador no tiene nada que hacer, busquémosle algo".

caso la máquina C) y planificar el resto de las acciones en función de ese punto crítico para evitar costos excesivos por inventario sin crear un *throughput* adicional. En consecuencia, se deberá adecuar la operatoria al ritmo de la máquina restrictiva, haciendo que el resto aporte lo imprescindible y se detenga, aumentar la utilización de la máquina *cuello de botella* para ponerla a tono con los otros equipos (turnos extras), o bien adquirir otro equipo similar. En la decisión no debe perderse de vista el mercado; porque si no se estaría estoqueando bienes terminados en lugar de materias primas con igual o mayor costo. Las buenas prácticas ponen las máquinas con mayor carga de trabajo en las primeras operaciones. Al avanzar a la velocidad de la restricción, el proceso se compacta. Para evitar un ritmo bajo supuestos erróneos (capacidad infinita, tiempos de entrega preestablecidas, lotes constantes de tamaño fijo) se utilizan amortiguadores que, cuando se llenan, indican el momento de parar, regulando el equilibrio.

Manufactura sincronizada

El sistema de stocks armonizados usa series cortas, minimizando el inventario, sistematizando y balanceando el proceso. Los materiales en la planta se mueven en sincronía con la demanda que se atiende; así se asegura la *calidad,* se ayuda a la *ingeniería de producto* a ajustar su propuesta a los cambios del mercado, se optimiza la *capacidad de respuesta*, se aumentan los *márgenes*, se disminuye la *inversión por unidad*, se mejora el control de los proveedores, y se permite *cotizar tiempos de entrega más cortos.* Para que el sistema funcione, los trabajadores deben tener en claro cuáles son los procedimientos a seguir para cumplir su labor, y esto incluye la capacidad de tomar decisiones. Los sistemas de supervisión y control son importantes, pero no para castigar sino para encontrar mejores formas de hacer las cosas.

Just in time vs. Just in case

La introducción del *justo a tiempo* provocó un cambio cultural, eliminando el costoso *por si acaso*. Antes la producción empujaba la colocación en el mercado (*push*); ahora, son las ventas las que desatan la reacción en cadena (*pull*). En el momento que se realiza la entrega al cliente se hace un llamado a reemplazar los bienes retirados, y esa última etapa avisa a la actividad precedente que debe procesar el material necesario, la cual simultáneamente solicita a la diligencia previa reposición del mismo, y así sucesivamente. El dispositivo se formaliza a través de una tarjeta de aviso (Kanban) que actúa como señal para que se sustituya lo que fue retirado.

Acercarse a la frontera tecnológica

Las PyMEs tienen baja productividad debido a su limitado volumen e intensidad de capital, que se acrecienta en la periferia mundial por la baja propensión a incorporar tecnologías; así permanecen en la *economía de base agrícola* o a lo sumo *industrial*, pero sin ingresar en la *economía de base tecnológica*. Es baja la intensidad de uso de computadoras e Internet; hay escasa inversión en actividades intensivas en el saber; la aplicación de fondos a I+D es mínima y, usualmente, mal direccionada; tampoco hay concordancia entre *investigación básica, tecnología industrial* (investigación aplicada) e *innovación*. Para completar el espectro negativo, las estructuras son burocráticas y autoritarias, mantienen una excesiva regulación, largos tiempos de tramitación y desincentivos. El aumento de eficiencia constituye un objetivo estratégico, que debe lograrse incorporando tecnologías que mejoren los procesos. La Argentina actual incentiva el acceso PyME a las tecnologías aplicadas a la producción (I+D+I), aunque se encuentra con resistencias culturales.

Calidad total

Edward Deming demostró que tanto la inspección en masa y a la salida de los productos constituye una práctica ineficaz, tardía y costosa, por lo que propuso su reemplazo por el *control en el proceso.* La práctica opera sobre los hechos (errores, defectos, material inadecuado, personas que no saben qué hacer, supervisión desadaptada y dirigentes no comprometidos con el futuro de la organización) en el momento en que se producen. Para introducir este tipo de control es preciso contar con profesionales con elevado nivel de *formación,* que actúen en un clima de confianza y colaboración mutua. La conducción debe entender el proceso integralmente, desde la recepción de materiales hasta el despacho al cliente. El esquema sostiene que los saltos de calidad se logran cuando los actores están dispuestos a romper las reglas y las transformaciones *actuando.* Los objetivos son necesarios, pero su alcance no depende de las exhortaciones y los carteles sino de la constancia en el propósito y la calidad del esfuerzo, que está subordinado al compromiso y deseo de mejorar habilidades y competencias (formación). Solo perduran las compañías con gente que ama lo que hace.

Para Deming, hay achaques que limitan la productividad y se enlazan con la sustentación de la calidad: inconstancia y movilidad de los directivos, énfasis en beneficios inmediatos (dirigir contando el dinero), suponer que automatizando o adquiriendo nueva maquinaria se resolverán los problemas, copiar, basarse en pensamientos obsoletos y buscar sistemas estándar o tablas de aceptación estadística sin detenerse a comprender cuáles son los problemas y cómo se resuelven. Los inconvenientes más peligrosos provienen del sistema y allí deben dedicarse los esfuerzos. La recopilación hecha por Kaoru Ishikawa sobre las empresas que han recibido el premio *Deming* permite conocer los propósitos que guían los actos que aumentan la productividad y la competitividad. Éstos son:

1. Mejorar la salud y cultura cooperativa y la participación. No se trata de dar instrucciones abstractas sino exponer claramente las metas y cómo manejar los procesos.
2. Mostrar respeto por el personal, cuidarlo, considerar su felicidad, suministrar lugares de trabajo agradables y asegurar que la antorcha pase a la siguiente generación. Hay que delegar la autoridad en los mandos medios para que se conviertan en verdaderos tutores. Los buenos jefes demuestran su idoneidad en los *círculos de calidad*.
3. No es una cuestión de apariencia, sino una cosa que asegura utilidades si se hace bien.
4. Las utilidades no se generan en el corto plazo sino a través de un proceso que, a partir de forjar un sistema de *control de calidad* (CC), logrará la confianza de clientes y consumidores, que es lo que a la postre generará resultados. La meta es "primero la calidad".
5. Combinar la exigencia de un alto estándar de calidad con el desarrollo de nuevos productos. Para sobrevivir hay que elaborar productos confiables.
6. Utilización de técnicas de *calidad*. Algunas de las cuales no aprovechan plenamente los métodos estadísticos. Las estadísticas son una herramienta básica, siendo necesario que las personas las dominen y utilicen las siete herramientas básicas de la CC[71].
7. El *control de calidad* llega a un estado ideal cuando ya no requiere de vigilancia.

Productividad

La unidad de medida del funcionamiento del área es la productividad, cuestión equívoca y de extrema complejidad. Se

---

71. Las siete herramientas básicas son: diagrama de Ishikawa, también conocido como "espina de pescado" o "diagrama de causa-efecto"; hoja de verificación o comprobación, gráfico de control, histograma, diagrama de Pareto, diagrama de dispersión y muestreo estratificado.

supone que cuando aumenta la producción se incrementa la productividad, pero eso es solo la mitad de la ecuación. Para tener una visión plena hay que relacionar el producido con los recursos que se utilizan para su consecución. Y no se trata de considerar solo la mano de obra; también debe tenerse en cuenta la eficacia con que se utilizan las materias primas, el equipamiento, las instalaciones y la energía. La visión estrecha coarta la posibilidad de aprovechar acciones para incrementar la productividad (Belcher). El óptimo no es la suma de la eficiencia de los factores o funciones por separado, sino su resultado integrado. Como señala Goldratt, no se trata de lograr eficiencia en la producción de cada componente sino en la manera en que la sociedad gana dinero; esto se relaciona con el equilibrio y la armonía, no con resultados aislados. La empresa es una unidad y no una suma de artefactos, personas o funciones.

Para medir la *productividad total* hay que considerar bases homogéneas en el divisor y el dividendo, por lo que resulta forzoso llevarlo a términos monetarios. De esa forma, se divide la *facturación* por los gastos *totales* de producción, incluyendo las amortizaciones, depreciaciones, costo del stock inmovilizado (materias primas y productos terminados). Es decir: *Productividad general* = Input/Output = Ingresos/Egresos.

Los costos ocultos

Quiero hacer un llamado de atención a la presencia de costos ocultos que no son observados ni medidos, pero tienen un fuerte impacto. En general, son cuestiones que afectan los resultados y no son atribuibles a una causa expuesta, sino indirecta o escondida. Cada área funcional debe detectarlos, y muy especialmente la de operaciones.

Mejora continua

También este punto corresponde al marco general, pero con fuerte incidencia en el área analizada. Todo es mejorable, todo se puede reforzar, solo hay que incorporar la consigna y proceder.

Comercialización

El área de *Comercialización* o *Marketing* tiene la función de conectar a la empresa con los clientes. Sus acciones son: 1) auscultar las necesidades y motivaciones del mercado, seleccionar el segmento más atinente y al que se dedicarán los esfuerzos, y trasladar esa información al *área de Operaciones*; 2) crear las condiciones favorables para que la oferta sea elegida por el público objetivo; 3) vender.

La empresa debe conocer exactamente las necesidades de aquellos a los que dirige su producción para poder ofrecer un bien o servicio apropiado, diferenciado y atractivo. Para ello se requiere monitorear permanentemente lo que acontece con los potenciales clientes, acción que debe ser planificada y permanente. Para Campana y Giovannone, entender al consumidor significa conocer quién compra, qué compra, por qué compra y cómo decide la compra. Este análisis debe superar el campo de la administración de empresas, acercándose a dos disciplinas cercanas: la sociología y la psicología social. Hay que bucear en la economía de la subjetividad para seguir cómo se conforma el proceso de necesidad-deseo-demanda en el segmento objetivo. Es importante encontrar sus características diferenciales ("descriptores") y utilizar la información para que el área de producción establezca o reformule el producto o servicio atinado, el volumen a producir y el precio tentativo que permita transferir valor al comprador para lograr su aceptación (este indicativo deberá ser contrastado con el análisis de costos). Asimismo, deberá ser comunicada al área de producción toda mudanza detectada que pudiera convertir en obsoleta a la oferta. También debemos diferenciar dos tipos de compradores: los usuarios finales y los que lo adquieren para su transformación (generalmente empresas), a los que llamaremos compradores intermedios.

Jean-Jacques Lambin, a través de un grueso manual, compone una serie de clasificaciones relacionadas con los requerimientos humanos que deben ser considerados a la hora de planificar. Murray divide las necesidades en primarias y secundarias, positivas cuando existe atracción o negativas cuando prima un rechazo manifiesto y latente, consciente e inconsciente. Maslow establece una escala multidimensional creciente, que incluye las necesidades fisiológicas, de seguridad, sociales, de estima y de realización. Sheth, Newman y Gross infieren que las relaciones que motivan las transacciones están basadas en valores finales (esenciales) e instrumentales (materiales). M.O. Rokeach también clasifica el comportamiento de compra en función de valores: *funcionales,* que derivan de la utilidad percibida del bien; *sociales,* originados por la existencia de grupos demográficos, socioeconómicos o culturales diferenciados; *emocionales,* debido a que provocan sentimientos o reacciones afectivas; *epistemológicos,* que proceden de la curiosidad; y *circunstanciales,* basados en impulsos. Con respecto al comprador industrial o intermedio, sus requerimientos demandan un producto o servicio bien definido, que nace de un cliente que sabe lo que quiere, y tienen para él trascendencia estratégica.

El segundo punto es posicionar la oferta en la mente del potencial consumidor. Al Ries y Jack Trout estudiaron la forma de posicionar (término popularizado por los autores) la oferta en la mente del cliente potencial. Parten de que los parroquianos poseen una subjetividad dinámica y cambiante, que responde a estímulos. El posicionamiento puede estar basado en: las características o cualidades del producto, una favorable relación de precio-calidad, o una orientación específica y particular relacionada con el estilo de vida del usuario. Nunca se debe olvidar que se está operando sobre el cerebro, el cual posee limitaciones que hay que tener en cuenta. El consumidor medio odia la confusión, es inseguro (frente al riesgo monetario, funcional, físico, social o psicológico inherente al acto de compra), algunos son cambiantes y otros rígidos, pueden ser selectivos o no tener enfoque. Los mayores errores en la orientación de la oferta se producen cuando no hay sintonía entre las mentes de los clientes y las de los responsables del área de Comercialización. El remedio es dejar de pensar cómo se coloco el producto o servicio en la mente de los consumidores para ver qué desean y cómo la empresa satisface esas necesidades. Desde ahí queda facilitar el acceso de los clientes al producto o servicio (canales y logística).

El área comercial debe establecer el *forecast* de ventas (estimación de ventas en un período de tiempo), que se hace pasando por el círculo de participación la información histórica, el monitoreo del mercado y la visión prospectiva. La apreciación debe ser fiable. Los autores deben poseer responsabilidad y destreza para realizar una evaluación cualitativa, intuitiva y subjetiva del segmento, y una cuantitativa en función de los datos de ventas históricos y la consideración de las fluctuaciones estacionales de la demanda. Errar por debajo o por arriba producirá resultados negativos, dado que esta información es primaria para la planificación del resto de las áreas funcionales: sobre ello se adecuarán los inventarios, el capital corriente, el requerimiento de personal y la logística.

Comercio internacional

Este tema es tabú para las PyMEs, por estar asentadas en sectores regulados por el conocimiento de la realidad local y operar con bajos volúmenes. Estas empresas se resguardan en sectores donde normalmente no operan las corporaciones. Pero como también poseen una actitud emprendedora, innovadora y maleable, hay quienes se animan a sobrepasar su marco interno. Actualmente son exportadores marginales (en general están en el orden del 10%), aunque es confortante que existan países donde superan el 50% (Taiwán, Italia y Corea). Por lo general, se trata de empresas que siguen *estrategias bambú,* que con la expansión internacional abren el corsé del espacio interno reducido en el que operan. La ampliación mejora la amortización de los costos fijos y hace más competitiva a la empresa. Incluso, en mis tiempos de dedicación al comercio exterior, he observado casos en los que la táctica fue hacer recaer los costos fijos sobre el mercado interno y cotizar en función de los costos directos. Hay un detalle que deberían mirar los artífices de la política macro para fomentar su proyección mundial: las PyMEs duplican a las grandes empresas en la cantidad de dólares que ingresan por tonelada, y crean más empleo.

Las empresas medianas y los conglomerados asociativos deben medir el potencial de globalización de la actividad en que se encuentran y considerar si las destrezas de la firma están en consonancia con los sectores que son impulsados por la globalización. Si se encuentra potencial, se debe delinear la estrategia de internacionalización, trazar cursos de acción y componer un plan integrado de fabricación, tecnología, financiación, comercialización y servicio de posventa. Observar cómo trabajan otros operadores ayuda a resolver las diferencias culturales y los mecanismos particulares de mercado. El desafío es duro y costoso, porque significa aumentar el nivel de producción. Y es probable que obligue a invertir en equipamiento y capital de trabajo, calificar la oferta para cumplir con exigencias de calidad, armar un sistema de información y de gestión más sofisticado; todo, en un marco de inestabilidad y falta de estímulo gubernamental, pozos de relación cambiaria desfavorable, falta de promoción e incentivos, e inexistencia de sistemas de prefinanciación y posfinanciación de exportaciones. El incentivo reside en que se pueden encontrar afuera demandas parecidas a las que se atienden internamente. Otro aspecto importante es que, al adoptar la decisión, la empresa acepta someterse al monitoreo de la competencia internacional, lo que mejorará el posicionamiento interno.

Hay que tomar el comercio exterior como un desafío a largo plazo, una cuestión de perseverancia. Mi experiencia indica que es necesario invertir entre tres y cinco años con un programa continuo de viajes y misiones comerciales, rondas de negocios y participación en ferias y exposiciones para lograr una respuesta. Conviene comenzar por donde la brecha cultural sea más corta o exista alguna facilidad, generalmente países limítrofes (en nuestro caso, Brasil y Chile) o participantes de un movimiento integrador (Mercosur).

Las opciones de participar de una cadena productiva que posee un eslabón poderoso, asociarse a un operador mundial o convertirse en el propio operador de los productos localizándose en el destino objetivo facilitan el acceso a mercados externos. La ovícola Ovoprot se apalancó en un socio austríaco que participó en el desarrollo de la oferta y actualmente maneja las operaciones en Europa; una empresa productora de miel, cansada de los desaires de los compradores alemanes que cambiaban las condiciones y mentían sobre la calidad de la carga imponiendo bonificaciones, se radicó en Italia y desde ahí logró una fuerte y ventajosa inserción en Europa y Medio Oriente[72].

Desarrollo humano

El personal es la clave. El límite de una empresa es el que pueden alcanzar sus integrantes. La mejor garantía es contratar talentos positivos, reclutar a los buenos, a los que en-

---

72. Aunque son un poco antiguos, recomiendo leer los trabajos sobre PyMEs y comercio exterior de FUNDES Latinoamérica.

frentan la vida honestamente. *La eficiencia de la mano de obra depende de la actitud y la aptitud, aspectos que derivan tanto del trabajador como de quienes lo conducen.* Ese es el gran reto.

El *desarrollo humano* es una política que debe cruzar transversalmente la entidad. Comparto con Rafael Echeverría que quedó atrás el dominio de las manualidades y el esfuerzo físico estudiado por Taylor, y que actualmente impera el trabajo mental e intangible. A la hora de hacer justicia, bueno es recordar que es el ser humano –operando sobre la naturaleza como inventor, gestor, facilitador del capital y, fundamentalmente, trabajador– quien genera los bienes y servicios con que se satisfacen las necesidades comunitarias. Me resisto a dividir a las personas en consumidores (para venderles) y trabajadores (para explotarlos), prefiero utilizar el neologismo de Alvin Toffler: *prosumidores* (*prosumers*), lo que significa que partiendo del hombre como trabajador se trata de satisfacer plenamente sus legítimas necesidades.

Durante un tiempo viví obsesionado por la *eficacia;* luego aprendí que si se establece un mal objetivo, lo peor que puede ocurrir es alcanzarlo. A partir de este reconocimiento persigo la *efectividad* y la *eficiencia,* dado que creo que lo que realmente sirve es acercarnos a un propósito deseable, utilizando la menor porción de esfuerzos y recursos posible. Eso, considero, debe ser el objetivo de toda *estrategia de desarrollo humano,* valorando más el camino y el proceso que el punto de llegada. Pero para esto se debe tener conciencia de que son las personas las que hacen, y para ello la conducción de la empresa debe lograr que su personal quiera, sepa y pueda alcanzar los propósitos organizacionales. Plantear metas es insuficiente si la gente no las comprende, comparte y desea. Se trata de concebir una comunidad de intereses entre la compañía y su personal; con la gnosis de la necesaria participación de todos, organizados en una compleja red de relaciones humanas orientada a satisfacer clientes.

Es vital involucrar al personal. Hay una gran confusión en la mayoría de los empresarios, que se preocupan por tener el mejor equipamiento y descuidan a quienes lo manejan; piensan en la renta y no en quienes la generan; miran la moneda y no a la gente. Las firmas que no ponen en el centro de su interés a las personas (básicamente empleados y clientes) no tienen futuro. El resultado depende de la inteligencia con que se aplican los recursos financieros, y a mí no me queda duda de que el mejor uso es la inversión en el personal. *Todo depende de que los trabajadores quieran, sepan y puedan hacer lo que deben.*

Querer

El primer aspecto es que las personas *quieran hacer*. Eso nos remite a la motivación, que se expresa en la dedicación y el sacrificio. Cuando leí *Fish!* (de Lundin, Paul y Christensen) comprendí que mi motivación por escribir, dar cursos y coordinar círculos estratégicos estaba en el placer que me producían esos momentos; hacer lo que nos gusta produce la entrega, por eso debemos encontrar en las empresas la manera de que los trabajadores disfruten su labor. Hay una *implicación impuesta*, de arriba hacia abajo, que no sirve porque provoca resistencia (normalmente oculta) que merma la efectividad. Hay un abordaje occidental (básicamente alemán) que consiste en una *implicación negociada o contractual*, que promueve el compromiso a través del salario u otros incentivos materiales. Pero lo realmente práctico es la *implicación incitada o estimulada*, que usan los orientales (japoneses): ellos crean un sentido de pertenencia, que se alcanza por la vía de la educación social, o sea, explicitando ante los trabajadores la importancia de su contribución y haciendo que sean felices realizando su aporte. Puede ser que la actitud positiva esté dormida; la forma de despertarla es con sistemas de incentivos. Hay una motivación que responde a premios y castigos y otra a la incubación de valores. Los sistemas de látigo y dulces son endebles, porque se hacen o no se hacen las cosas por las consecuencia que traen, mientras que lo esencial es que se realicen porque es bueno y atinado. Cuando al trabajador se le reconoce solvencia y fiabilidad, aumenta la autoconfianza, desatando una espiral realimentadora de capacidad de hacer ("efecto Pigmalión", George Bernard Shaw). El buen trato, la autoestima y la camaradería estimulan el deseo de hacer las cosas bien y desatan fuerzas extraordinarias. En cambio, si se subvalora el personal se generan *broncas*. Y los empleados agrios crean clientes insatisfechos.

De la misma forma en que disfrutamos el clima cuando están armonizadas la temperatura, el viento, la presión y la humedad, gozar de un buen ambiente laboral exige varios ingredientes: respeto, valoración, coincidencia entre valores y labores, satisfacción de las necesidades, intereses y deseos del trabajador, confianza, seguridad, protección, camaradería y un proyecto que ilusione. Se debe dejar atrás la cultura del miedo y los sistemas de vigilancia opresivos y paralizantes, que obligan a gastar fortunas en sistemas de control y largas cadenas de mando, para lograr un espacio de confianza que potencie el ingrediente emocional.

No niego el valor de los incentivos dinerarios, dado que surgen de la contribución del trabajador, por eso creo que un buen inicio de la relación que empuja a la actitud es compartir las ganancias (bonos). Algunos colegas discuten esos incentivos porque dicen que a la gente se le paga por trabajar; ese esquema que separa el nosotros de los otros, basado en la superioridad y la discriminación, es el que termina produciendo la merma de la productividad y reduce la relación laboral a simples trazas formales. Para lograr un plus, lo que sirve es estimular el ánimo.

Los sistemas con compartimientos estancos cultivan costos ocultos. La falta de camaradería genera rispideces entre quienes trabajan. Para sintonizar ondas parecidas, hay que formalizar el espacio de diálogo donde se dice y se escucha, constituyendo la esfera ideal para exteriorizar la confianza; encontrar los puntos de concurrencia entre los intereses de la compañía y de sus integrantes; dejar en claro los derechos y responsabilidades de las partes; comunicar el porqué, cómo y para qué se hacen las cosas, y cuál es el resultado que se espera. En esos espacios de encuentro se debe estimular la participación, canalizar las propuestas que contribuyan a mejorar el funcionamiento, considerar colectivamente las distintas inquietudes y determinar su puesta en práctica. Al tomar conocimiento de lo que hacen y opinan los camaradas, se va logrando un ensamble que cancela la ignorancia individual y construye puentes. Cuando todos saben hacia dónde van y quieren ir hacia allí, "tiran juntos del carro", los esfuerzos se comparten, se sacan fuerzas de flaquezas y no se malgastan energías en controversias gravosas. El diálogo entre pares y jerarquías facilita el consenso y el aprendizaje en equipo, mientras la falta de entendimiento estimula los conflictos. La incomprensión, los desacuerdos, los prejuicios, las malinterpretaciones y las actitudes defensivas producen costos embozados y dejan cicatrices; en cambio, el intercambio abierto y sincero acorta las diferencias.

La mayor parte de los fracasos empresariales se debe a que los dirigentes no logran integrar a sus empleados a la estrategia. Estos trabajadores pueden mantener su cuerpo en el lugar de trabajo, pero no su mente, y menos aún su corazón. El verdadero sentido de pertenencia se alcanza cuando los trabajadores la pasan bien con sus camaradas y se sienten felices creando valor para los clientes. *Si desea alcanzar alta productividad y buenos resultados, tenga confianza en su gente y genere un buen clima laboral. El summum es lograr que la empresa tenga mística.*

Saber

A la hora de explicar el éxito, una serie de aspectos intangibles reemplazó a la dotación de factores clásicos de la producción. Estas condiciones derivan, en su mayoría, *del conocimiento* individual/subjetivo y organizacional/colectivo. Las empresas están inmersas en un contexto de elevada exigencia para incorporar destrezas. El *saber qué* (*knowledge*) alcanza valor si se transforma en *saber cómo* (*know how*), lo que dio lugar a la práctica de la *formación continua*. Lo peligroso es no tener ideas. El *coaching*, el *mentoring* y el *action learning* son herramientas interesantes para un aprendizaje efectivo. *La capacidad productiva depende de los saberes acumulados en el pasado; así como los logros del mañana obedecerán a lo que se pueda instituir hoy.*

Para desarrollar la *aptitud* (saber) es imprescindible que exista *actitud* (querer); ambos aspectos se imbrican dialécticamente y deben ser manejados con inteligencia. La predisposición facilita la adición de nuevas pericias. La facultad de hacer las cosas de acuerdo a lo que se espera no es irreflexiva, sino que surge del acopio de *sapiencia productiva*. La sabiduría se incorpora directamente en los puestos de trabajo a través de la propia práctica o por asimilación exógena[73].

Lo importante es lo que se puede hacer con el conocimiento; y ello es un resorte vinculado a quienes "sudan la gota gorda" y están más cerca de los problemas. Gran parte de la salud organizacional depende de una diestra conformación del bucle *investigación + desarrollo + innovación*. Quien aprende, se enaltece y, simultáneamente, revaloriza su labor. El desarrollo pleno del individuo es el germen de la inteligencia social que estimula las relaciones interpersonales que, a su vez, avivan el ambiente armónico y empático.

---

73. Contratación de terceros, consultoría, cursos de aprendizaje, adquisición de patentes, asociación con terceros, convenios con centros tecnológicos públicos o privados para desarrollo de I+D, toma de experiencias documentadas a través de la teoría, benchmarking, outsourcing…

La exploración de la relación entre la empresa y el contexto permitirá anticipar necesidades latentes de los consumidores, que deben convertirse en una oferta delineada especialmente; aquí se conjugan saber indagar, saber planificar y saber hacer. El "saber cómo" es el mejor camino a la creatividad. Los grandes cambios surgen de ideas sencillas que tienen base en el ensamble del conocimiento de mercado y la sabiduría tecnoproductiva. La acumulación consuetudinaria de avances es lo que hace especiales a las empresas y logra liberarlas de la esclavitud de la competencia. Esto es lo que hace entrar a la firma en una *laguna azul*.

Los directivos deben asumir que siempre hay tiempo y espacio para instruirse y mejorar. Me refiero a la necesidad que tienen de ampliar su propia sapiencia (tema que está fuera de la mente de los empresarios PyME que conozco) y también que su mandato incluye convertir a los asalariados en esponjas para la absorción de destrezas productivas. Para ello se debe crear el ámbito conducente a incorporar, individual y colectivamente, nuevas competencias y estar predispuestos a invertir en el desarrollo del personal. En detrimento de la obediencia, para las empresas son mejores la proactividad, la apertura a la comunicación y la capacidad para tomar decisiones y manejar lo aleatorio. Los empleados actuales deben ser auténticos, respetuosos, desprendidos, espontáneos, apasionados, flexibles, comprometidos, creativos, rebeldes y ejecutivos. A ellos ya no se los podrá medir en términos del *input* (costos salariales), sino que hay que hacerlo en función del *output* que forjan (ingresos). *Así como un mundo nuevo requiere de un hombre nuevo, una empresa nueva requiere de un trabajador nuevo; y así como un nuevo mundo es posible, un nuevo trabajador también lo es.*

Hice mención varias veces al saber colectivo. La razón es que el conocimiento individual no es suficiente para resolver los enredos complejos que enfrentan las organizaciones mercantiles, sumergidas en un mundo de alta complejidad y cambios incesantes y vertiginosos. Para dar respuesta a los retos del entorno hay que aglutinar talentos, trabajar en equipo y hacer que el saber se propague a lo largo y ancho de la estructura. La instrucción grupal permite compartir y coordinar capacidades diversas, llenando las lagunas individuales. Es necesario que la gente comparta lo que sabe y absorba lo que entienden los demás. Los colectivos deben poseer espíritu de equipo, ser realistas, autocríticos, solidarios y sensibles con los camaradas y con terceros; tienen que estar inclinados a llegar a acuerdos, tener capacidad de adaptarse a las transformaciones, estar preparados para ver y aportar a lo nuevo.

Los trabajos de investigación de Ernesto Gore nos ayudaron a asumir el error de la tradición contractualista que señalaba que son las identidades bien conformadas las que se socializan, ya que las evidencias demostraron que es la identidad individual la que se construye a partir de procesos sociales internalizados; los aprendizajes individuales existen pero tienen raíces sociales. Y surge de allí la pregunta acerca de cómo las organizaciones empresariales construyen, internalizan y coordinan los aprendizajes colectivos.

Los nipones nos brindaron una gran lección de humildad, recordando que las imperfecciones humanas dejan un enorme espacio para el progreso. La mejora continua está relacionada con el saber y la innovación. Es increíble que, cuando tenemos la mente abierta, encontremos formas de hacer mejor las cosas. Detectar un defecto, error o problema, es una oportunidad para incorporar un discernimiento que permita reducir los costos, mejorar la calidad, aumentar la productividad, facilitar los flujos de información y perfeccionar productos, servicios y procesos. Trabajar sobre los bloqueos debe convertirse en una obsesión permanente. Resuelto un gran problema, encontraremos otro que se torna importante, y así sucesivamente. No hay que esperar que las cosas vayan mal para corregirlas; evitaremos los desvíos si estamos atentos a mejorar aun cuando todo vaya bien.

La mente occidental trata siempre de superar a otros, de ganar, de ser mejor, por eso se orienta a las fortalezas. En cambio, los orientales observan las cosas en su plenitud y complejidad y se centran en los puntos endebles, porque ahí es donde hay que poner el foco para progresar. En la práctica, la *mejora continua* funciona como sistema de retroalimentación (*feedback*), que vuelve una y otra vez sobre las rutinas para observarlas, escuchar a los involucrados y mantenerse alerta a los puntos críticos o nebulosos. Consecuentemente, la *formación continua* debe ser institucionalizada para favorecer la realización de los trabajadores como seres humanos y productivos; y esto impactará, poderosamente, sobre el *rulo*: acervo de conocimiento - productividad - competitividad -rentabilidad.

Poder

Ha sido común toparme con empresarios que son una máquina de impedir. Invierto mucho tiempo en hacer consciente esa actitud para reemplazarla por un liderazgo positivo, que ayuda a mejorar y se pone al servicio de la plena realización de sus seguidores como seres humanos y trabajadores. Crear entornos laborales que faciliten el desempeño pleno de los trabajadores es una tarea elemental, y al respecto ya he manifestado mi preferencia por el modelo de *Cúpula Invertida*.

La delegación deriva de la confianza en quienes deben hacer. Solo se pueden transferir cargas cuando se reconoce que el receptor las asumirá cabal y apropiadamente. La transferencia y la facilitación de la tarea se convierten en vitales, situación que se acrecienta cuanto más grande y enmarañada sea la sociedad mercantil. La complejidad obliga a transferir obligaciones hacia otros miembros de la organización y ceder, en su debida medida, *autonomía responsable*. El *empoderamiento o empowerment* constituye un esquema que abandona la *dirección por instrucciones* (DpI) para dar al trabajador la potestad de tomar decisiones, manejar lo aleatorio y realizar aportes. Es posible que, en los inicios, las tareas no se realicen igual que bajo el opresivo sistema de DpI; pero cuando se da tiempo a incorporar saber y experiencia, los resultados se amplifican. Hay que erradicar la creencia de que solo los que conducen pueden resolver problemas. La responsabilidad es un eslabonamiento bidireccional, porque el que transfiere poder queda vinculado al que lo recibe, y viceversa. Cuando se delega, hay que evitar entrometerse sin desentenderse, ser tolerante con los errores y dar la posibilidad de enmienda.

Merece un párrafo adicional la puesta a disposición, por parte de la empresa, del equipamiento, herramental y los insumos necesarios para *hacer*. Finalmente, y en consonancia con la complejidad de desenvolverse en mercados de competencia exacerbada, nacieron los equipos autodirigidos. Solo la colaboración y coordinación de diferentes talentos y capacidades tiene el *poder* de hacer, y además la firma está más segura cuando varias personas pueden desarrollar las actividades críticas. Favorece la efectividad la posibilidad de integrar las diferentes personalidades en ubicaciones laborales precisas, siendo recomendable el auxilio del *eneag business*[74], instaurar un liderazgo oportuno, trabajar en equipo, innovar, participar y acumular experiencias y conocimientos.

La evaluación del rendimiento es un aspecto crítico y normalmente mal encarado, porque se fijan estándares arbitrarios, que no son interpretados uniformemente y pierden relevancia. Pero esa medición debe estar bien construida, ser efectuada habitualmente, y los empleados deben comprenderla y aceptarla. Si están vinculadas a enfatizar

---

74. Este tema fue presentado con mayor detalle en *El libro de las PyMEs*.

los aspectos positivos y motivadores, se lograrán significativos aumentos de productividad (Elizabeth Smith). Hay que utilizar la *autoevaluación* o retroalimentación individual, la *valoración grupal* o análisis conjuntos y comparativos de *subalternos y supervisores,* en relación ascendente y descendente, y la realización de *estudios abiertos,* que tratan de recolectar información de fuentes específicas o al azar. Los registros de rendimiento comunes son: ausentismo y tardanzas, accidentes, movilidad laboral, quejas de empleados y clientes, ahorro en equipo, tiempo de inactividad, eficiencia, empleados ascendidos, errores cometidos, embarques puntuales, horas extras, productividad, variaciones del proyecto, rechazos, pérdidas, reportes completados, gratificaciones, producción total, volumen de trabajo atrasado. El análisis de efectividad debe usarse para detectar y componer áreas débiles del proceso. También sirve para seleccionar acciones precisas de capacitación y mejora, ubicar a las personas en los puestos adecuados, facilitar la autoevaluación, reforzar la cultura y establecer beneficios e incentivos.

Poner *cupos numéricos para la mano de obra* no es efectivo, porque los estándares terminan estableciendo un techo que limita la productividad; al establecerse sobre el trabajador medio, deja a la mitad por encima y al resto por debajo, haciendo retroceder a los mejores. La *gestión por objetivos* (GpO) es una conducción que se impone por el miedo, y no se logra pertenencia cuando se trata a las personas como mercancías cuyo uso se contrata para, luego, ser inhabilitadas cuando no se las precisa. *Estar orgulloso del trabajo que realiza es el mayor incentivo y recompensa que tiene el ser humano.*

Finanzas

Esta área es la que se debe encargar de suministrar los recursos financieros para que la empresa opere sin sobresaltos.

Diversas encuestas realizadas a empresarios PyME destacan que las limitaciones financieras constituyen la debilidad principal. Aunque yo crea que hay aspectos de mayor significación, que incluso son los que causan parte de esa negatividad[75], no puedo ignorar la importancia de los factores financieros. La limitación dineraria puede ser expresada como la dificultad para acceder al mercado financiero, así como por las altas tasas que debe enfrentar una firma en caso de obtener financiamiento. Las necesidades a cubrir pueden ser: a) para el funcionamiento corriente de las operaciones; b) para atender mayores requerimientos de capital de trabajo destinado a la evolución de la compañía; c) por necesidad de contar con capital fijo para ampliar instalaciones o realizar inversiones productivas (maquinaria y equipamiento).

La reticencia del mercado financiero formal lleva a las PyMEs a basar su financiamiento operativo en los proveedores, en enfrentar las inversiones con recursos propios (ganancias no distribuidas), en los aportes de las "tres F" (del inglés *family, friends and fools,* o familia, amigos y tontos) o en la recurrencia al sistema de crédito informal, usurario. Si bien el financiamiento brindado por proveedores es generalmente de fácil acceso, constituye una práctica común y engañosa. Por ejemplo, al iniciar el análisis de una empresa (mediados de 2015) observé la debilidad financiera y un acumulado fuerte de deuda con su principal abastecedor; al preguntar cuánto era el descuento por pago al contado me dijeron que se trataba del 20%, lo que, en principio, no parecería elevado, dado que esa era la tasa anual tomadora de depósitos a plazo fijo de los bancos. Pero los pagos se escalonaban a 30, 60 y 90 días; en consecuencia, la tasa real debería ser multiplicada por 6. Con respecto a las cuevas

---

75. La carencia de estrategia clara y factible, y la baja formación de la conducción, son los factores que producen la debilidad financiera y otras lacras (problemas tecnológicos, baja productividad, escasa inserción en el mercado, etc.).

financieras, los cheques se descuentan a tasas que triplican lo que se paga en el sistema formal.

Otra vía es el uso del descubierto que otorgan los bancos a las cuentas corrientes y que es de libre acceso; esto determina que, en situación de aprietos –algo habitual– se utilice sin medir sus costos; hay en esto dos puntos a subrayar: las autorizaciones no son muy pródigas y las tasas son sangrientas.

Entrando al planeamiento desde el área financiera, se debe reconocer que la empresa afronta continuamente erogaciones. La primera cuestión será considerar si estas exigencias podrán ser enfrentadas con el capital corriente o se deberá recurrir a terceros; en el último caso, se habrá de definir en qué se usarán los recursos propios y cómo se obtendrán los faltantes. En el origen de la empresa se debió establecer qué parte del capital quedará inmovilizado y cuánto será destinado a capital corriente. Posteriormente, las mayores necesidades de capital fijo surgirán de mejoras (incluyendo cambio de localización) o ampliaciones (normales en casos de *estrategias bambú*). La pregunta crucial, que Joan Massons i Rabassa pone como centro de atención es la siguiente: ¿es conveniente ampliar el capital o endeudarse? El *aumentar el capital* tiene la ventaja de evitar el riesgo de incumplir y solo habrá retribución en caso de obtener resultados positivos, de manera tal que el capital ingresante estaría comprando beneficios futuros; en *el endeudamiento,* la tasa de interés siempre se paga y hay una exigencia de devolución en tiempo preciso. En la última alternativa queda implícita la incertidumbre acerca de que la aplicación del recurso produzca ingresos monetarios para afrontar las tasas y se pueda acumular el monto que debe ser devuelto. Otro aspecto, que constituye una elucubración teórica, es que el rendimiento sobre el activo (ROA) supere la tasa de interés (*leverage* positivo), evitando transferir ganancias históricas al prestamista. Hay que cuidar el carácter vivo de este análisis porque hay continuas variaciones en la combinación de capital propio y prestado, en la tasa de interés y en la rentabilidad.

El área financiera es la receptora de las necesidades que surjan en las áreas operativa y comercial; deberá analizar su razonabilidad y, en caso aconsejable, surtir los recursos. Para ello debe tener clara la capacidad de endeudamiento, establecer la forma en que se financiarán los activos, asegurar la solvencia a corto plazo y lograr la mayor rotación del circulante. La *planificación financiera* deberá considerar la conveniencia o no de recurrir al endeudamiento, lo que surge del efecto positivo que pueda tener tomar deuda por sobre el rendimiento del capital propio de los accionistas; en otras palabras, hay que mirar el resultado estimado de las operaciones y compararlo con la tasa de interés, y si se observa que ésta es inferior vale la pena, en tanto y en cuanto se mantengan las condiciones de seguridad que permitan controlar el exigible (*cash flow* asegurado).

El autofinanciamiento es la mejor forma de capitalización. La cultura empresarial japonesa incluye capitalizar los beneficios de sus unidades económicas, lo que hace a las firmas fuertes. La conversión de utilidades en patrimonio neto se hace a través de la formación de reservas, fondos de previsión, amortización o, directamente, capitalización. Las reservas legales son fijadas por ley, las estatutarias por acuerdos de los accionistas, los fondos de previsión tienen el objetivo de anticiparse a hechos adversos y las amortizaciones constituyen un ahorro autoimpuesto para hacer líquido el capital inmovilizado, cuyo fin principal debería ser su reemplazo por obsolescencia.

Un principio de razonabilidad dice que el endeudamiento no debe superar al capital propio, aunque los franceses afirman que lo ideal es 1/3 de capital propio, 1/3 de endeudamiento de largo plazo y 1/3 en deudas de corto plazo. Me he topado con empresarios que consideran una virtud no tener deudas bancarias; lo que parece ratificarse por la mejor performance que tuvieron las firmas desendeudadas en la crisis de 2001-2002. La inflación, las tasas de interés y el desdén bancario por las PyMEs convirtieron al empresario en reacio a endeudarse; pero no es inteligente negarse al crédito si el apalancamiento es positivo, y especialmente si hay por delante un horizonte de crecimiento.

El sistema financiero es un intermediario entre los excedentes (ingreso no consumido) de una parte de la sociedad y las necesidades de otros. El banco se queda con las diferencias entre las tasas de interés que paga y las que percibe. La tasa activa se forma con: costo del dinero tomado + gastos operativos + margen de beneficio o *spread* + un ponderador de riesgo, que surge de la ponderación del tomador (calificación, historia crediticia, garantías, tipo de operación a financiar). Este último aspecto está en discusión, porque la lógica indicaría que el aspecto central a considerar para otorgar un préstamos es la capacidad de devolución (o sea, el ingreso que generará la aplicación del recurso). Pero el sistema no funciona así. La exigencia de presentación de un *cash flow* es formal, por lo general los analistas no le prestan atención y miran solo si el resultado pasado alcanza para pagar la deuda futura; es decir que la proyección no se encuentra dentro de lo que le preocupa a la entidad, que además exige una garantía poderosa (normalmente tres o cuatro veces el valor del préstamo, ante el supuesto de que se malvenderá en caso de ejecución). Con respecto a la evaluación de proyectos hay dos parámetros indicativos. Uno es el *valor actual neto* (VAN), que surge de descontar a los flujos de caja positivos que generará el proyecto a lo largo de un tiempo razonable de vigencia (digamos 5 años), la inversión inicial y lo que se habría logrado si se hubiera puesto en una operación testigo; si es superior a 0 significa que se recuperará más que la inversión inicial, y que lo que se obtendría en, por ejemplo, un plazo fijo. La otra forma de considerar el resultado es a través de la *tasa interna de retorno* (TIR), que es el tiempo necesario para que el VAN se haga 0; cuanto más alto sea, más rentable será el proyecto.

Pongamos ahora a una PyME frente a un banco y encontraremos que partimos de un muy desparejo poder de negociación entre las partes; el sistema financiero es un caso extremo de competencia imperfecta con resultados a la vista. Además, los demandantes de fondos van desde grandes corporaciones hasta individuos. Esos extremos son los preferidos por el sistema, los primeros por su volumen operativo y los últimos porque son fácilmente ejecutables. En el medio están los discriminados productores de las economías regionales, los chacareros, los microemprendimientos, las PyMEs y las cooperativas. Hay una información asimétrica: las entidades saben mucho de las corporaciones pero poco de las firmas menores, que están diversificadas y escondidas en las regiones interiores y en los talleres de los barrios. Por su parte, las PyMEs desconocen las ofertas crediticias, y a lo sumo limitan sus alternativas a lo que ofrece el banco con que opera. Los bancos no tienen estructuras orientadas a las PyMEs por la complejidad que conlleva atender al segmento, y sus gerentes u oficiales de negocios poco saben –o no les interesa– aconsejar a ese universo. Otro punto negativo es que las operaciones de las corporaciones asumen grandes volúmenes, mientras que son bajas las necesidades de las entidades menudas, en tanto que los costos operativos no discriminan por valores porque el tiempo de procesamiento de una operación de $ 10.000 es igual a una de $ 10.000.000. Todo lo anterior se potenció con el proceso de concentración y extranjerización de la banca y el desarme de los bancos de desarrollo (la banca pública dirigida por *yuppies* en los '90 copió la cultura privada).

Hay un detalle que deriva de la avaricia y codicia de los banqueros. A los bancos les va bien si a sus clientes les va bien. Sin embargo, cuando cobran tasas de interés usurarias o no cumplen su rol de asistencia, atentan contra sí mismos. La oferta de un tomador de dinero caro probablemente será desplazada por los menores costos de quien está mejor atendido, por lo que a la larga desaparecerá como cliente, y el exitoso cambiará; en consecuencia, el banco perderá clientes. Pero la inteligencia no es lo que prima en las decisiones financieras, seguramente porque su enorme poder de lobby les permite ir por el mundo haciendo desatinos.

Veamos otro caso: se supone que las grandes empresas ofrecen menor riesgo que las PyMEs; pero eso es relativo, porque el verdadero riesgo debe ser ponderado por el volumen de la asistencia. Traducido en ejemplos concretos: ¿cuántas PyMEs deberían quebrar para provocar el perjuicio de la quiebra del Correo de Macri, el vaciamiento de RR Donelley, el hundimiento fraudulento de la Federación Agraria Argentina, el barquinazo de Curtiembres Yoma o la desaparición de Trenes de Buenos Aires (TBA)? Luego de su experiencia PyME, Javier González Fraga contaba que había leído que FIEL (Fundación de Investigaciones Económicas Latinoamericana) calificaba como racional que las tasas pagadoras de las PyMEs superaran a las de las corporaciones por su mayor índice de defunción, y se preguntaba qué pasaría si los grandes tuvieran que pagar las tasas de las PyMEs y éstas se beneficiaran con las condiciones que les dan a las corporaciones.

En los primeros trabajos que hacían loas a la globalización, se afirmaba que las PyMEs de cualquier lugar tendrían acceso al financiamiento; la historia muestra que si cambió algo fue para peor. Los '90 destruyeron los financiamientos para el desarrollo (BANADE). El mercado de capitales es ajeno a las PyMEs a pesar de los esfuerzos de hombres como Carlos Lerner y César Tortorella, y algunos entusiastas que participan de la Bolsa de Comercio de Buenos Aires. Tampoco hay *Merchant Banks,* y los intentos de fondos de capital de riesgo (*Venture Capital Funds*) no prosperaron, habiendo sido frustrante el intento del Banco Interamericano de Desarrollo, Credicoop y el Banco Ciudad de Buenos Aires al fundar Inverpymes. En tanto, los fondos de inversión se dedicaron a comprar compañías exitosas para inflarlas y revenderlas[76].

Un mecanismo que, basado en experiencias de otros países, podría ayudar significativamente al acceso a capital de trabajo a moderado costo, sería la *factura conformada* (tipo *duplicata* brasileña), cuyo régimen data de 1963 (factura de crédito); pero no llegó a popularizarse debido a tributos provinciales para instrumentos de este tipo y a la no obligatoriedad de su uso. Tampoco el *leasing* llegó a masificarse y el *warrant* sigue sin estar presente en el sistema de garantías.

Pero no todo es culpa de los operadores financieros. Algunos problemas están en la propia impronta de los empresarios PyME, que muchas veces adoptan decisiones irracionales, especialmente cuando afrontan inversiones en activo fijo con capital de trabajo. Pero quiero referirme a los casos en que no pueden presentar su historia crediticia, muestran información confusa y mentirosa, y no tienen claro su proyecto al punto de no poder explicar cómo harán frente al exigible. Hace enorme daño el armado de la información contable para evitar el pago de impuestos. Los contadores más buscados son los pusilánimes que olvidan que su función es registrar las operaciones reales y no evadir tributos. Y lo digo aun a conciencia de la irracionalidad que impera en los sistemas impositivos de los países periféricos, que imponen el máximo rigor sobre los sectores medios, en tanto que la base de la pirámide de ingresos no puede afrontar cargas y la cúspide es la que hace las leyes. Pero la evasión no es gratuita, porque quita a la empresa la posibilidad de recurrir al sistema financiero formal. He demostrado que lo que ahorran en impuestos lo dan con creces a las cue-

---

76. Triste horizonte es convertir a una empresa en simple mercancía.

vas financieras. En esta misma línea se encuentran los que hacen retiros masivos de beneficios, fondos, honorarios y gastos (vaciamiento), y con las ganancias compran bienes que alquilan a la empresa.

La experiencia más exitosa para facilitar el acceso de las PyMEs a fondos inversores ha sido la creación de *sociedades de garantías recíprocas* y especialmente Garantizar SGR, que tiene como fundadores a varias gremiales empresarias, al Banco Nación –al que se le sumó como socio protector el Banco Ciudad de Buenos Aires[77]– y otras personas físicas o jurídicas alentadas por el incentivo de desgravación del impuesto a las ganancias sobre los fondos aportados. La herramienta brinda a la PyME un tratamiento especial (se considera principalmente el proyecto y se exigen contragarantías razonables), emitiendo un certificado que es monetizado por una entidad financiera; el banco monetizador recibe de esa forma un poderoso aval, que se convierte en garantía preferida clase A (máxima seguridad) si la SGR está inscripta en el Banco Central. Sin embargo, a pesar de las ventajas, el crecimiento del sistema es dificultoso por el desinterés de la banca, que no bonifica la seguridad de poder recurrir a un fondo líquido que asegure un recupero rápido y sin litigios.

Otro aspecto negativo es la carencia de sistemas ágiles y accesibles de financiación de exportaciones. En el mercado globalizado, las empresas argentinas compiten con gigantes del exterior que logran fondeos públicos a tasas que no superan el 4%.

Voy a terminar haciendo referencia a una cuestión singular. Manifesté que uno de los grandes cambios que trajo

---

77. Siendo asesor del BCBA me pidieron estudiar la creación de una SGR, habiendo orientado atinadamente a sumar esfuerzos con el BNA. Concretada la operación, se me ofreció asumir el cargo de director por el banco, lo que resultó una experiencia gratificante. Más tarde dirigí un equipo que forjó una SGR regional, Confederar NEA SGR.

la financiarización es que la actividad especulativa desplazó el interés de los inversores por una canalización productiva de los fondos; todo, incentivado por legislaciones que potencian dicha atracción. Veamos el caso argentino. A pesar de que el kirchnerismo se enfrentó con algunas de las grandes corporaciones, jamás estuvo en la agenda la aplicación de un impuesto que grave las actividades financieras. O sea que si usted se dedica a crear riqueza para satisfacer necesidades ciudadanas, paga impuestos, pero si se dispone a especular, no. Veámoslo en términos numéricos: si tiene un capital de 1 millón de pesos en una empresa y por esa vía obtiene una buena rentabilidad, digamos el 20%, ($ 200.000) tributará $ 70.000, lo que le deja una ganancia neta de $ 130.000; pero si pone el mismo importe a la misma tasa en un plazo fijo, como no tributa se quedará con $ 70.000 de más. Elija entre sudar la gota gorda en el sistema productivo o sentarse a especular. Si las operaciones financieras pagaran impuestos se podrían eliminar ridículos legados del neoliberal Cavallo, por ejemplo el impuesto a los cheques o los adelantos de ganancias, o bajar la alícuota del IVA… y todavía quedaría vuelto.

Manejo del cambio

En la implementación de toda estrategia, incluyendo las que persisten en mantener la misma orientación o tamaño, está ingénito el cambio, por lo menos en sus aspectos más esenciales y complejos: lo cualitativo. Las mudanzas suceden a lo largo de la historia; cambian las modas, los estilos de gestión, la formación de las personas, las exigencias, las necesidades, el nivel de conciencia, las creencias y valores, la sofisticación de la maldad. Por otra parte, al plantearse un punto de salida y uno de llegada, existe un *gap* que debe ser manejado. Consiguientemente, para guiar una entidad en medio de una realidad en permanente transformación y recorrer el espacio entre lo que se es y lo que se quiere ser, se hace necesario monitorear el funcionamiento de la organización y el contexto.

El cambio empieza por la cabeza. Surge como una batería de pensamientos que deben alimentar nuevas estructuras organizativas, renovados procesos y sistemas de trabajo, e innovadoras políticas de desarrollo humano. Todo cambio en la estructura y sistema operativo significa un cambio cultural, que debe ser planificado y gestionado. Dada la complejidad que esto supone, solo puede encaminarse bajo un liderazgo legitimado por el diálogo, la comprensión, la aceptación, la construcción y los nuevos valores. La mudanza cultural es la forma de adecuar la empresa a las nuevas condiciones del mercado. No debe ser tomada como una ruptura con el pasado, sino como una mejora que se sostiene con los aspectos buenos y positivos del pasado, enriquecidos por las mejoras orientadas. En suma, constituye una construcción sobre los cimientos heredados. Por ello, el cambio no puede ser asumido como una amenaza contra lo anterior sino como un relanzamiento vigorizante.

El cambio se logra a partir de la comunión con los valores revitalizados y no con organigramas, estructuras, libros de procedimientos, etc. Las nuevas creencias y valores seguramente provocarán mudanzas en las estructuras y procesos, que derivarán en mejoras en los resultados; esto, a su vez, provocará nuevas incertidumbres que crearán mudanzas de tipo 2, o *cambio del cambio* (*double loop learning*).

Hay que administrar los cambios en el proceso productivo, sopesar las variaciones relevantes del producto (relación precio-calidad), la inversión y desinversión en infraestructura edilicia e instalaciones. Incorporar variantes en la planificación de la cadena de suministros (*supply chain*) puede derivar en ajustes de la estructura de compras, el manejo eficiente del stock y los inventarios, o la introducción de sistema *just in time*. Supone cambios la introducción de esquemas de información macro y soporte informático para el control. Puede haber modificaciones en la logística, mudanzas en el equipamiento, revisiones en la consideración de la decisión de hacer, transferir (tercerizar) o retomar partes del proceso. Se pueden incorporar mejoras en los sistemas de aseguramiento de la calidad (incorporación de Normas ISO o similares), control de costos o vigilancia de los gastos. Con disculpas del orden cronológico, dejé para el final la consideración de la innovación y desarrollo (I+D), porque lleva en sí misma la esencia del cambio.

En última instancia, *lo que se debe incorporar es la filosofía de la mejora continua.*

Tercera fase
EJECUCIÓN, CONTROL Y CONCLUSIONES

Contra viento y marea desafiemos la sombra a la luz de una idea
Con el alma encendida hay que andar por la vida contra viento y marea
Y aunque el mar sea adverso y estemos inmersos en aguas muy feas
Continuemos el viaje que a nuestro coraje la fe lo acarrea...

Contra viento y marea, cada sol se repite, cada día alborea
Y florece a porfía, un jardín de poesía contra viento y marea
Si llevamos ardientes la estrella en la frente igual que una tea,
Entre un bosque de pinos, se abrirá algún camino contra viento y marea.

Contra viento y marea la sonrisa de un niño es la gran panacea
Y una mano tendida la ternura crecida contra viento y marea
El amor tiene un duende que ríe, que enciende que crea y recrea
Y aunque al diablo le pese retoña y florece y al mal lo voltea...

Contra viento y marea hay montones de manos para hacer la tarea
Y esas pilas de ganas de llegar a mañana contra viento y marea
Lo que importa es la gente del sur y del norte de allá donde sea
Y ganar la partida porque triunfe la vida contra viento y marea.

Contra viento y marea propongamos sin miedo una gran asamblea
Donde allí se proclame que la gente se ame contra viento y marea
Desterrar la codicia, tirar la injusticia desde una azotea
Y colgar un letrero que diga te quiero y todos lo vean...

Contra viento y marea avancemos con todo sin mancharnos con brea
Si hace falta en la piedra plantaremos la hiedra contra viento y marea
Esta fue la propuesta tal vez lo que resta y todos desean
Es estar donde vibre la ansiedad de ser libres contra viento y marea

Quiera Dios que así sea... Amén.

Eladia Blázquez,
"Contra viento y marea"

A MODO DE CONCLUSIÓN

He dejado para el final algunos aspectos que no son menores. El primero está relacionado con la ejecución de la estrategia, tema de carácter meramente empírico que no puede ser conceptualizado en un texto, salvo para llamar a asumirlo con responsabilidad y efectividad. El siguiente aspecto está relacionado con la dinámica del cambio, que adquiere en estos tiempos un carácter permanente y profundo, lo que llama a ponerlos bajo vigilancia para realizar los ajustes pertinentes. La breve mención en este capítulo tiene que ver con que el tema fue tratado en capítulos previos, y se establecieron los aspectos básicos que deben conocer los conductores de las organizaciones.

Finalmente, quiero despedirme del lector haciendo algunas consideraciones para el mejor aprovechamiento del texto.

Instrumentación y control

La mejor forma de presentar un tema empírico como la instrumentación de la estrategia es dejar la hoja en blanco para que pueda ser escrita por los responsables de componer las acciones. El valor de la ejecución es excelso y adquiere mayor precisión y proyección si las acciones son planeadas previamente. Me limito a reiterar que la implementación de la estrategia es solo una parte de dicho proceso y no un aspecto separado.

También es un hecho fáctico el control, pero conviene registrar que la concepción estratégica implica en sí misma un cambio, que proviene de las necesidades adaptativas. El tema ha sido referenciado anteriormente, presentando diversas alternativas al pasar revista al análisis de las áreas funcionales. Considerando que el control es una tarea inherente al cerebro de la organización, debe ser el Consejo Estratégico el que decida qué sistema de control se implementará, quién y cómo lo llevará a cabo, y transferir las instrucciones para su puesta en práctica.

A MODO DE DESPEDIDA

Espero que el lector haya llegado hasta aquí y que la lectura le haya resultado interesante. En el texto he manifestado reiteradamente una serie de cuestiones esenciales.

- Es imprescindible recuperar el humanismo como eje de todas las acciones, incorporando la idea de que una empresa es una organización de personas que trabajan para satisfacer a otras personas y generar sus propios ingresos para satisfacer las propias necesidades.
- Las empresas cumplen un rol social, y son esenciales para lograr un mundo feliz y sostenible.
- Es preciso tener una mirada prospectiva.
- El mundo se construye a través de acciones humanas.
- Esas acciones deben ser cuidadosamente planificadas.
- Y siempre habrá algo para mejorar.

Me despido con algunas consignas que han guiado mi práctica:

"Al pesimismo de la inteligencia hay que oponer el optimismo de la voluntad." Antonio Gramsci.

"No hay nada que esté más en nuestro poder que la voluntad." Proverbio empresarial japonés.

"Ella está en el horizonte. Me acerco dos pasos y ella se aleja dos pasos. Camino diez pasos y el horizonte se corre diez pasos. Por mucho que yo camine, nunca la alcanzaré. ¿Para qué sirve la utopía? Para eso sirve: para caminar". Célebre definición que Eduardo Galeano atribuye al cineasta Fernando Birri.

BIBLIOGRAFÍA CONSULTADA

ADDA, Jaques. *Globalización Ampliada*. Sequitur, 1999.

ADER y otros. *Organizaciones*. Paidós, 1992.

AISENSON KOGAN, Aída y HOFFER, Fanny. *El mal dinero. Reflexiones sobre la codicia y la avaricia*. Biblos, 2005.

ALBERT, Michel. *Capitalismo contra Capitalismo*. Paidós, 1992.

ALBRECHT, Karl. *La misión de la empresa*. Paidós, 1994.

ALBRECHT, Karl. *El radar empresarial*. Paidós, 1999.

ALBRECHT, Karl. *Inteligencia Social*. Vergara, 2006.

ALTSCHUL, Carlos. *Dinámica de la Negociación Estratégica*. Ediciones Granica, 2003.

ALVAREZ, J.L. y RICART, J.E. *Cómo prepararse para las organizaciones del futuro*. Folio, 1996.

AMIN, Samir. *Los desafíos de la mundialización*. Siglo XXI, 1997.

AMIN, Samir. *El capitalismo en la era de globalización*. Paidós, 1999.

ANDRIANI, Carlos; BIASCA, Rodolfo y RODRÍGUEZ, Mauricio. *Un nuevo sistema de gestión para lograr PyMEs de clase mundial*. Norma, 2003.

ANSOFF, Igor. *La estrategia de la empresa*. Universidad de Navarra, 1976.

ARATA ANDRIANI, Adolfo y FURLANETTO, Luciano. *Organización liviana*. McGraw Hill, 2001.

ARCARI, Anna Maria. *PMI, Mecanismi di controllo e gestione della crescita*. Egea, 2004.

ARGYRIS, Chris. *Conocimiento para la acción*. Ediciones Granica, 1999.

ASPIAZU, Daniel y NOTCHEFF, Hugo. *El desarrollo ausente*. Norma, 1994.

ASPIAZU, Daniel; GUTMAN, Graciela y VISPO, Adolfo. *La desregulación de los mercados*. Norma, 1998.

AUSTIN, James. *El desafío de la colaboración*. Ediciones Granica, 2003.

BACHRACH, Estanislao. *Ágil Mente*. Sudamericana, 2014.

BANCO MUNDIAL. *Informe sobre el Desarrollo Mundial*. 1995.

BARTOLOMÉ, Fernando. *Comunicación eficaz*. Deusto, 2004.

BAS, Enric. *Prospectiva, herramienta para la gestión estratégica del cambio*. Ariel, 1999.

BECK, Urich. *¿Qué es la competitividad?* Paidós, 1998.

BELDER, John. *Productividad total.* Ediciones Granica, 1991.

BELDER, John. *Participación en los beneficios.* Ediciones Granica, 1993.

BENNIS, Warren; CUMMINGS, Thomas y SPREITZER, Gretchen. *El futuro del liderazgo.* Deusto, 2005.

BERTALANFFY, Ludwing Von. *Teoría General de los Sistemas.* Fondo de Cultura Económica, 1989.

BEINSTEIN, Jorge. *La larga crisis de la economía global.* Corregidor, 1999.

BEINSTEIN, Jorge. *Convergencias. Origen y declinación del capitalismo.* Documento elaborado en abril de 2013.

BELCHER, John. *Productividad Total.* Ediciones Granica, 1991.

BERNAT, Gonzalo. *Crecimiento en la Argentina. Del* stop and go *al* go (slowly) non stop. CERA, 2011.

BILINKIS, Santiago. *Pasaje al futuro.* Sudamericana, 2014.

BLAIR, Tony. *La tercera vía.* Aguilar, 1998.

BLANCHARD, Ken y O'CONNOR, Michael. *Dirección por Valores.* Gestión 2000, 2000.

BLANCAHARD, K.; CARLOS, J, y RANDOLPH, A. *Las tres claves del empowerment.* Ediciones Granica, 2000.

BOYER, Luc y EQUILBEY, Noel. *Historia del Management.* Deusto, 1993.

BOYER, Robert y SAILLARD, Yves. *Teoría de la Regulación: estado de los conocimientos Volumen 1, 2 y 3.* Eudeba,1997,

BRUNHOFF, Suzane de. *L'heure du Marché, Critique du liberalism.* Puf, 1986.

CAMPANA, Enzo; CUETO, Aníbal y GIOVANNONE, Martín. *Principios de Marketing. El despertar.* Ediciones Macchi, 2010.

CANALS, Jordi. *La internacionalización de la empresa.* McGraw Hill, 1994.

CAPRA, Fritjof. *El punto crucial.* Troquel, 2008.

CARDOZO, Alejandro Pablo. *PyMEs, intuición y método.* Temas, 2005.

CASTELLS, Manual. *La sociedad en red.* Alianza Editorial, 1999.

CHOO, Chun Wei. *La organización inteligente.* Oxford University Press, 1999.

CHESNAIS, Jean-Claude. *La revancha del tercer mundo.* Planeta. 1988.

CHRISTENSEN, Clayton M. *El dilema de los innovadores. Cuando las nuevas tecnologías pueden hacer fracasar a las grandes empresas.* Ediciones Granica, 1999.

CLAXTON, Guy. *Cerebro de liebre, mente de tortuga.* Urano, 1999.

CLERI, Carlos; CAFALDO, Elena y CASCANTE, Martín. *El intercambio Intra-Bloques y su influencia en el crecimiento del Comercio Mundial.* Instituto de Comercio Exterior y Apoyo a las PyMEs, Banco Ciudad de Buenos Aires.

CLERI, Carlos. *Estrategias de Alianzas, en un escenario de creciente globalización.* Editorial Macchi, 1996.

CLERI, Carlos. *Escenario, el punto de partida de la estrategia*. Coyuntura, 2000.

CLERI, Carlos. *Estrategias PyME y Cooperación Interempresaria*. Coyuntura, 2000.

CLERI, Carlos; DEVALIS, Sergio; LEVY, Alberto; MORERO, Hernán; MOTTA, Jorge, y VICENTE, Marcelo. *Competitividad sustentable. Un enfoque integrador*. CONICET-UNC, 2013.

CLIFFORD Jr, Donald y CAVANAGH, Richard. *Estrategias de éxito para la pequeña y mediana empresa*. Folio, 1989.

COLAIACOVO, Juan Luis; AVARO, Rubén; DE SA RIBEIRO, Marilda, y NARBONA VÉLIZ, Hernán. *Joint ventures y otras formas de cooperación empresaria internacional*. Ediciones Macchi, 1992.

COLLINS, James y PORRAS, Jerry. *Construir la visión de su empresa*. Deusto - Harvard Business Review, 2004.

CORIAT, Benjamín. *Pensar al revés*. Siglo xxi, 1992.

CORIAT, Benjamín. *El desafío de la competitividad*. Oficina de Publicaciones, UBA, 1997.

COUTINHO, André y BONASSI, Saulo. *El activista de la Estrategia*. Temas, 2013.

COVEY, Stephen. *Los 7 hábitos de la gente altamente efectiva*. Paidós, 1996.

COVEY, Stephen y WHITMAN, Bob. *Asegurar resultados*. Paidós, 2011.

COVEY, Stephen. *Liderazgo centrado en principios*. Paidós, 2013.

CUTCHER-GERSHENFELD, Joel y colaboradores. *Trabajo impulsado por el conocimiento*. Oxford University Press, 2000.

DAHRENDORF, Ralph. *Il conflitto sociales nella modernitá*. Sagittari Laterza, 1992.

DEAL, Terence y KENNEDY, Allen. *Las empresas como sistemas culturales*. Sudamericana, 1985.

DE ALMEIDA, María Da Concecao. *Para comprender la complejidad*. Multidiversidad Mundo Real Edgar Morin AC, 2008.

DE BONO, Edward. *Manual de Sabiduría*. Paidós, 2013.

DE GEUS, Arie. *La empresa viviente*. Ediciones Granica, 1997.

DE GEUS, A. y otros. *Estrategia de crecimiento*. Deusto - Harvard Business Review, 1999.

DEMING, W. Edwards. *Calidad, Productividad, Competitividad*. Díaz de Santo, 1989.

DE SAINTE-MARIE, Georges. *Dirigir una PyME*. Paidós Empresa, 1985.

DE SEBASTIÁN, Luis. *Neoliberalismo global*. Editorial Trotta, 1997.

DIAMAND, Marcelo. "La estructura productiva desequilibrada y el tipo de cambio". *Desarrollo Económico*, vol. 12. 1972.

DIXIT, Avinash y NALEBUFF, Barry. *Pensar estratégicamente*. Antoni Bosch, 1991.

DODERO, Santiago. *Empresas familiares exitosas.* El Ateneo, 2002.

DRUCKER, Peter. *Managing in turbulent times.* Harper & Row, 1980.

DRUCKER, Peter. *La innovación y el empresariado innovador.* Sudamericana, 1985.

DRUCKER, Peter. *Las nuevas realidades.* Sudamericana, 1990.

DRUCKER, Peter. *La sociedad poscapitalista.* Sudamericana, 1992.

DRUCKER, Peter. *Administración y futuro.* Sudamericana,1992.

DRUCKER, Peter. *Escritos fundamentales.* Sudamericana, 2002.

DUCROT, Víctor Ego. *El color del dinero.* Norma, 1999.

ECHEVERRÍA, Rafael. *La empresa emergente.* Ediciones Granica, 2003.

ECHEVERRÍA, Rafael. *Ontología del lenguaje.* Ediciones Granica, 2009.

ECO, Humberto. *La estrategia de la ilusión.* Sudamericana, 2013.

EGUIGUREN HUERTA, Marcos y BARROSO GARCÍA, Esteban. *Empresa 3.0.* Pirámide, 2011.

EMMANUEL, Arghiri. *El intercambio desigual.* Siglo XXI, 1972.

ETKIN, Jorge. *La empresa competitiva.* McGraw Hill, 1996.

ETKIN, Jorge. *Gestión de la complejidad.* Ediciones Granica, 2005.

FERNÁNDEZ AGUADO, Javier. *Liderar, mil consejos para un directivo.* Drossat, 2002.

FERNÁNDEZ LÓPEZ, Javier. *Gestionar la confianza.* Prentice Hall, 2002.

FITOUSSI, Jean-Paul. *El debate prohibido.* Paidós, 1996.

FLORES, Fernando; SPINOSA, Charles, y DREYFUS, Hubert. *Abrir nuevos mundos.* Taurus, 2000.

FONDEVILA ROCA, Eduardo. *Fusiones y adquisiciones.* Cedects Editorial, 1997.

FRANCISCO, Papa. *Laudato Si.* Ciudad del Vaticano, 2015.

FRANCOIS, Charles. *Diccionario de Teoría General de los Sistemas y Cibernética.* Ediciones Gesi, 1992

FRANKL, Viktor. *El hombre en busca de sentido.* Herder, 2009.

FRESCO, Juan Carlos. *El proceso de transformación y cambio en las organizaciones.* IMR, 2005.

FRIEDMAN, Milton y Rose. *Libertad de elegir.* Folio, 1997.

FRUIN, W. Mark. *Las fábricas del conocimiento.* Oxford University Press, 2000.

FURTADO, Celso. *Economía mundial, transformación y crisis.* Tercer Mundo, 1991.

FUKUYAMA, Francis. *El fin de la historia y el último hombre.* Planeta, 1992.

GABIÑA, Juanjo. *El futuro revisitado.* Boixareu Editores, 1996.

GAGGERO, Jorge; RUA, Magdalena, y GAGGERO, Alejandro. *Fuga de Capitales II, Argentina 2002-2012.* CEFID-AR.

GALASSO, Norberto. *Historia de la Argentina, desde los Pueblos Originarios hasta el tiempo de los Kirchner.* Ediciones Colihue, 2011.

GALBRAITH, John K. *La cultura de la satisfacción*. Ariel, 2011.

GALBRAITH, John K. *La sociedad opulenta*. Austral, 2012.

GALBRAITH, John K. *Un viaje a la economía de nuestro tiempo*. Ariel, 2013.

GALBRAITH, John K. *La anatomía del poder*. Ariel, 2013.

GAJ, Luis. *O Estrategista*. Makron Books, 2002.

GALLINA, Andrea y otros. *Innovaciones creativas y desarrollo humano*. Alfa, 2006.

GARCÍA, Salvador y DOLAN, Simón. *La Dirección por Valores*. McGraw Hill, 1997.

GESSEL, Silvio. *El orden económico natural*. E.F. Gessell, 1936.

GLADWELL, Malcolm. *La Clave del Éxito*. Taurus, 2007.

GLADWELL, Malcolm. *Blink, Inteligencia Intuitiva*. Punto de Lectura, 2008.

GLEICK, James. *Caos, Creando una nueva ciencia*. Crítica, 2012.

GIL CALVO, Enrique. *Futuro incierto*. Anagrama, 1993.

GODET, Michel. *De la anticipación a la acción: Manual de Prospectiva y Estrategia*. Boixareu Editores, 1995.

GODET, Michel. *La caja de herramientas de la Prospectiva Estratégica*. Cuadernos de LIPS, 2000.

GODET, Michel y DURANCE, Philippe. *La Prospectiva Estratégica, para las empresas y los territorios*. Cuadernos de LIPS, 2009.

GOFFEE, R. y JONES, G. *¿Qué mantiene viva a la empresa moderna?* Deusto - Harvard Business Review, 2004.

GOLDRATT, Eliyahu y FOX, Robert. *La meta*. Ediciones Granica, 2008.

GOLDRATT, Eliyahu y FOX, Robert. *La Carrera*. Ediciones Castillo, 1982.

GOLDRATT, Eliyahu. *No es cuestión de suerte*. Ediciones Granica, 2008.

GOLDRATT, Eliyahu. *Cadena crítica*. Ediciones Granica, 2007.

GOLDSMITH, Sir James. *La trampa*. Edición de autor, 1995.

GOLEMAN, Daniel. *Inteligencia social. La nueva ciencia de las relaciones humanas*. Círculo Editores, 2011.

GOLEMAN, Daniel. *Inteligencia emocional*. Círculo Editores, 2011.

GOLEMAN, Daniel. *Liderazgo*. Ediciones B, 2013.

GOLEMAN, Daniel. *Focus - el motor oculto de la excelencia*. Ediciones B, 2013.

GOLOMBEK, Diego. *Cavernas y Palacios. En busca de la conciencia en el cerebro*. Siglo XXI, 2008.

GOMEZ GRAS, José María. *Estrategias para la competitividad de las PyMEs*. McGraw Hill, 1997.

GORE, Al. *El ataque contra la razón*. Debate, 2007.

GORE, Ernesto. *Conocimiento colectivo*. Ediciones Granica, 2003.

GORE, Ernesto. *El próximo management*. Ediciones Granica, 2012.

GORZ, André. *Metamorfosis del trabajo*. Sistema, 1997.

GRAY, John. *Falso amanecer*. Record, 1999.

GRAY, John. *Las dos caras del liberalismo.* Paidós, 2001.
HAMEL, Gary y PRAHALAD, C.K. *Compitiendo por el futuro.* Ariel, 1998.
HAMEL, Gary. *Lo que importa ahora.* Norma, 2012.
HAMPDEN-TURNER, Charles y TROMPENAARS, Alfons. *Las siete culturas del capitalismo.* Javier Vergara, 1995.
HANDY, Charles. *El espíritu hambriento. Más allá del capitalismo.* Apóstrofe, 1998.
HARRIGAN, Kathryn. *Joint venture.* Norma, 1990.
HAX, Arnoldo. *Estrategia empresaria.* El Ateneo, 1992.
HAX, Arnoldo y MALUF, Nicolás. *Estrategias para el liderazgo competitivo.* Ediciones Granica, 1997.
HESSELBEIN, Frances; GOLDSMITH, Marshall y BECKHARD, Richard (The Drucker Foundation). *La organización del futuro.* Deusto, 1997.
HESSELBEIN, Frances; GOLDSMITH, Marshall y BECKHARD, Richard. *El líder del futuro.* Deusto, 2005.
HERRSCHER, Enrique. *Pensamiento Sistémico.* Ediciones Granica, 2003.
HERRSCHER, Enrique. *El círculo virtuoso, cambiar-planificar-aprender-cambiar.* Ediciones Granica, 2007.
HERRSCHER, Enrique. *Planeamiento Sistémico.* Ediciones Granica, 2008.
HERRSCHER, Enrique; REBORI, Alfredo, y D'ANNUNZIO, Claudia. *Administración, aprender y actuar.* Ediciones Granica, 2009.
HINKELAMMERT, Franz. "Estancamiento dinámico y exclusión en la economía mundial". Revista *Herramienta* N° 22, Otoño de 2003.
HUNTINGTON, Samuel. *Choque de civilizaciones.* Paidós, 2005.
HUNTINGTON, Samuel. *La tercera ola.* Paidós, 1994.
HUXLEY, Aldous. *Las puertas de la percepción.* Edhasa, 2009.
HUXLEY, Aldous. *La isla.* Edhasa, 2009.
ISAACSON, Walter. *Steve Jobs. Lecciones de liderazgo.* Penguin Random, 2012.
ISHIKAWA, Kaoru. *¿Qué es el Control Total de Calidad?* Norma, 1991.
JARILLO, José Carlos y MARTÍNEZ ECHEZARRAGA, Jon. *Estrategia Internacional, más allá de la exportación.* McGraw Hill, 1991.
JAWORSKI, Joseph. *Sincronicidad.* Paidós, 2005.
JENNINGS, Jason y HAUGHTON, Laurence. *No son los grandes los que se comen a los pequeños… son los veloces los que se comen a los lentos.* Norma, 2008.
JOHNSON, Gerry y SCHOLES, Kevan. *Dirección estratégica.* Prentice Hall, 2003.
JUDT, Tony. *Algo va mal.* Taurus, 2011.
KAHNEMAN, Daniel. *Pensar rápido, pensar despacio.* Debate, 2012.
KAPLAN, Robert S. y NORTON, David. *The execution Premium.* Deusto, 2008.

KAPLAN, Robert y NORTON, David. *Cuadro de Mando Integral - The Balanced Scorecard.* Gestión 2000, 2000.

KAPLAN, Robert y COOPER, Robin. *Coste y Efecto: el uso de sistemas de costes integrados para impulsar la rentabilidad y rendimiento.* Gestión 2000, 1999.

KARLÖF, Bengt. *Estrategia empresarial.* Ediciones Granica, 1991.

KARLÖF, Bengt. *Práctica de la estrategia.* Ediciones Granica, 1993.

KINDLBERGER, Charles. *World Economic Primacy 1500-1990.* Oxford University Press, 1996.

KELLEY, Tom y LITTMAN, Jonathan. *Las diez caras de la innovación.* Paidós, 2010.

KEYNES, John M. *Teoría general de la ocupación, el interés y el dinero.* Fondo de Cultura Económica, 1992.

KIM, W. Chan y MAUBORGNE, Renee. *La Estrategia del Océano Azul. Cómo desarrollar un nuevo mercado donde la competencia no tiene ninguna importancia.* Harvard Business School Press, 2008.

KLEIN, Gary. *Sources of Power. How people make decisions. The power of intuition.* MIT Press, 1999.

KOCH, Richard. *La Guía Financial Times de Estrategia.* Prentice Hall, 2001.

KOENIG, Neil. *No puedes despedirme, soy tu padre.* Deusto, 2000.

KORTEN, David. *El mundo post-empresarial.* Ediciones Granica, 2000.

KOTTER, John. *El liderazgo Matsushita.* Ediciones Granica, 1998.

KOTTER John. *Lo que de verdad hacen los líderes.* Harvard Business Review, 2004.

KOUZES, James y POSNER, Barry. *El desafío del liderazgo.* Ediciones Granica, 1997.

KOUZES, James y POSNER, Barry. *El planificador para líderes.* Ediciones Granica, 2005.

KOZMETSKY, Ronya. *La mujer en los negocios.* Ediciones Granica, 1992.

KRUGMAN, Paul. *Crisis de la moneda.* Norma, 1997.

KRUGMAN, Paul. *El capitalismo moderno.* Crítica, 1997.

LAMOLLA, Francisco. Material de cátedra. ESADE Business School, 2002.

LEACH, Peter. *Empresa familiar.* Ediciones Granica, 1993.

LEARNED, Edmund, P.; CHRISTENSEN, C. Roland; ANDREWS, Kenneth R. y GUTH, William D. *Business policy, Text and Cases.* Irvin, 1965.

LEWIS, Jordan. *Alianzas estratégicas.* Vergara, 1993.

LIETAER, Bernard. *El futuro del dinero.* Errepar 2005.

LINHART, Daniéle. *La modernización de la empresa.* Piette/Conicet, 1997.

LIST, Friedrich. *Sistema Nacional de Economía Política.* Fondo de Cultura Económica, 1997.

LOPEZ DALTELL, Jordi. *Creo, luego creo.* Empresa Activa, 2009.

LORENZ, Edward N. *La esencia del caos.* Debate, 2000.

LOZANO, Josep María. *La empresa ciudadana. Un reto de innovación.* ESADE, 2003.

LUHMANN, Niklas. *Sociedad y Sistema: la ambición de la teoría.* Paidós, 1990.

LUNDIN, Stephen; PAUL, Harry, y CHRISTENSEN, John. *Fish!* Empresa Activa, 2001.

MALTHUS, Robert. *Primer ensayo sobre la población.* Altaya, 1997.

MAJARO, Simón. *Cómo generar ideas para generar beneficios.* Ediciones Granica, 1992.

MANES, Facundo y NIRO, Mateo. *Usar el cerebro.* Planeta, 2014.

MARTIN, Hans-Peter y SCHUMAN, Harald. *La trampa de la globalización.* Taurus, 1998.

MARTIN, Roger. *Cambiar la mentalidad de la empresa.* Delta - Harvard Business Review, 2004.

MASSON Y RABASSA, Joan. *Finanzas. Análisis y Estrategia Financiera.* ESADE, 2003.

MATURANA, Humberto y VARELA, Francisco. *El árbol del conocimiento. Las bases biológicas del entendimiento humano.* Lumen, 2003.

McEWAN, Arthur. *Deuda y desorden.* Siglo XXI, 1992.

McTAGGART, Lynne. *El campo.* Sirio, 2002

McTAGGART, Lynne. *El experimento de la intención.* Sirio, 2007.

MEDINA, John. *Los 12 principios del cerebro.* Norma, 2010.

MENDIETA, Carlos y VELA, Olga. *Ni tú ni yo, cómo llegar a acuerdos.* Editorial Graó, 2005.

MENDIETA, Carlos. *El valor del matiz, las dimensiones del liderazgo.* Editorial Académica, 2012.

MESSING, Bob. *El tao del management.* Ediciones Granica, 1991.

MISNER, Ivan y MORRIS, Jeff. *Ganar dando.* BNI, México, 2012.

MINTZBERG, Henry. *Diseño de organizaciones eficientes.* El Ateneo, 2004.

MINTZBERG, Henry; AHLSTRAND, Bruce, y LAMPEL, Joseph. *Safari de la Estrategia.* Ediciones Granica, 1999.

MOHN, Reinhard. *Al éxito por la cooperación.* Plaza y Janés, 1993.

MONDEN, Yasuhiro. *El sistema de producción de Toyota.* Ediciones Macchi, 1990

MONDEN, Yasuhiro. *El just in time hoy en Toyota.* Deusto, 1996.

MOORI KOENING, Virginia; MILESI, Darío, y YOGUEL, Gabriel. *Las PyMEs exportadoras argentinas exitosas. Hacia la construcción de ventajas competitivas.* FUNDES, 2001.

MORGAN, Gareth. *Imagin-i-zación.* Ediciones Granica, 1999.

MORIN, Edgar. *Los siete saberes necesarios para la educación del futuro.* UNESCO, 2008.

MORIN, Edgar. *El método.* Multidiversidad Mundo Real Edgar Morin, 1996.

MORITA, Akio. *Made in Japan.* Emecé, 1987.

MORO, Javier. *La mundialización de la pobreza.* Galaxia Gutemberg, 1999.

MORO, Tomás. *Utopía.* Editorial Planeta, 2003.

NADLER, D.A.; GERSTEIN, M.S. y SHAW, R.B. *Arquitectura Organizacional.* Ediciones Granica, 1994.

NANUS, Burt. *Liderazgo visionario.* Ediciones Granica, 1994.

NEFFA, Julio César. *Los paradigmas productivos taylorista y fordista y sus crisis.* Lumen-Hvmanitas, 1998.

NEFFA, Julio César. *¿Qué hacer para mejorar la competitividad de las PyMEs argentinas?* Asociación Trabajo y Sociedad, 2000.

NICOLESCU, Basarab. *La transdisciplinariedad, Manifiesto.* Multidiversidad Mundo Real Edgard Morin AC, 1996.

ODEBRECHT, Norberto. *Sobrevivir, crecer y perpetuar.* Fundación Emilio Odebrecht, 1990.

OHMAE, Kenichi. *La mente del estratega.* McGraw Hill, 1983.

OHMAE, Kenichi. *La tríada del poder mundial.* McGraw Hill, 1990.

OHMAE, Kenichi. *El mundo sin fronteras.* McGraw Hill, 1992.

OHMAE, Kenichi. *El despliegue de las economías regionales.* Deusto, 1995.

ONIDA, Fabrizio. *Se il piccolo non cresce. Piccole e Medie Imprese Italiane in Affano.* Il Mulino, 2004.

PEREL, Vicente y BLANCO, Isabel. *Humanware. El management del siglo XXI.* Ediciones Macchi, 1995.

PETTERS, John. *Liberation Management.* Atlántida, 1992.

PETRELLA, Riccardo. *El bien común. Elogio de la solidaridad.* Temas de Debate, 1996.

PFERRER, Jefrey y SUTTON, Robert. *La brecha entre el saber y el hacer.* Ediciones Granica, 2005.

PLANELLAS, Marcel. *Las decisiones estratégicas.* Conecta, 2015.

PIAGET, Jean. *La psicología de la inteligencia.* Siglo XXI, 2013.

PITHOD, Abelardo y DODERO, Santiago. *La empresa familiar y sus ventajas competitivas.* El Ateneo, 1997.

POPPER, Karl. *La sociedad abierta y sus enemigos.* Paidós, 1995.

PORTER, Michael. *Estrategia competitiva.* CECSA, 1991.

PORTER, Michael. *La ventaja competitiva de las naciones.* Vergara, 1991

PREBISCH, Raúl. *El desarrollo económico de América Latina y algunos de sus principales problemas.* CEPAL, 1949.

PRIGOGINE, Ilya y STENGERS, Isabelle. *Entre el tiempo y la eternidad.* Alianza Universidad, 1988.

PRIGOGINE, Ilya y STENGERS, Isabelle. *La nueva alianza; metamorfosis de la ciencia.* Alianza Editorial, 1979.

PRIGOGINE, Ilya. *Las leyes del caos.* Grijalbo, 1997.

PYKETTY, Thomas. *El capital en el siglo xxi* y *La economía de las desigualda-des*. Fondo de Cultura Económica, 2014.

PYKETTY, Thomas. *La economía de las desigualdades*. Siglo Veintiuno, 2015.

RICARDO, David. *Principios de la Economía Política y la Imposición*. Fondo de Cultura Económica, 1993.

RICART, J.E. y ÁLVAREZ, J.L. *Cómo prepararse para las organizaciones del futuro*. Folio, 1997.

RIES, Al y TROUT, Jack. *La guerra de la mercadotecnia*. McGraw Hill, 1990.

RIES, Al y TROUT, Jack. *Posicionamiento*. McGraw Hill, 1990.

RODRÍGUEZ, José. *El reto del trabajo en equipos*. Folio, 1997.

RODRÍGUEZ VALENCIA, Joaquín. *Cómo aplicar la planeación estratégica a la pequeña y mediana empresa*. ECAFSA, 2001.

ROSEN, Robert y BERGER, Lisa. *Cómo lograr una empresa sana*. Ediciones Granica, 1993.

ROWAN, Roy. *El director intuitivo*. Folio, 1987.

ROBERTSON, Ian. *Modelar tu mente*. Plaza y Janés, 2000.

RUESGA, Santos. *Estrategias de desarrollo en una economía global*. Colección Parteluz, 1997.

RUPERTI, Ventura y NADAL, Jordi. *Meditando el Management*. Gestión 2000, 2003.

SABA, Andrea. *El modelo italiano*. Editorial de la UNLP, 1997.

SAINT EXUPÉRY, Antoine. *El principito*. Bolsillo, 2008.

SALBUCHI, Adrian. *El cerebro del mundo. La cara oculta de la globalización*. Editorial Solar, 2003.

SAPIR, Jaques. *Economistas contra la democracia*. Ediciones B, 2004.

SARATXAGA, Koldo. *¿Sinfonía o Jazz?* Ediciones Granica, 2004.

SBDAR, Manuel. *Rompiendo moldes de management y negocios*. Ediciones Granica, 2007.

SCHEIN, Edgard. *La cultura empresarial y el liderazgo*. Plaza & Janes, 1985.

SCHIEMAN, William y LINGLE, John. *Dar en el blanco*. Ediciones Granica, 2002.

SCHUSCHNY, Andrés. *La red y el futuro de las organizaciones*. Kier, 2007.

SCHWARTZ, Peter. *The Art of Long View*. Random Century, 1992.

SCHWARTZ, Peter. *The Long Boom*. Orion Publishing Group, 2000.

SCHWARTZ, Peter. *Inevitable surprises*. Simon & Schuster, 2003.

SCHWARTZ, Peter. *Learning from the Long View*. Ed. Create Space Indep., 2011.

SCHUMACHER, E.F. *Lo pequeño es hermoso*. Ediciones Orbis, 1973.

SCHUMPETER, Joseph. *Ensayos*. Oikos, 1996.

SCHUMPETER, Joseph. *Teoría del Desenvolvimiento Económico*. Fondo de Cultura Económica, 1997.

SEN, Amartya. *Bienestar, justicia y mercado*. Paidós, 1997.

SENGE, Peter. *La quinta disciplina*. Ediciones Granica, 1992.

SERYEYX, Harvé. *El big bang de las organizaciones*. Ediciones Granica, 1994.

SMITH, Adam. *La naturaleza de las causas de la riqueza de las naciones*. Orbis, 1983.

SMITH, Elizabeth. *Manual de Productividad*. Macchi, 1993.

SOLANA, Ricardo. *Producción*. Editorial Interoceánica, 1994.

SOROS, George. *La crisis del capitalismo global*. Sudamericana, 1999.

STANKIEWICS, Francois. *La estrategia de la empresa frente a los recursos humanos - El post taylorismo*. Hvmanitas, 1991.

STEINGER, George. *Planeación Estratégica*. CECSA, 1991.

STEWART, Thomas. *La nueva riqueza de las organizaciones: el capital intelectual*. Ediciones Granica, 1998.

STIGLITZ, Joseph. *El malestar de la globalización*. Taurus, 2003.

STRANGE, Susan. *Dinero loco*. Paidós, 1999.

STRATEGOR. *Estrategia, estructura, decisión, identidad*. Biblios Empresa, 1995.

STUART MILL, John. *Principios de Economía Política*. Fondo de Cultura Económica, 1951.

SYLOS LABINI, Paolo. *Nuevas tecnologías y desempleo*. Fondo de Cultura Económica, 1995.

TALEB, Nasim Nicholas. *El Cisne Negro*. Paidós, 2008.

THOMPSON y STRICKLAND. *Administración Estratégica*. McGraw Hill, 2000.

THUROW, Lester. *La Guerra del Siglo XXI*. Vergara, 1992.

THUROW, Lester. *El futuro del capitalismo*. Vergara, 1996.

TODD, Emmanuel. *La ilusión económica*. Taurus, 1999.

TOFFLER, Alvin. *La tercera ola*. Edivisión, 1983.

TOMAKSO, Robert. *Repensar la empresa*. Paidós, 1996.

VÁZQUEZ, Alfonso. *La imaginación estratégica*. Ediciones Granica, 2000.

VILLAMIZAR, Rodrigo. *Zenshin, Diccionario Electrónico Language LM 4000 de Sony*. Norma, 1995.

VALDALISO, Jesús María y LÓPEZ, Santiago. *Historia económica de la empresa*. Crítica, 2000.

VON BERTALANFFY, Ludwing. *Teoría General de los Sistemas*. Fondo de Cultura Económica, 1989.

VON BRAUM, Christoph-Fiedrich. *The Innovation War*. Prentice Hall, 1997.

WIENER, Norbert. *Cibernética o el control de la comunicación en hombres, animales y máquinas.* Tusquets, 1985.

WOMACK, James P. y JONES, Daniel. *The machine that change the world.* Free Press, 2007.

WRIGHT MILLS, Charles. *Sobre artesanía intelectual.* Lumen, 2009.

YIP, George. *Globalización.* Norma, 1983.

YIMMING, Hong. *Cultivando las raíces de la sabiduría.* Arca de sabiduría, 2002.

ZACK, Guido y DALLE, Demian. *Elasticidades del comercio exterior, ¿una limitación para el desarrollo?* AEDA, 2015.

Acerca del autor
Carlos Cleri

Actualmente:

- Preside **Proyecciones Estratégicas SA**, firma orientada a facilitar la ejecución de estrategias de negocios, facilitando la estructuración de negocios y la conformación de alianzas estratégicas.
- Conduce la estrategia de inserción en el mercado argentino de la constructora china **The Fourth Construction of China Machinery Industry Co., Ltd.**, presidiendo **SINOCONST4 SA.**
- Docente en programas de Post-Grado en varias universidades.
- Coordina el Curso-Taller de Conducción de Empresas PYMES.

Fue:

- Jefe de Gabinete del **Ministerio de Economía y Producción de la Nación.**
- Subsecretario de Comercio Exterior, Director de Promoción de Exportaciones y Consejero Económico y Comercial, en el **Ministerio de Economía de la Nación.**
- En el **Banco Ciudad de Buenos Aires** fue Gerente de Planeamiento Estratégico, Adscripto a la Gerencia Banca Comercial y Director del Instituto de Comercio Exterior y del Instituto de Apoyo a las PyMEs.
- Director de **Garantizar SGR.**
- Fundador y Vicepresidente de **Confederar NEA SGR.**
- Presidente de la **Fundación Garantizar el Desarrollo.**
- Past President de la **Sociedad Latinoamericana de Estrategia (SLADE)** y de su Capítulo Argentino.
- Como consultor presidió y fue socio en varios estudios de consultoría.
- Decano de la **Escuela de Economía y Negocios Internacionales de la Universidad de Belgrano.**
- Coordinador para el Mercosur del Centro de Formación Continua Les Heures de la **Universidad de Barcelona.**
- Consultor de organismos internacionales, de gobiernos provinciales, municipales y de diversas Ong.

Es autor de los siguientes libros:
- **Estrategias de Alianzas en un escenario de creciente globalización.** Ediciones Macchi (1996, y reimpresión 1999).
- **Escenarios, el punto de partida de la estrategia**. Editorial Coyuntura (2000).
- **Estrategia PyMEs y coordinación interempresaria**. Editorial Coyuntura (2000).
- Coordinador de la **Colección Estrategias de Negocios.** Editorial Coyuntura (2000).
- **El libro de las PyMEs.** Ediciones Granica (2007 y reimpresión 2012).
- Último libro compilado: **Competitividad Sustentable**, un enfoque integrador. CIECS, CONICET, UNC (2013).